永原慶二の歴史学

永原慶二追悼文集刊行会【編】

吉川弘文館

永原慶二先生

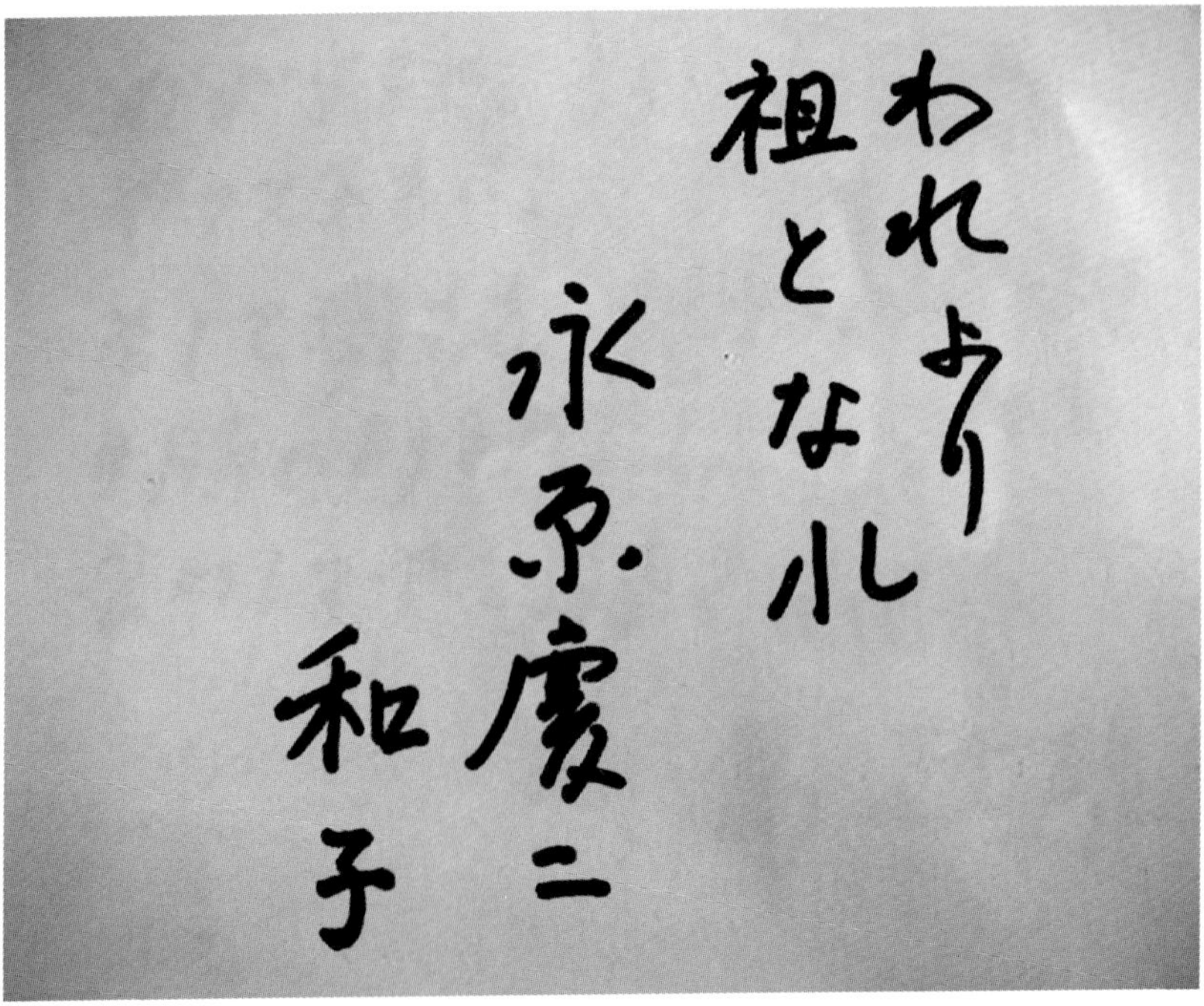

永原先生から中村政則氏への寄せ書き

（本文 182 ページ参照）

目次

目次

三　日本史研究から　213

1　日本古代・中世史研究の仲間たち　214

2　日本近世・地方史と近現代史研究から　246

I 研究と思い出

1970年代ころの永原先生（撮影年次不明）

Ⅰは、永原さんが亡くなる直前に作られた私家版の『永原慶二　年譜・著作目録・私の中世史研究』をもとにしています。

一　私の中世史研究

『20世紀日本の歴史学』刊行後のインタビューにて

1　私の歴史研究事始

竹内光浩　本日はお忙しいところ、『歴史評論』の「私の歴史研究」企画のインタビューにご協力いただきましてありがとうございます。それではさっそく永原さんの歴史学事始めのようなものからお話いただければと思います。

永原　私は東大（東京帝国大学）の国史学科（当時の呼称）に入ってから今年（二〇〇一年）で五九年ですが、その前の年、旧制高校の三年生の一九四一年の秋、進学を決めねばならないわけで、その時に文学部の国史学科に行こうということを決めたわけです。それから言うとちょうど六〇年。ずいぶん長い年月がたちました。なぜ国史学科を選んだのかということはちょっと何とも説明のしようがないので、コメントはご勘弁をいただきまして、東大に入ったのは一九四二年四月です。戦争のため大学も非常に変則で、その年の十月には繰上げという形で二年生になった。それから一年間は二年生でしたが、四三年の十月に三年生になると、その十二月にいわゆる「学徒出陣」という美名で呼ばれる徴兵になりました。ですから一年半しか大学にいなかったんですね。そしてその兵隊に行っている間に「仮卒業」ということになった。つまり学生が次々に入ってくるから押し出してしまわないと溜まるもんで、徴兵中に卒業扱いにされた。国もずいぶん無責任な方策をとったもんです。ですから私は四四年「仮卒業」ということになっていたんです。ところがいつのまにやら「仮」という字を誰ともなく使わなくなって、「四四年卒」と書くことになった。

まあそういうわけで、学生の時代は一年半しかありませんし、卒業論文も書かなかった。書くどころの状態ではなかった。本当に学生らしい勉強はできなかった。そういう意味では大学卒などとはとてもいえません。しかし、ふりかえってみると、当時の大学の中とその周辺で私どもにいろいろな意味で思想的な影響を与えたものはあるわけです。

それを整理してみますと、東大の国史学科にはよく言われるように、そのころは平泉澄さんのような皇国史観の先生がいて、助手にその弟子でのちに教科書調査官として強引な検定をやった有名な村尾次郎さんがいました。そのもうひとつ下に副手というポストがありましたが、それも平泉さんの弟子でした。人事は平泉さんが支配していたといえる。実際にはそのほかに三人くらいの専任の先生がいて、その中のお一人が戦後の中心となった坂本太郎さん。助教授でした。先生方の陣営はざっと分ければ実証主義派と皇国史観派であった。私は八〇年代の初めに『皇国史観』（岩波書店、一九八三年）というブックレットを書いたもので、教室全体が皇国史観に支配されているように思われがちですけれど、そうでもなくってね。実証主義史学というのはやはり東大国史学科ができた初代の教授である重野安繹・久米邦武・星野恒先生の時代からの基本的な流れです。この先生たちは漢学系の学者ですが、清朝考証学の上に、招聘したドイツ人学者リースからランケ流の近代ヨーロッパ史学を学んで実証主義史学という流れを作り上げた方々で、その学統が三上参次・黒板勝美・辻善之助と伝わってきた。その流れが坂本太郎さんや私が習った相田二郎さんの古文書学にもなる。相田先生は史料編纂所の古文書室の主任でしたけれど、この先生に学べたのは仕合わせでした。そういう意味の実証主義史学が主流として生きていたので、皇国史観一色ではなかった。しかし、久米邦武事件以後、実証主義史学は政治的に臆病であったためと、戦時中は平泉さんの発言力が非常に強くて、後の人はおとなしくしていたというか、口を閉ざされていたような雰囲気でしたね。

ただね、われわれの思想的な環境はもう少し複雑でした。それを整理してみますと、三つ四つのものをあげなければならない。その一つはマルクス歴史学系統のもの、羽仁五郎さんは東大の国史を出て史料編纂所にちょっと勤めた後、在野の学者として、有名な『日本資本主義発達史講座』（全七巻、岩波書店、一九三二〜三三年）の中の幕末の政治、社会、思想の問題について多くの優れた論文を書いていた。それから国学に関して「国学の誕生」と「国学の限界」

という二つの論文がありました。一つはたしか『文学』に、もう一つは『短歌研究』という雑誌に載っていた。私が羽仁さんに最初に接近したのは平泉さんの演習が『宇比山踏』だったからで、国学関係の論文を読みあさるうちに行き当たったのが羽仁さんです。それを種本に十一日会という国史学科の研究会で報告したら、終わった後で平泉さんに呼ばれて、そんなものは読まない方がいいと言われた。しかし、羽仁さんの国学の論文を読んだのは凄い刺激でした。そして、羽仁さんの論文を読みたいと思っていたところ、運のいいことにそのころそれを持っていただけで捕まるであろう状態にあった『日本資本主義発達史講座』のあの薄い一冊ずつのものを、友人からと、東大の正門前通りの古本屋とでいくつかこっそり手に入れることができた。羽仁さんからは学恩を受けました。野呂栄太郎・山田盛太郎・服部之総なども少しは読めた。野呂栄太郎は『思想』のバックナンバーで読めたけれど、山田盛太郎の『分析』(『日本資本主義分析』岩波書店、一九三四年)は読めませんでした。書店の棚からはすべて姿を消し、図書館でも閲覧禁止図書になっていた。

そのほかでは、右翼の方には日本浪漫派という文学・思想グループがあった。保田與重郎が中心で、亀井勝一郎もその一人でした。当時の戦争体制と資本主義体制をめぐる危機意識といいますか、時代の行き止まりみたいな感じを反映したものだと思います。ポストモダンという言葉が七〇年代以降しきりに言われるが、それと似たところがあります。当時は「近代の超克」という形でスローガン化しておりました。でそれがね、近代への絶望とか不安とか一種の近代の崩壊感覚の深まりの中で、伝統や歴史に対して浪漫主義的見方、一種の美化した見方、あるいは歴史の中で耽美的な形である美を求め民族主義に走るという方向でしょう。保田與重郎にはポリティカルな面が強く、アジア主義的・民族主義的な発言もたくさんある。これは思想運動としてはわれわれに影響力があった。

もう一つは西田哲学ですね。西田幾多郎と田辺元とはそれぞれ独自でしょうが、高坂正顕・高山岩男など。大きく見ると、一つは「死の合理化」ですね。西田さんと田辺さんは違うんだけれども、たとえば西田さんの「絶対矛盾の自己同一」という有名なテーゼがある。あれは生と死の統一というか、生と死は反対なものだけれども、矛盾の統一ということで、つまり戦争で命を奪われる時にいかに生きるかという生死感の問題として若者は受けとめたと思う。田辺さんは国家と個人の関係について、結局個人というものは国家に従属するという形で、これも戦争合理化の思想となる。この二人の役割は非常に大きかったと思う。高坂正顕とか高山岩男とか西谷啓治・鈴木成高という人たちはね、世界史の中で日本が持つ役割という形で、侵略を合理化した。これは今の西尾幹二と似ています。『中央公論』に載った「世界史的立場と日本」という有名な座談会はね、つまり日本の中国進出、アジア進出を「モラリッシュエネルギー」の発現だと、哲学的な言葉で肯定するイデオロギーです。これは、歴史の歪曲を試みたイデオロギーですね。京都学派の権威は大変なものだったが、せんじつめればこんなことでしょう。

さらにもう一つ、もっとすごい極右的なものがあった。影山正治など。戦後は歌人として知られているけど、影山は神兵隊事件の黒幕ですね。そういう人たちの動きとか。三田村四郎みたいな左翼からの転向グループもあった。それが論文や書物だけではなくてそれぞれ私塾を持っている。グループを組織してね、東大の正門前を森川町へ入ったところに有名な本郷館という木造三階建ての大きな下宿屋があった。その本郷館はそういうさまざまなグループの集会場で、百鬼夜行というところです。まわりの友達からね、ちょっと今日来ないか、面白い話があると言うんで呼ばれていくと、そういう思想集団の会合なのですね。

そのような不安定な状況の中で、ふりまわされていたのが現実ですが、僕はやはり羽仁さんがいちばんしっくりした。『史学雑誌』のバックナンバーで「東洋における資本主義の形成」も読んだ。もう一つ学生時代に読んだものでで大切なのは、大塚久雄さんの『欧州経済史序説』です。これのもとのものは一九三八年に時潮社というところから出ている。それの改訂増補版が戦争中に日本評論社で出ました。それは兵隊の時、横須賀あたりの本屋で手にいれた。外出の日は鎌倉にある知人の家に行ってね、そこでこの本を読んだ。それから高橋幸八郎さんの「いわゆる農奴解放について」、これも『史学雑誌』に載っていて、学生のとき読みました。古島敏雄さんの『日本封建農業史』、これは四海書房というところから四一年に出たから、大学に入ってすぐ読みました。丸山真男さんの『国家学会雑誌』に出ていた「近世儒教の発展における徂徠学の特質並にその国学との関連」「近世日本政治思想史における「自然」と「作為」」。心に迫ってくるんですね。短い期間だが読んだものはそれはみんな戦後に繫がっているんです。突然、大塚・高橋・丸山さんなどが戦後出現したわけではない。短い期間だけど、そういうものを遍歴する中で何となく自分の心に留まってくるものがあった。でも一方ではさっき言ったように、どこに踏み込んで崖から落ちるかわからないいろんな仕掛けや働きかけがあるような時代だった。私の言いたいのは、戦争中でも皇国史観と実証主義だけで国史学科の学生の心が支配されていたのではないということです。

佐藤和彦　お話は大学への入学からはじまりましたね。その前提として、やはり東京高校ですか、高校の時の話を少ししていただけますか。思い出で結構ですけれど。

永原　私の高校は旧制の東京高等学校ですが、これは普通の中学にあたる「尋常科」が四年、そのあと「高等科」が三年という国立の七年制の高校でした。新制に切り替わるときに一高と東京高校が合体して駒場の東大教養学部になったわけですけれど、中高一貫の高校だから、東京の子供が多かった。僕が尋常科の三年のとき、日中戦争がはじまったわけですが、思想的には割と自由で、年上のクラスの人の中には特高に捕まった人もいた。高等科になった時（一九三九〜四二年）もまだ自由主義的な時代の空気が残っていました。ところが三年になった年、文部省が右翼的な校長を送り込んできて、自由主義の根城になっていた寮生活に対する弾圧をやった。寮生の中の右翼的な学生を使ってしめつけを強くした。そうなると配属将校がまた学校運営に大きな力を振るいだした。高校の配属将校は陸軍大佐ですから連隊長と同格、エライんです。そうすると教師の中にもナチ礼賛のドイツ語の教師が出てくる。僕もドイツ語のクラスなんだけれども、一方には亀井英四郎というドイツ文学の本当に偉い先生もいて、戦後ヤミをやらないで飢え死にした。教授たちもナチ・軍国主義派とその反対派に分かれた。そういうような思想の葛藤のなかで、学校全体のファシズム化が進行しました。

佐藤　そこで先生はドイツ語を習われるわけなんですね。

永原　当時の先生たちにはまだ一九世紀の教養主義が根強かった。文乙というドイツ語を第一外国語とするクラスに入りましたが、結局明治以来のヨーロッパ文化憧憬時代の最後だったということです。じゃあなぜ国史に行ったかということになると、私の場合、本当は国史でなくてもよかった。なんとなく役人もいやだ、法学部は試験に受かりそうもないということもあって、まあ勝手なことをやりたいぐらいのいい加減な気持ちで、どうもあまり責任ある話はできません。一つだけ思い出すと、日本史をやろうかと思ったのにはね、和辻哲郎さんの影響もあったように思います。『日本精神史研究』(岩波書店、一九二六年)などです。和辻さんは倫理学科の先生だったが、大学に入る前は魅力を感じていた。だから、大学に入って講義を聞きに行っていた。だけど「尊皇思想とその伝統」という『岩波講座倫理学』に載った論文と同じ話で、聴いてみると面白くなかった。一番面白かったのは村川堅太郎さんの「古代末期史」。ローマの大土地所有制のことなんですけれど、一年半ですが熱心に聞いて、はじめて歴史学というものにふれた思いでした。戦後の僕の歴史研究にとって大切な問題となった奴隷から農奴へだとか、コロナトゥス制だとかというのは、すべてそこで学んだことです。いまもその講義ノート三冊は宝物として大切にもっている。村川さんが三十六歳ごろのでね、エネルギーに満ちていたころです。すべてノートを作ってきて読み上げるんですよ。この点でも僕の戦前と戦後は繫がっているわけです。マックス・ウェーバーの『古代農業事情』というのがあるんだけれど、それも村川さんに教わって、戦後すぐのころ、井上光貞さんや石田雄君と一緒に読書会をやった。ドイツ語で大変だったんだけれど、思い出深いですね。

2　大学院時代

永原　徴兵されていた時期は、だいたい久里浜とか横須賀にいた。とにかく活字に飢えていた。もう売る本もほとんどなくツブれたような本屋で、『欧州経済史序説』を見つけだしたのはそのころです。一九四五年の六月、沖縄が米軍の手におちたあと、鹿児島県の鹿屋に駐留する航空隊配属になったが、司令部がすぐ大分に退却（鹿屋の制空権は米軍となったため）、敗戦になって、すぐに放免になりました。八月の二十四日には帰ってきたんです。東京の家は五月二十三日の空襲で焼けて、親は静岡県の昔からの父の故郷の家に移っていたのでそこに帰り、九月は一休みして、九月の末に東京に出た。でも、「仮卒」というので、もう学籍はなくなっていた。本当はここでもっと自覚的に何をやるべきか考える時だったのですが、結局何となく国史学科に戻ることとし、本郷の西片町の焼け残った友人の吉谷泉君（東高の同級生）の家に下宿させてもらって、そして大学院に籍を置いた。国の方は「仮卒」というなら「本卒」にする義務があるわけだけれども、何もしなかった。だから卒論もなければ指導教官もいない。相田先生は残念なことに敗戦の二カ月前に蜂窩織炎《ほうかしきえん》で亡くなったんです。旧制の大学院は今のようなスクーリングや単位取得制などのようなものはなにもない。一九四五年十月から史料編纂所に入れてもらった四七年九月半ばまで、二年間の大学院時代というのはインフレ・失業・無宿・飢餓、これに尽きるわけです。東大に戻られた山田盛太郎先生や京城帝大から移られた高橋幸八郎先生の講義を聴いただけです。あとは外務省の外交文書室にアルバイトに行ったり、下高井戸の日大の予科の講師になったりした。

そのころの国史の研究室には、兵隊から帰ってくる友人もふえてきた。色川大吉君だとか尾藤正英君・辻達也君とかね、僕の二つくらい後のクラスです。病気で兵隊に行かなかった山口啓二君が古株で何かと世話をやいていた。そういう人たちが研究室にたまって、寒さとひもじさの中で議論していた。そのころの三つの出会いがある。一つは戦争中に読んでいた大塚さん、高橋幸八郎・丸山真男・川島武宜さんたちのお仕事です。それは、戦後もっとも早く社会に向けて発言し、人びとの心をとらえた「近代主義」の論客たちです。この人たちは戦争中に抑えに抑えていたものをいっぺんに吐き出すように発表し、迫力があった。それらは講座派の認識をふまえ、いかに封建制的社会関係を克服するかという共通の問題を情熱的に論じていた。二番目は石母田正さんの『中世的世界の形成』です。これは敗戦の翌年の一九四六年の六月ごろに出た（最初の伊藤書店版）。それが出るとものすごい反響で、東大の山上御殿で書評会というのをやったときには、専門は違っても大塚・高橋・丸山・川島さんのような人もきた。そういう時代でした。僕は合評会に行って恐る恐るそういう人たちを眺めたけれど、思い出深いことです。

三つめはちょっと異質だけれども、農地改革です。この三つは僕の進路を決めたようなものです。農地改革は敗戦後すぐGHQの指令で動き出すわけですけれど、戦後変革をもっとも強烈に実感させられました。今の若い人には地主制の重みがもう分かりにくくなっているでしょうが、本当に革命的な変化でした。この三つがそのころの僕の出会いですね。それは模索の時代なんだけれど、戦前からの繫がりで言えばこの三つは必然性があったように思うんですね。

そして、そのころに読んだもので後々に大事だと思っているものはレーニンの『ロシアにおける資本主義の発展』

です。これは岩波文庫で初版はぶ厚い二冊。戦前に出たものですが、その本を僕は本郷の古本屋で九〇円で買った。当時としても異常な高値なのですが、戦争中から持っていた西田哲学の本などを全部売って買ったんです。とくにウクラード論を学びました。革命が直面しているロシア社会に現に存在しているいくつものウクラードのとらえ方の問題です。

もう一つは松島栄一さんにいろいろお世話になりました。学生時代、僕はだいたい史料編纂所に行って、相田先生にいろいろ教わった。『新編相州古文書』のための史料調査をはじめ、高野山、広島、九州など、短い間にもずいぶん連れていっていただいた。戦争中だが意外に旅行した。その調査に若い松島栄一さんもよくついてこられたので、知り合いになった。僕が兵隊から帰ってきて流浪の時代に、松島さんはいろいろと優しくしてくれた。そして歴史学研究会が再発足するから委員になれというのでね、四七年に再建大会があって、その直後四七年の五月に新しい委員会が組織されて、僕はその時から委員になった。何の実績もないわけなんだけれど、当時まだ人がほとんどいないころなので、盲蛇におじずだったわけです。それから五年間くらいつづけた。その後も何度かなったけれど、初めがとくに思い出深いですね。歴研の戦後の発足の一二二号の時から僕は編集をやっていた。最初の時、大塚さんの論文をもらうため、お住まいに行ったことなどよく覚えている。本郷のYMCAの宿舎の建物があって、そこに大塚さんは仮住まいしていた。その時、論文がなくて困っていると話したら、「本当にないんですか?、そんなにお困りならあげましょう」と言って、あの記念すべき論文「生産力と人間類型」(『歴史学研究』一二三号、一九四六年八月)をいただきました。

佐藤　そういう松島さんとの関係で西岡虎之助先生を知るわけですね。

永原　それは次のところで言いますけれど。

3　東京大学史料編纂所時代

永原　一九四七年九月十五日付で僕は史料編纂所に入れてもらって、五八年の一月末日まで一〇年ほどつとめた。史料編纂所に入れてもらうのは、坂本太郎先生にお願いした。戦後は坂本さんが主任教授でした。坂本さんは公平な人でね、順番に入れてやると言って、本当に順番に入れてくれた。それで僕みたいな未熟児も入れてもらえた。その時に松島さんが西岡虎之助さんにも頼んであげるといって、西岡さんに引き合わせてくれた。ですから松島さんと西岡さんはそういう意味で僕にとっての恩人であるわけです。だから史料編纂所に入るとすぐ西岡さんにご自分の『民衆生活史研究』（福村書店、一九四八年）の校正を手伝わされました。西岡さんはせっかちで、ゲラ刷を朝渡されると、夕方にはもうできたかと言われるんで、そんなこと言われたって、史料編纂所のお勤めがありますからというと、「本末転倒じゃ」とか何とか叱られた。当時西岡さんは自分の研究に燃えていたのですね。まあそういうようなことで幸い職にありついて、やっと失業と飢餓からは脱出できた。最低の生活だけどね。その時に史料編纂所に一緒に入ったのが、稲垣泰彦君と山口啓二君、国学院出身の杉山博君。それにのちに稲垣君と結婚する青木（稲垣）敏子さんなどです。稲垣と山口とは大学の同級生です。杉山君は四つくらい年上なんですが、兵隊の関係で一緒に入って、学問的にも人間的にもたいへん親しい友達でした。稲垣は六〇歳で、杉山君は七〇歳で亡くなりました。

史料編纂所に入ってから一〇年余りつとめ、一九五八年二月一日付で一橋大学に移ったのですが、その間、初めのころは国からの出版予算がないため、『大日本史料』を刊行することもできない時代でした。その代わり戦後の史料編纂所はどうあるべきかという議論を大いにやっていた。一口に言うと、『大日本史料』のような編年史料主義の伝統でいくか、史料を原形に即して出す『大日本古文書』型優先でいくかというのが争点で、これは史学史の上でも大事なことだった。この点については六、七年前に『日本歴史』（五七七号、一九九六年六月）という雑誌の座談会で話したので、詳しくはそっちを見ていただきたい。『大日本史料』は記録史料を切り刻んだ編年型の政治史史料です。国家中心の正史型のものになっているでしょう。それが大問題になっていた。僕らは入りたてで何もわからないのだけれども、生意気に『大日本古文書』を中心にした方がいいと、古文書派だった。『大日本史料』派は古風な保守派のような気がした。毎日のように大論戦をやって、そっちが主な仕事みたいな時代でした。刊行の予算はなかったから、ある意味では暇だった。

もう一つ、僕らは史料編纂所の公開体制をもっと進めるべきだと主張した。当時史料と呼ぶべきものはほとんど編纂所の独占という状態で、外部者は史料を見ることが簡単にはできない。その体制を壊すべきだ、それにはまず目録やいろんな種類の索引を作るべきだということを言った。そのためお前らそんなことを言うなら自分らでやれということになって、目録索引部という新しい部がつくられ、僕も杉山・稲垣・山口君など皆そこに放り込まれた。実際は『大日本史料』の編纂から締め出されたのです。その時、目録索引部長には川崎庸之さんがなってくださって、みんなを拾ってくれたわけです。川崎さんのご恩は忘れられない。

もう一つ、宝月圭吾さんにもご恩を受けた。宝月さんはそのころはまだ史料編纂所にいて国史学科の先生じゃなかった。宝月さんは私たちにちゃんと地に足をつけて史料を読みなさいというのでしょう。ご自分が長い間かかって手で写した、そのころだからコピーもなければワープロもない、紙もろくろくないから、いろんな紙に書いてあった。東寺百合文書の上下久世荘の全史料を貸して下さった。考えてみればそれはもう宝物中の宝物なんだ。それをわれわれにポイと貸してくれたわけですよ。僕はこれをせっせせっせと手写ししたり整理したりした。その古めかしいノートが五冊くらいいまも手許にあるんです。それは私の荘園研究の出発点になったものです。宝月さんの学恩はすごく大きく、この機会にめぐまれなかったら、中世研究の道に入れなかったかもしれません。そして、宝月さんが四七年か四八年のころ、久世荘に行こうというので、まだもちろん宿屋もなくて、小学校の裁縫室に泊めてもらって、米を持っていって自炊した。稲垣は料理が好きでね、食事を作る係までやってくれた。そういう時代でしたね。宝月さんのお蔭でやっと地に着いた仕事をはじめることができたわけです。

そのほかで学恩が大きかったのは佐藤進一さんです。それから歴史全般については遠山茂樹さんです。遠山さんの論文は学生のころに読んだことがあったので、人間的なことも含めていろいろ影響を受けた。

佐藤 久世の調査に東京から行かれたわけですが、関西からも参加があったのでしょう。

永原 たしか京都から高尾一彦君と井ケ田良治君が参加した。今も親しくつき合っています。

佐藤 彼らは京大の学生ですか。

永原 僕より一つくらい後の年代かな。そのころわれわれ世代の心を中世史にひき付け、研究や思考の方向付けを与えてくれたのは石母田正さんの『中世的世界の形成』です。何度も何度も読書会や勉強会で繰り返し読んだ。そのころから石母田さんとは直接的な繫がりもできた。それは歴研の仕事からだったと思います。石母田さんの家に行ったりしてね、五〇年の「国家権力の諸段階」のころです。「世界史の基本法則」の次のね。石母田さんが報告して、堀敏一さんと僕がそれの補助みたいな報告をやったんです。そういうことがあってから石母田さんの家に行って、夜中まで議論したり、いろいろと教えてもらったりした。石母田さんは何もわからない小僧みたいな僕をよく相手にしてくれ、励ましてくれた。石母田さんの戦前の論文は学生の時、読んでいました。「領主制理論」という言葉はそのころなかった。あれは戸田芳実君や黒田俊雄君たちが後でレッテルを貼った。言われてみればそうかもしれないが、そういう枠組みについて考え直すような批判能力はなかった。だから僕は領主制理論の枠組みで考えつづけてきたわけですが、それは学生の時、相田先生にすすめられて『小田原衆所領役帳』や『萩藩閥閲録』を手で写し、戦国の知行制に取り組んでいたことと結びついて納得しやすいものだった。僕の今日の荘園制論や戦国時代論も、やはりそれが初心ですね。

佐藤　最終段階でもういちど復活するわけですね。

永原　そこに繋がってくる。そんなことで史料編纂所の時代に中世史研究への道が少しずつひらけてきて、「日本における農奴制の形成過程」(『歴史学研究』一四〇号)とか「惣領制の解体過程」(『史学雑誌』六一─三号)という論文を書きました。

佐藤　そのころ、西片町の先生の下宿に網野善彦さんが勉強に行っていたということですが。

永原　敗戦直後、私の親の家は焼けたので、東高時代の親友の吉谷泉君の家に下宿させてもらった。網野君は僕と同じ高校の五、六年後輩ですが、戦争直後、勉強会みたいなものをやるというので、僕と吉谷がチューターみたいな形で東高に行った。網野はその時に国史に行くかどうかは決めていなかったんだけど、僕が来ないかとひっぱった。網野君が国史に来たのは僕と縁があったからだということは言えるでしょうね。それは彼もそう思っているんじゃないの。そんなことで西片町にもやってきた。本を貸したとかそういうこともあったでしょう。久世荘に行ったとき、網野君も国史の学生になっていたので、宝月さんに頼んで連れていった。

佐藤　どんな本を網野さんにお貸しになったのですか。

永原　忘れました。このころ以来、僕にとってとくべつ親しかったのは網野君のほかでは安良城盛昭君です。目録索引部の時代に安良城君は経済学部の学生でしたが、史料を見たり議論するため、しょっちゅう来た。有名な太閤検地の論文を書く準備をやっていたときです。それ以来安良城君とも親しくつき合って、よく家にもやってきた。網野君と安良城君は二人とも秀才中の秀才で、こちらが大きな学恩を受けました。網野君は僕が歴研の委員をやっていたとき、アルバイトで歴研の事務局員になった。二年くらい事務局員をやったかな。それから委員になった。

佐藤 そういう結びつきがあったということですね。

4 農村合同調査と地主制研究

戸川点 いただいたレジメには、結婚されたころに女性史研究とありますが。

永原 それは妻のことで、僕も出入りしていた農林省の農業総合研究所というところがあって、東畑精一さんが所長で、古島敏雄さんも東大助教授になる前、そこの所員だった。高橋幸八郎さんも、中国の農書の研究者西山武一さん、ソ連農業の的場徳造さんなど、いろんな人がいたんです。私の妻（永原和子）となった女性は、高橋幸八郎さんの助手をしていた。東畑先生のすすめもあって、和子は結婚する前から農村婦人問題の勉強をやっていた。僕も結婚後もそれを妨げない程度には協力してきた。近代の女性史をやっていたから、家の中で話題になることは多く、僕は近代史に関する知識の幅を広げることができた。その点では妻に感謝しているんです。今日、女性史研究の代表的組織である総合女性史研究会の芽は、妻たちがつくった。それは『女性史と出会う』（吉川弘文館、二〇〇一年）に書いてあります。

佐藤 あれはおもしろい本ですね。

永原 そのころ僕は、農村調査を精力的にやりました。それはどういうことかというと、三つの出会いの一つは戦後変革ですが、とくに農地改革に興味を持っていました。この問題にかかわるようになるにも三つの契機がある。ひとつは農政調査会という山田盛太郎さんが主催していた会なんですが、私はそれに呼び出されたんです。山田先生が宝月さんに古い時代をやる若者を求めたとき、僕の名をあげたためです。農地改革の全過程を総括する『農地改革顚末概要報告』という大きな本を山田先生がつくった。四九年ごろのことでしょう。山田さんの構想は農地改革を日本の土地制度史の全過程の中に位置付け、そのためには土地所有のあり方の段階区分をやらなければならないと。山田さんは、屯倉田荘的土地所有、律令制的土地所有、荘園制的土地所有、幕藩制的土地所有、そして地租改正をへて農地改革。こうして全過程を一貫して捉えるという構想を立てた。山田さん特有の諸段階の構造と展開なんですね。先生はいまでは歴史的な存在だけれども私には急に身近かな存在となった。先生は『日本資本主義分析』が岩波文庫に入ったとき（一九七七年）、山田盛太郎と署名した一冊を送ってくださった。いまも宝物にしています。

そういう壮大な土地所有の諸段階を総括して農地改革を歴史的に位置付けるというので、それぞれの時代の土地制度のことについて手伝える若い人を集めたわけです。僕は荘園制のところを書いた。これは学恩を受けたと同時に、歴史とは違う分野の方々を知る機会でもあった。山田先生のところに高橋幸八郎さんがいろいろ関係していた。高橋さんは「テキスト」と言えば『資本論』、「先生」と言えば山田盛太郎にほかならないというような方でした。『農地改革顚末概要』の仕事が終わった後、比較土地制度史研究会というのが両先生中心につくられた。それがのちに土地制度史学会になる。僕はその中でとても教わることがありましたね。それと高橋幸八郎さんは、前に言ったように、妻が助手をしていたということもあり、早くから知っていて、一九六〇年に僕がはじめてヨーロッパに行った時、先生はフランスにおいでで、いろいろお世話になった。それ以来、国際交流の問題で日本史にかかわることというと、電話でいろいろ相談されたり、仕事を命じられた。先生はずっと国際歴史学会議の仕事を実に熱心にやっていたんです。後に私が学術会議の会員をつとめた八〇年代は先生が同会議の副会長だったので特にお付き合いをふかくしました。高橋先生は僕にとって、学問的にも人間的にも大事な方で強い親愛感があります。

そういうひとつの契機の一方、史料編纂所にいたころ、東大のいろんな部局で、農村史、農村問題に関心をもって農地改革を見つめている人たちが一緒に連絡を取り合おうというインターファカルティーの横断的な動きがあった。山口啓二君が有能な人だから、たちまちのうちに学内を走り回って、古島敏雄さん、福武直さん、加藤一郎さん、渡辺洋三さん、唄孝一《ばい》さん、死んだけれど潮見俊隆さん。それから大内力さん、暉峻衆三さん、上原信博さんとかそういう人がメンバーで、農村調査をやった。古島さんが少し年長でキャップ格だった。このグループではじめて山梨県の忍草《しぼくさ》（忍野村《おしの》）に入った。今は忍野八海で有名ですが、当時はとうもろこしばかりを作っている村でした。それから変わったところに行こうというので京都の久我村ね、杉山君が久我荘をやっていたので、そこを中世から地主制の時代まで一貫してやろうということでした。これは後に岩波書店から古島敏雄編著『寄生地主制の生成と展開』（一九五二年）という本になる。忍草は日本評論社から古島敏雄編『山村の構造』（一九四九年）という本になった。それから諏訪湖のほとりで真志野という製糸業の地帯では僕は非常に勉強になりましたけれど、これはいろんな都合で本にならなかった。それからその後、古島さんが商品生産的農業地帯の代表で、近世綿作地帯に行こうというので、もと布施市、いま東大阪市になっているところに入った。ここは江戸時代、本田畠もすべて木綿を作るという地帯でしてね、そこの地主は東日本にくらべて、すごく富裕でした。本当に手写しで毎日毎晩夜中まで、江戸時代の文書を手写しするわけです。写真なんかろくろくないんだから。でも一週間やるとだいたい頭に入って帰ってきてね、そのまとめは『商品生産と寄生地主制』（一九五四年）という古島さんと僕の共著で東京大学出版会からでました。これは後で考えると、僕にはものすごく大きな勉強になりました。レーニンの『ロシアにおける資本主義の発達』が参考になった。のちに出した『新・木綿以前のこと』(中公新書、一九九〇年)もこの時の勉強のおかげでできた。

中世の農業生産はそれに比べて基本的には自給的で、年貢のための生産です。近年、網野君は僕が〝自給的〟と言うと目の色変えて怒るけれど、農家が特定の農産物を集中的に生産しその基本部分を継続的に商品化する場合と中世の場合との違いをはっきりさせることは、歴史研究としては基礎的で重要なことです。小商品生産的農業というのは、生産物の主要部分を商品として売ることを目的とし、それを主たる生産形態としている小農です。綿作はそういう性質のものだと思います。それ以前のものは商品生産を主とするものではない。網野君はなんでも商品生産に引きつけてしまう。「自給」の理解違いなんです。彼は一人だけで何から何まで自分でつくって生きているのが自給だと思っているらしいけれど、僕は商品販売を初めから目的とした生産でない場合の農家経済は基本的には自給的だと考える。レーニンはそのようなものを「自然経済」といっている。それは自家消費分と年貢分と限られた交換分を含みます。

布施の調査をやったころ、同時並行的に東大の社会科学研究所の農村調査の仕事にも加わりました。これは、法律の磯田進さんが中心でした。僕は史料編纂所に勤めていたけれど、一橋大に移った翌年まで五年ほど兼任の研究員になっていた。その時に鹿児島県の蒲生の総合調査をやり、安良城君も一緒に行った。それから徳島県の木屋平、祖谷山と背中合わせのような地帯です。これは磯田編『村落構造の研究』(東京大学出版会、一九五五年)にまとめられた。これらのことは近年の『荘園』(吉川弘文館、一九九八年)のあとがきでもふれた。ふりかえってみると、史料編纂所に勤めていたけれども、そういうわけで、農村調査によく出て、主として江戸時代から明治の農村を調べました。鹿児島の蒲生とか徳島の木屋平は、中世史とも関連があって、個人的にはとてもためになった。

もうひとつ学恩を受けたのは、労農派の宇野弘蔵先生が主宰していた地租改正の研究会です。宇野弘蔵先生、大内力さん、金融史の加藤俊彦さん、遠藤湘吉さん、暉峻衆三さんなどがメンバーでした。僕は講座派的な考え方に親近感があったが、社会科学研究所の研究員だったから、お願いして参加させていただいた。宇野先生が編者になって東京大学出版会から出た『地租改正の研究』(一九五七〜五八年)という二冊の本がそのまとめです。その中に僕も「地租改正と農民的土地所有権」というのを書いた。それは、江戸時代の質地移動の研究で、質流れになっても旧地主の方がいつまでも本主権を主張して、所有権の移動がはっきりしないことを実証し、江戸時代の農民的土地所有権というのがいかに弱いものであるかを明らかにした。勝俣鎮夫さんがのちに言った「地発こしで本主に戻る」という関係に通ずるものです。政府が明治六年(一八七三)七月に地租改正にふみ切る前、一月に地所質入買い入れ規則を定め、質に流れた土地はもう旧地主じゃなくて金主のものだから地券は金主に渡されると確認した。だけど地主からの反論が強くて、地租改正事務局には各地から問い合わせが殺到する。そのことを書いた。それは、前近代の土地所有の性格を考える点で勉強になった。

こんなことで近世農村史の研究にかかわったことは、僕が一橋大学の経済学部に移る一つの契機でした。僕は一九五五年ごろまでは近世史をやろうかなとも思っていたんです。ところが五六年に肺結核になって史料編纂所を半年休んだ。薬がない時代だったら助からなかったかもしれませんが、幸い新しい薬が出だしてね、それで助かった。しかし、これからは炎天下の村など歩けないということもあって、どっちかと言えば文献史学的な側面が強いから、中世に取り組むことになった。あのころは近世の調査は村の旧家を一軒一軒訪ねて文書を探すんですから、そりゃ大変でした。それで、五八年に一橋大学に移ったわけです。

一橋大学には一九五八年の二月一日付で移りました。中国古代史の増淵龍夫さんが東大の西嶋定生さんを介して招いてくれた。それから定年までいましたけれど、そのうちの三分の二くらいの期間は近代農村史をテーマとするゼミをやった。日本経済史は一つの講座でしたから、僕が古い方をやっているから、もう一人は近代史の人がほしい。それのやれる人を育てようというので、山梨県をフィールドにして農村調査をやった。中村政則君、東大社会科学研究所の西田美昭君、横浜国立大学の松元宏君、名古屋大学の春日豊君、一橋大学の森武麿君、西成田豊君など、みな僕のゼミでした。山梨の農村調査ゼミの成果は東京大学出版会から『日本地主制の構成と段階』（一九七二年）として、僕と中村・西田・松元の共著で出ています。これは主として明治以降の地主制をやったので、僕は新しいことを学びました。この仕事はとりわけ中村君がしっかりしていたからできたことです。

実際、山梨県の村々の人の家にいって蔵の中にずいぶん入れてもらった。村々の役場や支所の倉庫も大変なんだ。しかし、おかげで近代農村の展開過程には実感をもてるようになった。やはり自分でやる、史料をさわらないとだめですからね。

ついでのことで言えば、一橋大のゼミを近代から中世史に切り替えたのは、中村政則君が専任講師になって一橋に残るようになったから、僕はあとは戦国期を中心にやって停年までに僕の後継者を育てようと思った。そのときに池上裕子さんとか池享君、蔵持重裕君・鈴木敦子さんなどがでてきた。僕はそういう意味では教師としては幸運にめぐまれて、二つの時代についてたくさんの人を育てることができた。その間に早稲田大学と東大に長く講義に行った。とくに早稲田は経済学研究科だったが、文学研究科の人がたくさんいて、永村眞君、黒田日出男君などたくさんのすぐれた若い人を知ることができた。二〇年もやったから、もうよその学校という気がしない。東大で僕の授業に出ていた中には、近藤成一君や久留島（湯沢）典子さんのような、今日研究の最前線に立っている方々がいました。なつかしいですね。

5　封建制・荘園制研究

永原　一九五〇年代の後半から六〇年代にかけて、これは安良城君の刺激が非常に大きい時期だけど、私の関心はくってみれば封建制論・荘園制論が主題ですね。われわれにとってみると、残存する半封建的諸関係をいかに克服するかというのが戦後の実践課題でした。そうした問題設定が占領政策のおとし子で、それ自体を吟味し直す必要があるという意見もありますが、近代主義グループもマルクス歴史学も、そうは思わず、これを切実な主体的問題とした。そういう封建的なるものの歴史的な実体といったもの、封建制の全過程といってもいい、封建制の生成から展開、死滅にいたる全過程を実証的かつ理論的に捉えてみたい、というのがそのころの感じ方でした。

その際、封建制を人類史的性格をもつカテゴリーと考え、その基礎は農奴制だと考えた。これはもちろん安良城君の家父長的奴隷制論、あの有名な論文「太閤検地の歴史的前提」にも刺激されたものですが、やはり石母田さんの『中世的世界の形成』にみちびかれていた面がもっとも強いものです。

僕は農奴制というものが日本でいつどういうふうに成立してきたかという問題を、自分の研究のなりゆき上、近世のほうから遡って、その原型となる持続的に維持できる小経営がいつ出現するか、というふうに遡行的に農奴制の成立をみようとした。それは方法的には逆立ちだったかもしれない。そうした小農経営はもちろん領主的な土地所有に規定されているから、広義の農奴制といっていいわけだが、そういうものがいつごろから出てくるかという問題を考えつつ、同時にそれを規定する領主的土地所有の在り方をとらえようとした。そこで議論は分かれるが、荘園制を封建領主的土地所有とみる立場を僕はとらなかった。自立的な在地領主制的土地所有が本格的に展開してくることと、小経営とは対応的関係で封建的生産関係を形成すると考えた。荘園制はそれより古い家産官僚制国家の土地所有形態と考えた。当時考えが未熟だったので、それを古代的というふうに考えたが、それは正確でなかった。しかし封建的な領主・農民関係を安良城君のようには考えなかった。安良城君は戦国時代もすべて家父長制的奴隷制社会というけど、僕は南北朝のころから小経営の自立的展開が進み、それが構成する（封建的）村共同体も成立すると考えた。社会構成体としての封建制を構成する基本的なウクラードとしての領主－小農民関係は南北朝以降に展開してきて、戦国まではひとつの時期になるのではないかということです。農奴制・領主制というのは日本の封建社会の本格的な成立・展開における先導的かつ基本的な位置をもつ生産様式であるという理論枠組を方法の軸に置いた。

これについて一方では安良城君と、他方では戸田芳実君との議論があった。僕は戸田君と違って、平安時代の一般（「小百姓」）農民は自立小経営とは捉えられない不安定なもので、班田農民以来のまだ自立度の弱い経営体であり、それゆえ他方では奴隷制的関係が根強く存続するという理解が強かった。その点では安良城君に近かった。戸田君は、平安時代の農民は小経営である、だから荘園的土地所有は封建的土地所有であるといった。荘園制は全構造的に封建制社会だという論理なんです。黒田俊雄君もこれと似た論理です。在地領主制を認めるか否かでは戸田君と黒田君は違うが、荘園制を封建制と規定する結論だけは同じです。だけど僕はどちらも同感できない。しかし、安良城君もまた領主制を捨象した理論枠組ですからそれには賛成しなかった。

戸川　松本新八郎さんとの関係は。

永原　松本さんは一〇年も先輩で、戦後早い時に『歴史評論』に発表された「南北朝内乱の前提」にものすごい刺激を受けた。でも、松本さんの理論は小経営論とかウクラード論の基本枠組みを理論的に設定しそれを事実に即して検証するという方法ではないと思われた。

僕が一九五〇年代後半から六〇年代にかけていつも気にしていたのは、基本ウクラード論です。そこを追えば歴史の発展の筋道は見えてくるとみていた。これは資本主義発達史と同じ論法なんです。方法論としては。戦後、藤田五郎さんとか堀江英一さんとか経済史の論客がいっぱいいて、戦前の資本主義論争をうけて大塚史学とかかわりつつ、幕末から独立自営の小商品生産者が成長してきて、それの両極分解の中から地主制と資本・賃労働関係が形成される過程を実証・理論両面から深めた。それと同じ視角で、封建社会を成立させるための基本的経営体がいつどのようにして出てきてどう分解するかという枠組みを考えた。小農民の上層部分が小領主化することによって封建的社会関係は深化するというのが僕の考え方です。それは最近の戦国時代史の研究にまでつづいています。封建的小経営というものが分解するという点の理論化がないと、領主制は小経営との関係において発展理論的には説明できない。

話はさかのぼるけれど、鎌倉時代では農民の小経営は安定的に長続きしない。今日につづく村の名（大字）を調べてみると、大部分は戦国時代あるいは室町時代までは遡れるが、それ以前の地名はそのまま近世の村につづくわけではない。農家のほうも流亡する。農家経営というのは、江戸時代では窮乏しても多くは小作になって生きつづけている。ところが鎌倉時代では流亡してしまう。小経営が安定しないから、村落共同体も安定できない。中世前期の村と百姓を網野君は「自由」だと言うけれど、あれは家が不安定だから村共同体の結合も弱いんで、人の関係も流動的なのです。封建的小経営を構成単位とし、近世につながる村落共同体は室町時代からと思う。その前にも共同体というものはあるんだけれども、小農の家連合としての地縁的結合性が弱い。だから、流亡化や「乞食非人」化が非常に多い。差別もないというが、それは定住的村落結合が弱いからだ。排除する単位も弱いということでしょう。それを自由というのは網野式のロマンティシズム史観だと思います。これをあまり一面的に見ると、中世讃美論に陥る危険がある。

戸川　戸田さんとか河音能平さんとか京都の方と知りあいになるのはいつごろからですか。石井進さんによると、論文では知っていたけれども、中世史サマーセミナーあたりでようやく知りあいになったとお書きになっていましたが。

永原　いやそんなことはないです。もっと前から、大山喬平君とか工藤敬一君らは大学院の論文を書くころからみんな史料編纂所に勉強にきました。すると僕らの部屋に来るわけです。ですからその時から親しくなった。そのちょっと年上の高尾一彦・井ケ田良治・黒田俊雄君の世代も農村調査の時代から知り合いました。だからサマーセミナーが始まるよりずっと前からです。

佐藤　編纂所を媒介としないつながりを持ったのは、サマーセミナーだったということでしょうか。

永原　おそらくそうでしょうね。

佐藤　柴田実編の『庄園村落の構造』（創元社、一九五五年）という本があります。その本によれば、黒田さんとか高尾さんたちは編纂所に来て太良荘や矢野荘・新見荘などの史料目録を作っています。その前後ということですね。

永原　だから遠くの人なんだけど、黒田君はとくに議論ががっちりしていて面白く、仲もよかった。そのころはまだホテルなどないから家にきて泊まったりした。

佐藤　僕らも三浦圭一さんのお宅によく泊めてもらった。石井進さんや稲生晃さんも一緒でしたよ。三浦さんが泉佐野市の調査員をやられていたでしょう。日根荘に出かけるときに、堺の家に泊めてもらうわけ。翌日お茶をやかんに入れて持っていった。自動販売機なんかないからね。

竹内　中世史研究の英雄時代ですか。

永原　まだ数が少なかったからね。意見は違っても皆親しくつきあっていた。

佐藤　戸田さんが都立大に赴任されてきてしばらくの時に、勉強会をやりましたよ。永原さんの家で。

永原　歴研の委員なんか一緒にやったころでしょう。

佐藤　三好洋子さんとかね。日本の中世とヨーロッパの中世を研究しようというので、お宅を開放していただいてやりました。まだ戸田さんがお酒を飲めないころ。東京に来られたころはまったく飲めなかった。

永原　高尾君とは独身の時代からつきあっている。布施の綿作地帯調査を手伝ってくれたし、うちに泊まりにきましたよ。戦後の新制世代は若い時にきちんとゼミ・論文の指導をしてくれる先生がいて、本の読み方とか、史料の読み方とか考え方とかどの面でもとことんしぼってもらえる。今の大学院生は恐るべき勉強ぶりです。大学出てから五年間もひたすら勉強しているのだから、実力がある。論文なんかもそのつど、卒論とか修論とか単位取得論文とかつくるでしょう。それに機械もある。我々の時代はカメラさえろくろく使えなかった。

佐藤　手作業でやるしかないからね。

竹内　近代文書までやるわけですしね。難しいですよね。

永原　近代のとくに手紙の文字は難しい。パターンがないからね。中世はそれなりにパターンはあるからね。よく田舎の農家に行って、軸物読んでくれというのが一番困った。

佐藤　禅宗の坊さんが書いた軸物なんかわからないね。

永原　文字のことでついでに聞きたいんだけど、太良荘の文書の中に自分の先祖の来歴・受領名を長々と書き連ねた文書があります（正安二年、源国友太良荘助国名相伝次第、な函四九号）。網野君はそれで、中世の百姓はこのように諸国の国名知識もあったとか、農民の識字率が高いとかという材料に取り上げて書いている（「東寺百合文書をよむ」『京都新聞』一九九八年）。しかし、網野君はその文書を百姓が全部自分で書いたと見ているが、あの字は私の見るところではお経の字そっくりだと思うんです。多分坊さんが書いたものでしょう。国友の略押だけが自署でしょう。そうだとすると中世民衆のイメージも変わってくる。生活文化のあり方などに即して「中世社会」をどうイメージするかは大切なことですね。

佐藤　菅浦だって「執筆」がいました。菅浦のお堂のところに住んでいる坊さんではないかと黒田俊雄さんが言っています。

永原　あの字は阿氐川荘民のかな書き文書などとは違う。東寺でも坊主が女を引き込んだということを密告した有名な落し文（寺内落書、ア函三八二号）があるでしょう。それらの稚拙な文字と太良の助国のとは全然違う。

竹内　かなり整っているわけですね。

佐藤　弘安元年（一二七八）七月に、建長寺の蘭溪道隆が没したため、十二月に北条時宗が同寺の徳詮・宗英に対して、中国に行って優秀なお坊さんを連れてきてくれという手紙を書きますね。この「時宗書状」を上横手雅敬さんが分析している。文書は時宗の名前で出ているけれど、文書の中で実際に時宗が書いたのは三ヵ所にみえる「時宗」という文字だけで、ほかのところは専門の右筆が書いている。署名などの三ヵ所だけが時宗の手になる字で、あとは時宗書状として流布されているけれど違うのではないかと指摘されている。だから今の話と同じですよね。誰々書状とやってしまうとすべてその人が書いたようになってしまう。まあすごい眼力ですね、上横手さんの意見は。『書の日本史』（平凡社、一九七五年）に記されています。しかし、誰も読んでいない。今度の江戸東京博物館の展示でも、時宗書状としているだけで内容の説明が全くなされていない。

永原　一九五〇年代から六〇年代の前半にかけてとくに気にしていたのは、社会の全体構造の把握・認識というよりも、ひとつの歴史段階を構成する社会の複合構造の中で規定的な生産関係・階級関係は何かという方法的な問題でした。一種の基本ウクラード論で、よく戦後歴史学が単線発展段階論と批判されるところとかかわっていた。同時に戦後歴史学は科学主義だと言われる傾向をもっていた。僕は戦後歴史学の悪しき遺物みたいに見られているけれども、基本的な生産関係を抜きにしてしまうと、社会現象が相対化されてしまって、陳列棚に物を並べてあれもあるこれもあるというふうになってしまう。社会の構造認識はできない。単線発展段階論批判についてはみな納得しているみたいだし、世界の諸地域・諸民族の歴史が全く同じように発展するとは誰も考えていない。しかし、なぜ一定の経済段階で資本主義的生産様式が成立するかということ一つをとっても、人類史における普遍・法則的な側面を考えないわけにはゆかない。普遍の視点、法則認識を全く拒絶することはできない。僕は日本の場合の、封建社会の成立、また、封建社会から資本主義への移行という自分の勉強している範囲でしかいえませんが、その点では普遍史的な問題設定の可能性の側面をすべてナンセンスとは言えないと思う。それを全面否定すると、歴史学は自己破産状況を呼び起こしかねないところがあると思う。

石田雄さんは近年の『社会科学再考』(東京大学出版会、一九九五年)で、きびしく単線発展段階論を批判していますが、たしかに一国史的にそれを機械的に適用することは正しくないが、経済的後進地域が世界資本主義に取り込まれてゆく問題をも含め、発展法則の問題を深化する方向で考えてゆくことは学問として重要ではないでしょうか。比較や段階・構造という視点を欠くと、それは一国史観、いわば国粋主義に陥るわけで、普遍史的思考は成り立たなくなってしまう。

戸川　この時期に時代区分論争があったわけですね。

永原　時代区分論争というのは今言いましたような問題に焦点をあてて議論されてきたわけですね。

戸川　領主制についての議論は最近活発じゃないですね。それで時代区分論争もなくなってしまった。

永原　単系発展段階説は破産したと割り切って言ってしまえば、時代区分論なんて意味がないと思われがちです。その行き着くところ、そもそも発展という物差しではかることが間違いだということになる。そうすると、物差しがなくなる。今は物差しを認めようとしない状況だから時代区分論も消え失せてしまった。

戸川　先程の歴史学の自殺行為みたいなことですね。

永原　「戦後歴史学」は明治の啓蒙主義・文明史観につづく第二の啓蒙主義・普遍主義という傾向をもっていたと思います。「進歩」と「法則」の重視はそこに根拠がある。これを「革新の時代精神」と不可分な思考として位置づけ、理解することが必要だと思う。

戸川　たぶん後ほど網野さんや社会史とのからみでお伺いすることになると思いますが、歴史学というのは視点を定めて時代区分をやってこそ意味があると思います。

6　中世社会論・中世国家論

永原　基本ウクラード論を軸にして物を考えていたころ書いたのは『日本封建社会論』（東京大学出版会、一九五五年、新版は一九七四年）や『日本封建制成立過程の研究』（岩波書店、一九六一年）にまとめられています。しかし、一九六〇年代後半ころにはより全体的・構造的なとらえ方を意識的に追求するようになった。たとえば荘園制というけれども、農村のことだけで荘園制を考えようと思ってもできない問題だと。荘園領主の土地所有の性格、どのようなメカニズムでそれが実現されているかという問題を捨象しておくわけにはゆかない。農村史だけから幕藩制社会の全体が議論できないのと同じような意味で、やはり、荘園史を農村の方からだけでやるのは無理だ。国家の支配体系と不可分の荘園制的秩序構造をとらえないかぎり日本の「中世」への歴史認識の完成度を高めることはできない。こういうふうに考えたのです。よく言えばウクラード論から全体構造論へ一歩前進するという意味合いにもなるわけです。

その中で、僕の頭の中では中世の前半と後半は単一的に議論できないという考えが強くなってきた。南北朝から本格的に進展しはじめる小経営の成立の動きはそれ以前には遡れないというふうに考えてましたけれど、それを社会構造全体の問題としても考えてみる必要があると。荘園研究でそのころ、『明月記』を使って藤原定家の所領の在り方を分析したり、近衛家や九条家あるいは女院領など中央権門貴族の所領の全体構造をみるという仕事をいくつかやって、その中から荘園制の土地所有が自己完結的でなく国家体制全体に依存しなければ安定できない、つまり国家体制としての荘園制を考えざるをえないという見方を深めた。つまり国家が公認して荘園を作って、荘園を国家が維持するような関係をもっている。最近、荘園制論と国家論を結合させようとする研究がさかんになってきたけれど、僕が「職の体系」といったのは、そうした問題と関係が深い。

それに比べると、南北朝以降はそういう職制国家的体制は崩れて、地域国家とその連合体としての日本国という二重構造国家に変わってゆく。ですからウクラード論だけではなくて、社会構造論、国家論からみても中世は二段階論をとらざるを得ないと考えた。もちろんその二段階を一貫して貫く「在地領主制」が中世前後期を一つの時代として規定する基本であるわけですが。

前半のほうは一二世紀から一四世紀の前半くらい、南北朝のころまで。その時期は荘園制の古典的な時代であって、それが鎌倉幕府と中央の天皇政権と幕府政権の両権力の結合によって体制的に保証されている時代である。その体制秩序は「職の秩序」である。職というのは国家の官職の家産化したものです。本家職・領家職や預所職もね。そこで寄進地系荘園とは何かという研究を自分なりにやってみると、「開発地」といってもそれは排他的な私領というのではない。当時の史料でいう「私領」は公的支配の対象になっている。しかもその「私領」だけを立荘するのでなくて、まわりの公領をふくめて分割立荘することがわかった。公領の分割を国家が容認することなくしては荘園は成立しない。つまり公領支配の公権を家産化することを天皇・国家が認めることで「寄進」が成立する。「寄進」というのは実体的にいうといちじるしく粉飾された表現です。それを公家寺社は子孫次代に家産として伝領していくような関係、それが荘園所職です。所職は侵されれば法廷的な形で公家・寺社同士ならば朝廷で、一方が武家ならばそれは鎌倉・六波羅の武家法廷で裁判によって解決する。個別の荘園領主が武装しないというのはそのためです。だから荘園制というのは、「職の秩序」によって成り立っている。「職の秩序」は国家の秩序であると。天皇がその職務的公権を半ば私財視して分与した。それを認められた人は家産として伝領していく。僕が「職制国家」秩序と『日本中世の社会と国家』（日本放送出版協会、一九八二年、一九九一年に青木書店より増補改訂版）に書いたのはそういうことです。

ただそういう秩序がいつどのように変わるかということについては見方が分かれる。多くのひとは職制秩序というかは別として、荘園制は応仁の乱までつづく、それ以降は過渡期であって、その最終的解体によって近世に移行すると考えています。荘園制から幕藩制へ移行する、その間に応仁から戦国の移行期があるという論法です。これは勝俣鎮夫説に代表され、だいたい通説化していますね。しかし、僕はかならずしも賛成ではない。一世紀余りの戦国時代をただ近世を用意する時代だというのは消極的なとらえ方だと思う。やはり豊臣期で政治も社会経済も大編成替え・大変革があるわけですね。過渡期説だとその編成替えのところがわからなくなってしまう。中世後期は社会の基盤で小経営が展開し、それに対応して在地領主制が「職の秩序」から抜け出して、階層的な主従制を発展させ、自立的な地域領主権力を編成する。領主農民関係が地域的な領域支配体制を各地につくる。それを大名・国人がそれぞれ指向している時期。言ってみると封建制の自由競争時代みたいな時期です。そういう段階を設定した方がいいと考えるようになって、僕は中世二段階論的な考え方をつよめた。

ちょっと前に戻りますが、「職制国家」的な「職の秩序」で、荘園は土地の領有の一形態ではあるが所職として散在的重層的に存在している。戸田君はそれが封建的な知行だというけれども、それは封建的な知行制による家臣化には対応していない。ですからこれは主従制の原理では説明できない。じゃあ何かと言うときにやはりマックス・ウェーバーの家産官僚制国家というカテゴリーがもっともふさわしいと思います。一九九八年に出した『荘園』（吉川弘文館）では、「職制国家」をより普遍的な概念としては「家産官僚制国家」の日本的形態だと言いました。ウェーバーは家産官僚制というのをこう言っているんです。支配の諸類型として、①カリスマ的な支配と、②伝統的な支配と、③近代官僚制的な合理主義的な支配の三つがあるという。カリスマ的というのはマーギッシュな力による支配ですから、もっとも原初的なもの、卑弥呼みたいなね。それに対して伝統的な支配には二段階あるというんです。もっとも普遍性のあるのは家産官僚制で、さらに社会発展と分権化がすすむと封建的になる。封建制は前近代の伝統的支配の進んだ形態であるが、どこにでもあるわけではないと言っている。それはとてもよくわかるんですね。僕は伝統的支配の中の家産官僚制というのは、日本の「職」に対応していると思うのです。ここではまだ封建的な分権化がすすんでいない。律令制的な国家の公権が私権化して世襲されていくのはそれです。それと「家」の成立（平安期）とは対応しているわけです。これは、半面では中世における天皇制の存続と直結した問題でもある。

戸田さんははじめから封建制で全部塗りつぶしている。黒田さんもそうです。黒田さんと論争したのは、はじめからすべて封建的というのは賛成できない。とくに黒田さんは在地領主制というものを論理の枠組上否定しているので、何から社会が変わっていくかという論理がとれない。黒田さんの荘園制論、権門体制国家論は、言わせてもらえば抜け道のない平面図みたいなものです。権門体制論と職制国家論はある意味で似ている。しかし黒田君の権門体制論は天皇と公家・寺社・武家という形で説明した。だけど僕はそれでは頂点の部分だけのとらえ方だ、支配は中間の在地支配層、また村の小領主層の組織化という面もなければできない。在地のあり方から変わってこないと上も変わらない。上の方の権門寺社が先に変わるわけはないと思う。黒田君は在地領主制を抜きにしたために、もっとも動態的に変わっていく主体の歴史のなかで理論的位置づけを欠落させた。そのため権門体制はいつになっても変わらず、秀吉の時、突然、権門体制は終わりとせざるをえない。これは立論の仕方として歴史的じゃないでしょう。権門体制論の難点はね、「非領主制的展開」を宣言したため、抜け出す道なしになった点にある。

つまり中世後期の社会では小農から上昇した小領主がひろくでてくるでしょう。地主というか小領主というかは別にしてね。職制国家あるいは家産官僚制国家のもとで、小経営が本格的に展開をし、それに伴って在地領主層が職秩序から自己を解放してゆく。それが中世後期の地域権力でしょう。これは戦国大名だけでなくて国人もみな同じ動きをとっている。国人と戦国大名の違いは相対的なものです。たとえば結城法度の結城氏。あれは法度を作ったから戦国大名と言われている。だけど一郡にも及ばない小領域国人です。そういう大名・国人と、それらをなんらかの意味で統合する日本国の両者をとらえることなくしては戦国時代は理解できない。「いくつもの日本」というのが流行っているけれど、統合の問題を抜きにした国家論には賛成できない。やはり「日本国」というのはある。だからこそ「天下」が問題になる。地域「国家」と「天下」の複合構造としてしか中世後期の社会・国家構造は説明できないと思います。史上の「中世」は家産官僚制国家段階と領国制国家段階を含みうる。律令制社会＝古代との区分ではそうなる。しかし、「中世」はその初発から全面的に「封建社会」ではない。中世の前期と後期との違いを定式化しようという意識を、僕は『日本の中世社会』（岩波書店、一九六八年）というのを書いた時から強くもつようになった。

戸川　最近の荘園公領制の研究とからめて、荘園の国家的な性格というものは先生が「荘園制の歴史的位置」という論文（『日本封建制成立過程の研究』岩波書店、一九六一年所収）で明らかにして以降、近年の荘園研究はそういう方向でいってますね。それと在地領主制というものをどう整合的に説明するかで非常にわかりにくかったのですが、それを説明できるのは先生の家産官僚制国家の概念なんだなとさっき気付きました。前期のお話から戦国期に移る前に、守護領国制というものがありますね。最近これはあまり使われなくなってきているわけですが、地域権力という意味では戦国大名が到達点であるというとわかりやすいんですが、室町の守護領国段階からどういうふうにつないだらよいのでしょうか。

永原　室町時代というのは頭の方は荘園体制だと思うんです。守護は表向きは「職の秩序」をたてまえにしている。室町幕府が職の秩序を前提としているから。だけども、もとの地頭などいわゆる国人級の在地支配層のあり方はどんどん変わっています。すると守護もその変化に対応せざるを得ない。そうするとだんだん室町幕府の職の秩序から離れて、守護も自立性を強めていく。従来守護は国内の在地領主を家臣化してはいけないのが鎌倉以来のきまりだったが、これを主従制的に取り込む。それから守護の公認された権限としての大犯三カ条以外の民事裁判権も行使する。商人同士の争いを赤松氏が裁許した例も知られています。

最近気がついたのだけれども、守護の住まい方も変わってくる。室町将軍は花の御所のように平地館に住んでいるでしょう。鎌倉時代の将軍も御家人も皆平地館だった。城はない。城でなく、皆平地館に住んでいるのは、争いが起こったときも原則的には自分の実力で武闘しないからなのです。幕府の裁判で解決する。荘園制というのは鎌倉と京都に相互に結合した国家権力があって、その裁判秩序に依存するたてまえだから、個々の実力者が城をつくらない。室町将軍も同じです。守護も基本的には平地館です。花の御所のミニ版をつくるわけです。大内館などはその典型です。ところがだんだん在地の方で国人級が砦や城をつくり出す。そうなると守護も平地館の近傍の要害山を選んで城をつくる。荘園領主自身はもちろん武装しないし、荘官系の公文だとか雑掌だとかも現地に行って政所をつくるが、城はつくらない。平地館です。

主従制に編成した侍を多くそこに集める考えがないから、城下町もつくらなくていい。荘園制の段階は荘内または近傍に市はありますけれど、従者としての侍を武力として集住させないから、恒常的な町は成立しない。中世の後期になって領域権力の軍事性・自立性が高まると、自分の城のまわりに軍事力としての侍たちを集め、その基盤に都市をつくらなければやれない。だから国人でも石見の益田だとか、越後の本庄・色部だとか、国人の城下はみんな町を形成している。小さくてもね。荘園には支配拠点としての町というものはない。この時代にも港津都市は発展している。沼田荘の市は沼田川と瀬戸内海の結節点にあったから、港津都市として早くからにぎわった。しかしこれは小早川氏の支配拠点としての政治都市ではない。荘園には定期市があるが、安定的な定住の「町人」をほとんどもたない。「町人」身分がない。それを都市的空間といったり市場都市というのは正確ではない。やはり権力の支配にとって直接その膝元に町が必要かどうかで考えることが重要です。この二段階は戦国都市論とも関係するのだと思います。

それから、中世社会論に取り組んでいた六〇年代後半の時期に、自分でも注目していたことがあります。入来院だとか大田荘とか何度も歩いて、村のあり方を考えていた。小村型から集団村型へということです。村落景観の復元調査をやった。そこで僕のやったことははなはだ不充分で、のちに石井進さんや大山喬平さんなどが高度化して今の研究の水準に引き上げた。それは封建的な村落共同体が本格的に出来る前の小経営が不安定な時に村人はどういうふうに住んでいるかということにもかかわることです。名主クラスのひとつの核になるものがあって、そのまわりに衛星的な弱小経営半従属農民がグループをなして名共同体というべきものをつくっている。太田荘ではそれが小村型の単位を作っている。それは、室町の村落の中に残っている小経営以前の姿。入来院でもそうした形がよくわかる。そういう点を確かめながら、室町期に入ってからでないと小経営の実質的成立はないと考えた。こうした動きはやはり経済的先進地帯から展開します。そういう問題はその後、新見荘はじめいたるところで精密さを高めながら解明されるようになって、今日中世史の中で大きな論点の一つとなっているように思う。荘園制論・中世国家論の基礎にかかわる問題です。

佐藤　国家論のことで一言。国家の本質について先生はいろんなところにお書きになっている。国家の役割として階級支配の重要なことはわかります。もう一つは調停的な役割。諸階級の矛盾調停的役割も国家の重要な役割のひとつであるとお書きになっていますね。今の二段階説で国家を考えると、二つの役割の整合的な捉え方はどうなりますか。

永原　荘園制の前期の方では朝廷とか幕府といったものは、荘園領主、在地領主という支配階級間の矛盾対立、境争いと支配権限をめぐる争いが代表でしょうけれども、それを調停するわけでしょう。戦国では天皇とか将軍もそういう意味では大名間抗争の調停の役割をもっている。信長なんかもそれに助けられて生き返っているようなところがあった。戦国大名は自立的な地方公権力だが、官途名へのこだわりが語るように日本国の伝統的国制を全く無視してはいない。天皇・将軍の調停機能はそこで働く。

佐藤　勅命講和とかですか。

永原　そういうのが一番わかりやすい事例ですね。つまり「公」権力である限り、諸階級の、個々の利害を超えた機能・役割を果たさなくてはならない。それがないといくら前近代でも公権力になれない。そうすると大名同士の争いとか大名と寺社の争いとか、あるいは農民間の争い。江戸時代の国家（幕府公儀）ならば、村と村の境でも領主が違えば公儀に持っていく。だから江戸幕府は大変だった。どんな小さい争いでも領主が違えば、現地に行って境の地図を作らせて、裁許を出す。あれは絶対的に物を言うんですね。農村間の矛盾に到るまで、公儀が調停している。そういう意味での調停機能というのはすごく大きいと思う。そのころは国家は、たとえば今の福祉政策のような機能を欠いているでしょう。せいぜい徳政令か「種子下行」「夫食米」給付など臨時的です。ですから支配階級それから被支配階級を含めた諸階級間の矛盾を調停する公権力の役割は、諸階級にとっても有効だし、わかりやすい形だったんでしょうね。何がゆえに「公」「国家」となれるかには、一つの階級の利害を超えるということがあるでしょう。

佐藤　それは幻想であるのか、それとも実態的に調停機能があるのか。

永原　幻想といわれるものでも、一〇〇パーセント幻想ということはありえない。一定の機能を果たさなければそういう幻想も長続きしない。「国民国家共同幻想」というけれど、あれも全部幻想かといったら歴史の現実を見たことにならない。それはまあ一つのフィクションといえばフィクションだけど、それによって人が動いている。歴史学がそれをすべて幻想だと言って決め付けるだけだったら、歴史認識にはならないのではないか。その幻想と見られるものがどう現実的な役割を演じているかということも考えないとね。だから僕は一〇〇パーセント幻想論には賛成できません。

7　戦国期の社会・経済・国家構造

永原　一九七〇年代に入ってから私の研究上の関心は戦国時代の方に移っていきました。中世の後期の段階をもっとはっきりさせたいと思った。問題はその結果、なぜ南北朝期を境にして後の時代は荘園制の時代と言わない方がいいかということです。たしかに国家支配の上部では荘園制が残っているし、応仁の乱あたりまでは荘園により年貢も一定範囲で上がっているから、荘園制の枠組みが一〇〇パーセントなくなったとはいえない。しかし社会を変化させていく動力が、明瞭に地域の在地領主諸層の方に移ってきていて、かれらはもはや職（しき）には縛られないで、守護から展開した大名であれ、その下の国人であれ、主従制原理を主軸とする権力を編成を進め始めている。石見の益田氏という有力な国人をみますと、室町時代には、これは毛利の場合でもそうだけど、一〇〇人〜二〇〇人くらいの家臣を持つようになっている。益田の場合でも雪舟の絵で有名な益田兼堯の親が死んだ段階で、だれを主君にするかで家中が揉めた。結果として兼堯が子供だけれども擁立された。そのときに家臣一〇五名が連署して、兼堯を主君に推挙したのです。毛利だって一六世紀なかばに井上一族を誅伐したときでも、二〇〇人そこそこです。国人は一五世紀のうちに自立性を強めて、主従制的家臣編成をすすめると同時に城を作りだします。最近の研究によると、広島県の中世の城は千いくつかあるのですが、いつ作られたのが多いかというと、一五世紀が一番多い。作ったのは群小の国人です。戦国時代になるとかえってあまりふえなくなる。特に戦国時代の一六世紀後半になるとふえない。それはどういうことかというと、大名はそういう中小国人土豪を家来化するのですが、その際、かれらにまた割拠されると危いから城を作らせたくないわけです。それはいみじくも一乗谷の朝倉氏が言っているでしょう。家来を自分の領地に置くなとか城を作らせるなと。ですから一五世紀が地域領主制の本格的転換期ということになる。下からどんどん変わるわけです。

さらに国人たちがなぜそのように変われたかというと、農民の上層部が「侍分」とよばれるような主持ちの身分になるわけです。国人の家来になっていく。そうなると守護だって旧来の職の秩序にこだわっていたら生きぬけない。だから守護というのは上の方をみれば領国大名といえないというでしょうが、でもどんどん変わっていく。守護から戦国大名へ今川がいつから変わったとか、大内がいつから変わったとかという議論があるけれど、その基盤が変わっていくということが第一の問題だと思う。私の言った「守護領国制」は批判され、一五世紀は「室町幕府－守護体制」というのが通説化していますが、私の主旨は「幕府」を無視することではなく守護の性格の変化の方を重視するという点に基本をおいて見たわけです。

それは流通支配とも関係する。そういう大名・国人はできるだけ自分の膝元に直属の馬廻り衆や奉公人・職人などを集めないとやっていけない。だから小なりといえど町を欠かせない。益田もそうですし、佐賀県鳥栖の筑紫氏もそうです。後者は少弐氏の守護代クラスの人。その城郭遺構（鳥栖市）には、きれいな町割遺構が見られる。一本道の両側町、あるいはもう少し規模をもつ町の形が残っている。そのような町の発掘調査報告も次々に出だしています。荘園制の現地支配拠点では町はない。ここが歴然たる違いなのです。それを区別しないと中世都市論は混乱を招く。中世でも荘園年貢の流通にかかわるような求心的な流通網の地域拠点である港町は早くから発展するけど、中世後期の地域権力が必ず必要とし、意図的に編成してでも作る町、すなわち城下町は港町と別の意味がある。その究極的なものが信長の安土の城ですね。ここでは城下のずっと南側を通る中山道を付け替えてまで安土の城下に人を集めるわけです。

東国では常陸の東海村に小野崎氏という国人がいます。その城の発掘調査報告があって、それによると、そこに城ができるまでは町がない。城からかなりはなれたところを福島県の浜通りに通じる道が通っていてそこに市があって、市町化も進みだしている。小野崎氏は城をつくると、その市町の人をひっぱってきて自分の城下に内宿をつくる。城の総構えの中に侍とともに商人を取り込む。浜通りの市場町は小野崎氏と関係なしに経済的に成立してきたわけだけど、それは外宿という位置づけになる。この場合も国人クラスの権力が城だけではなくて、町なくしてはやれないということを証明する材料だと思います。

市村高男君が武蔵の松山などでそれを言っていますが、市町を城下に取り込んでゆくのです。市村君はそういう町の形成のされ方については重要なことを指摘しているんですね。地域権力が成り立つためには城下都市的機能を自分が直接持たなければならないということであり、大名・国人が平地館から山城へ移るのと対応しているのです。ただしそういう権力は分立対抗する。家産官僚制的国家秩序から離脱してお互いの対立を生むから、むき出しの力で争うことになるでしょう。するとどうしても調停者がいるわけで、それはやはり守護なり、守護代なりがその立場になるが、それもなかなか機能しない。そうなってくると幕府は次第に無力になる。それぞれ実力で自分を守ろうとする。しかし、有力な戦国大名になればなるだけ天皇に直結するとか将軍に直結するとかいう形を求める「公儀」の形が必要になってくる。そこに地域国家と日本国の重層構造というべき関係が展開してくる。

中世の前期では地域国家としての鎌倉国家という形は体をなしていないと思うんです。なぜなら鎌倉は非常に明瞭に京都の権力と結びあい権力・機能を分割・結合し合って存立しています。両者の結合としてひとつの国家ですね。中央集権的家産官僚制国家の枠組みで説明できると思う。鎌倉時代では「国家」がいくつもあるなんてとても言えない。国家はやはり「日本国」という形式を律令以来形としては引きついでいる。

しかし、中世の後期は地域がそれぞれ公的支配領域として自立する方向が進む。国人の領域だって、戦国大名の領域だって、将軍の支配と直接実質的な関係はない。政治的には御内書をもらったり、綸旨をもらったりする。それによって何かが規定されているようだが、基本的にはそうではない。停戦命令やあるいは和平調停の綸旨や御内書をもらう。治罰の綸旨ということもある。だけどもそれ以上のものではない。国人大名は地域の支配については自前です。戦国大名はそれ以前のものに比べればそれ自身が公儀であることになる。だからそのために努力して、制度や法を作り、儀礼を整える、文化を飾る、みな独自の公儀の支配のためです。たとえば小田原の北条などでも、ああいう公権力としての主従制・封建的官僚制を編成すると同時に、都からいろんな文物を手に入れる。文物・文化というのは統治のために欠かせない要素なのですね。金（きん）を送っては公家から文物をもらう。

戸川　その時に最近、今谷明さんの議論のように戦国期守護というような職制秩序を利用しようという側面はどうなんですか。

永原　それは天皇に結びつくとか将軍に結びつこうとする動きはいつでもあります。大名や国人が同じレベルで争わないで、自分の立場を他者に納得させるために、伝統的国制や文化に裏づけられた権威を利用しようとする。しかし、天皇・将軍・守護などの国家支配の権能が実際に作動したとは思えない。制度として機能するためにはどのような形であれ一種の強制力が必要です。「職の秩序」が機能するには、裁許について使節遵行によってそれが保障実現される。しかし、戦国期に使節遵行はない。もう機能していない。今谷さんの考え方はそういう意味では制度的な形を実体視しすぎている。綸旨が頻発されたから天皇の力が強くなったというのはおかしい。大友氏は五ヵ国の守護職補任を受ける。しかし守護権が機能するかどうかは実力次第でしょう。でも守護になっていることによって、政治・軍事的立場を有利にすることはできます。大友が少弐と争ったり、肥後の国人などと争う時にはね。歴史の中で制度・形式と実体というものの関係はたしかにむつかしく、重要なテーマと思います。私は戦国期で天皇が政治活動をする余地が大きくなったことはたしかだが、天皇が執行権力としての直接の権力や強制機構を回復したわけではないと思います。歴史認識としてはそれを区別すると同時に統一的にとらえることが必要でしょう。

戸川　話はずれるのですけれど、被差別部落の成立について城下町の形成と関連付けて考える考え方は的を射ているのでしょうか。

永原　それはあったと思いますね。当時は職人的な人びとは多かれ少なかれ、移動性をさけられず、定着性が弱かったり、農民にとってみると他者である場合が多い。するとそれを自分たちの外に置くことになる。さっき言ったように鎌倉時代では村を形成している主体である農民の安定・定住性が低くて村結合が弱いから、他から流亡してくる人、遍歴してくる人に対する排他性も弱い。逃亡跡に「浪人を招きすえる」というのもそれと関連している。そういうものの出入りがきびしく閉鎖的でないわけです。

ところが室町時代にはだんだん農民の家結合が強まった安定した村ができてくる。番匠など一定の職人はマックス・ウェーバーが言う一種の村抱えの職人です。でもその他の者は共同体の結合性と閉鎖性が強まる中で差別される。「昨日今日ありつきたるようなるもうと（間人）」（東寺領の太良荘関係文書の文言）といわれた新来者や職人もそれです。ところが戦国大名にとってみると職人は極力いろいろの職能をもつ者を揃えなければならない。これを城下町に集めるわけです。それは近世だけのことではなくて、戦国時代からやらなければならないことでした。内宿などとよぶ総構えの中に職人も取り込もうとする。都市が発展すればするだけそういう差別されがちの職人や非人なども一定の職能を認めて内包してゆく。荘園制時代には都ではケガレ意識がきびしく差別感も強いが、農村ではあまり気にしないわけです。閉鎖性が弱いとか農民自身が流亡しやすいからです。農家が流亡して、また別な農家が「招きすえ」られるということを繰り返している時期は差別意識が強まらない。農家が定着性を増すと、閉鎖的な共同体の掟、村掟がつくられる。旅人や遍歴者への警戒を強める。

しかし、それでは中世後期は「自由」が失われて差別が強まり「世の中悪くなった」かというと、そう一面的ではなくて基本的な生産力を担った村落のほうも変わっていっている。安定性の高まりにともなって、農村の中にも商品生産・経済の可能性がでてくる。そちらとセットで、表裏両面の歴史をとらえないといけないでしょう。階級社会なんだから、必ず明暗両面を伴って社会的進歩も存在するのだと思います。

戸川　その意味では網野さんの差別に関する発言は……。

永原　「中世の自由」を一面化し、時代が下がるとそれが失われて「世の中が悪くなってゆく」という一種の衰亡史観みたいな感じがしますね。「遍歴」「漂泊」という「自由」を讃美するような感じを受けますが、僕はむしろ共同体からの流出・流亡というのが基本的性質だと思う。そのことは「村落共同体からの流出民と荘園制支配」（一九六八年、のち『日本中世社会構造の研究』〈岩波書店、一九七三年〉に収めた）で書きました。

佐藤　内乱の中で後醍醐が全部切り捨てたことになってしまう。差別の出現は、網野さんの『日本中世の非農業民と天皇』（岩波書店、一九八四年）を読めば、納得できる点もあるけれど、それだけではないと思います。もうすこし、慎重な検討が必要でしょうね。

8　歴史学研究の方法

永原　そこで歴史学の方法論の問題の方に話を移します。もうふれたことですが、はじめ、僕の方法は基本的なウクラード（生産様式の型）を歴史認識の基礎に置いて社会構成の段階的展開をとらえようとしました。しかし、これはウクラード論にとどまっているから、もう少し「現実の存在」そのものに接近するため、いろいろな複数のウクラード、それを包括する社会構造全体、国家論を含むような認識に進む必要があると思い、荘園制論にしても大名領国制についても、僕なりに国家論を考えた。しかし、それは国家の基本枠組みだけでしかないので、黒田俊雄君にさんざん批判された。権力組織やその機能の仕方そのものをさらに具体化すると同時に理論化しなければならないわけですが、それはやれなかった。それに接近する手順として、たとえば荘園制についても荘園の領有体系という問題を考えた。安良城説でも領有体系論がない。黒田説にはありそうにみえる。しかし、中央国家の公家・寺社・武家の三つの支配階級による支配機能の分担という指摘だけで、地方支配が理論枠組みに入っていない。僕にとっては「職制国家」、「職」の問題です。黒田君は「職」にあたるところは積極的に論及しなかった。非領主制的展開という断定を下してしまったので中間項がない。それで領有論がないということになるのです。戦後中世史の論客であった安良城君も黒田君も在地領主制の位置づけがない。網野君も領有論に関心が薄いように思われる。網野君は非農業民論のような独自の世界を開拓するが、その半面で領有論を捨てている。二人とも「領主制理論」批判の立場からでしょうが、中世の支配や国家のあり方をとらえようとしても一挙に天皇や権門体制だけに的をしぼるわけにはいかないでしょう。

ところで、歴史認識における具体化と理論化という二つの方向をどう処理するかということは、方法の問題としては重要なことです。歴史はやはり無限の個別事実の上に成り立っているので、個別具体的なことを明らかにするということがもっとも基礎的に要求されている。これは言うまでもないことです。それは実証主義歴史学の基礎で僕もその一人であるといってよいわけです。しかし、歴史認識として成り立つためには、しかるべき一定の抽象化・理論化によってそういうものの中に貫通している社会の構造や段階・変化のあり方など、原理的・普遍的な問題の側面を見定める必要がある。個別事実の集積だけでは見えないものを見出す必要がある。それは戦後歴史学が科学主義だとか法則主義だとか言われるところに回帰するわけですけれども、日本の歴史認識は日本だけの特有なものとしてだけ完結していない。歴史認識の方法として「比較」というものは一定の限界をもっているが、普遍史的視角からの社会のあり方についての比較ということはやはり必要だと思っている。そのためには歴史の多様な現実を抽象化する必要がある。たとえば荘園制的な所有というものが特殊日本的なものとみえても、実はそれはある歴史の段階にはかなり地球上の諸地域に見られたそういう家産官僚制型の土地所有・社会秩序、あるいは国家形成のあり方との比較をすることでそのいろんな特徴が見えてくる。歴史を年代記的なあるいは事件史的なものに限ればそれは意味がない。だけれども社会のあり方などの問題になると、これは抽象化をしないと成り立たない。歴史認識にはそのため具体化と抽象化というものが常に平行的に存在している。歴史は究極のところ個別具体化なものである。でも理論化・法則認識を指向する接近方法を取ることによって、一方的に個別具体化することでは見えない社会の構成原理や運動形態が見えてくることは必ずある。

網野君は自分で「戦後歴史学」に訣別宣言を出して以後、極力そういう概念（たとえば封建制）は使いませんとか、社会の「進歩」という概念も使いませんと言っています。網野君は確かに非農業民のいろんな姿を解明したからそれは立派なことです。でもそのときにたとえば分業論的理論視点を拒否すると、それら非農業民が社会全体の中でどのような社会的ウェートを持っているかとか、基本的な生産者である農民とどうかかわっているのかといった問題が見えてこない。網野君の論理は農民の中から社会分業の進行によって非農業民が出てくるというのではないのです。はじめから非農業民はいるのだという論法です。生産力があがってくれば必ず社会分業が発展し、はじめは農業の片手間になんかちょっと作っていた人がだんだん専業職人化してくるというような理論を誤りとしている。網野君の言うところは、ある断面で切ってみると、こういうものもいる、こういうものもあるという形の指摘に終始し、全体認識に進んでいるようだが発展構造を追わない。だからちょっと言い方が失礼かもしれないが、陳列はするけれども、関係はわからないという感じを免れません。

たしかに原初的な社会でも石器を作る人はある程度専業化しているということはある。すべての人が同じように均質に土器作りをやっていたとは思わないけれども、家作り職人＝番匠なんていなかったわけでね、番匠が地方の荘園にも登場してくるのは非農業労働が段々分化してくるということでしょう。鵜飼であれ桂女であれ、一つずつ明らかにすることは有意義だが、それは研究の第一段階でしょう。それらが相互にどう関係するのかとか、いつどういうふうに増えてくるのかとか、あるものがどうして減ったかといった、そういう関連的な認識が必要です。水田一元論批判も同じです。畑作民もいるじゃないかと言う。でも僕は畑作民も出来うれば水田をひろげたいと思っていたと思う。水路がなかったり、田は年貢が重く追及がきびしかったから畠に活路を求めているんでしょう。江戸時代には新しい技術段階で洪積台地の上にも新田を作るんだから。「水田一元論はだめだ、畠作の農民もいる、農民だけではだめだ、こういう非農業民もいる」という。それはたしかに認識の具体化の第一歩だが、それだけでは関係や比重はわからない。網野君は中世でも非農業民が五割くらいいたんじゃないかと言うでしょう。それも専業化したものと見ている。だから中世も資本主義社会のように見えてくる（網野『続・日本の歴史をよみなおす』一七三頁）。年貢の輸送に為替が使われたことから中世は信用経済の発展した社会だという。紙幣はおろか、主として輸入銅銭にたよっている社会について十分な理論的論拠を示さず、そうした為替だけから信用経済の高度化をいうのは一方的な一面化ではないか。僕は本当に不思議に思うのですが、講座派の理論、大塚史学の理論のような日本の近代社会科学が生み出してきた理論や方法について、網野君は何一つ評価しようとしていない。だから中世の社会が前期からとても発展水準の高い社会に見えてくる。経済ばかりでなく、識字率も高い、自由だといい、民衆はあたかも階級支配から自由な「平民」として描き出す。この浪漫主義的中世観は、七〇年代の高度成長の終り、一種の「近代の達成感」と「行き詰まり感」の中で人びとの心をとらえた。

「無縁・公界」論は彼のその面での代表作で、中世史研究に新生面をひらいた。それはポストモダン論がはやりだした時期です。日本も資本主義が行くところまでいって、むしろ管理社会の息苦しさや資本主義の行き詰まりを感じるようになった。それは戦争中の日本浪漫派に通じるところがなくもない。そこで、現世から離れて、過去に耽美的・幻想的な浪漫的な世界を求める。しかし、それは一つの政治姿勢と不可分です。網野君は高度成長で近代は行き着くところまで行った、豊かになったけれども心は貧しくなった、などとよく言う。「中世」の「明るさ」が対照的に強調される。資本主義が悪者にされたように、中世では領主制が悪者にされた。その代りに天皇が「大地と大海原をことごとく支配し」てその遍歴者の移動の自由を保障したというわけです。

古代の見方も共通している。地域がみんな特有の地域世界をもっている。古代の日本国の非統合面を強調する。同時にそれと関係する統合の面を問題にしないで、分散の面だけ強調しているわけです。それは明治以来の単一民族国民国家像を解体する点で一定の範囲で有意義ですが、だけどそれはとても一面的な見方です。日本国はやはり統合度は高い。古代でも近代でもいわば地域的・民主的分権化が進展しないうちに権力のほうが体制を作りましたからね。つまり上からの統合が強い。だからなかなかそれを崩せなくて、家産官僚制国家の時代が長く続く。中世後期のような地域国家の分立状況も、秀吉みたいにとことん天皇に一体化してゆく（関白政権）ほうがその克服の早道となる。国家・社会の歴史の中で、「統合」は重要な意義がある。どのように統合するかが問題でしょう。それを無視して「統合」を一括して悪者視するのは歴史認識として誤っていると思います。日本歴史における「統合」の一貫的な特徴は天皇制を頂点とした王権がそれぞれの諸段階に対応して生き延びながら役割を果たしてきた。現実の支配階級にとって天皇が統合の切り札として機能してきた。その構造を問題にすることが歴史の認識としては重要だと思う。「ひとつの日本」というのは幻想であると言っただけでは歴史認識は成り立たない。近代を説明するのに、統合の問題を抜きにしてどうして歴史認識が成り立ちますか。網野君は一方では中世の流通、「信用経済」「識字率」等を強調する。それはすべて「統合」の進展の指標です。ところが国家論では、一方では天皇の大地・大海原支配権までを強調し、他方では国家の非統合、地域の独自性を力説する。何となく言うところがうまく統合されていない感じです。

ふりかえると、日本浪漫派はあのロマンティシズム的歴史観を打ち出すことによって結局ファシズムに奉仕した。網野君が今、意図的にそんなことをしようなんて誰も思っていないし、僕も考えません。でも非論理的なロマンティシズム的歴史観というものは、客観的に見るとそういうものにおちこんだ。西尾幹二氏も一種のロマンティシズム史観ですね。もちろん無責任な史実歪曲だから「歴史学」とは言えない。浪漫主義的歴史観で部分の恣意的抽出ですね。今日の閉塞感の強い社会状況では浪漫主義歴史観がさまざまの形で台頭しています。それは、科学性を否定するという共通性をもっている。その場合にはそれぞれが本来意図したものとは違うものをもたらすおそれのあることを改めて確認したいという気持ちが私にはありますね。

竹内　しかし、網野さん自身はそうした近代の風潮へのアンチとして研究を模索されたはずですが、その網野さんがなぜ保田與重郎のような方法と類似したものになってしまうのでしょうか。

永原　誤解ないように力をこめて言いますが、僕は網野君の仕事を攻撃するために保田と似ているなどといろいろ言ったわけではない。歴史認識における論理の整合性の重要さという点から考えてゆかないと、浪漫主義史観には歯止めのきかないものがあることの危険を感ずるということです。ケタはずれに精力的で内容的にも次々に新しい視点と具体的成果を生み出した網野君の業績を評価することはいうまでもありませんが、今日の状況とてらして真剣に考えてみることが必要という気持ちは強いですね。

9　歴史学研究と歴史教育

佐藤　最後に、歴史教育の問題について論点を進めてみましょうか。

永原　歴史学のあり方は歴史教育の場で一番きびしく試されるでしょうね。歴史教育というのは明治以来今日にいたるまでその考え方に葛藤があるわけで、体制の側では歴史教育とは国家の要求する国民を創出するためのものであると考える。僕はそれを教化教育と名づけている。明治の久米邦武の「神道は祭天の古俗」という論文が発表された一八九二年（明治二十五）のころですけど、久米は漢学系の考証学のうえに近代歴史学も学んで、教化教育を批判した。重野安繹も同じ考えでした。「太平記は史学に益なし」だとか「神道は祭天の古俗」とかみな反名分論的実証主義です。これを神道家・国学系の人びとが怒ったわけです。神道家は皇典講究所を拠点とした国体史観、教化主義です。こういう人たちが猛然と反発した。その人たちが、そもそも歴史教育は国家に必要な人間を「鋳造」するためのものだと露骨に言った。その考え方は初代文部大臣森有礼に繫がっている。森有礼は学問と教育とは別である、歴史教育は事実を教えるのではなくて、歴史上のある物語を示して、教育する対象の子供たちの心に感奮興起するものを刻み込めと言った。だから神話から始めて、「国体」を教え、日本国は万国に冠たる国体だ、という独善的な愛国主義を子どもの心に育ててゆくことをねらった。「神道は祭天の古俗」なんていうのは「国体」を傷つける史観ということになる。それに対して、三宅米吉などは当時も考古学からやれと言っていた。

次に一九一一年（明治四十四）、南北朝正閏論で教科書編修官の喜田貞吉が罷免された。歴史的事実としては両朝並立しかない。しかし、歴史教育というものは真実を教えなくていい、ひとりの天皇しかいないということを子どもにたたき込めばいいわけです。だから壬申の乱は教科書から絶対に排除する。明治以来一貫して、真実を教えるか、特定の国体史観に立つ歴史物語を教えるかという対立が続いて、それは戦後の検定の問題から今日の西尾幹二氏に至るまでつづく。歴史教育には真実教育か教化教育かという二つの対立が基本にあるわけです。西尾幹二氏は都に城壁をつくるかつくらないかは中国専制君主と日本の天皇の「心得」の違いだと言っている。そういう根拠のない夢物語を歴史に持ち込む動きが今でもある。戦争責任などは隠して、太平洋戦争を合理化しようというのも教化教育の方向ですね。だから私たちは繰り返し歴史教育は真実教育でなければならないと言わざるをえない。真実を隠すような虚像教育・物語教育は許してならない。植民地化や戦争を合理化するのは史実を歪曲することです。二〇〇一年の「新しい教科書をつくる会」の問題で文部科学省は、この教科書の認識は国の歴史認識とは違うが、検定制度としてはこれを否定できないといういいわけ一点張りで責任を回避した。しかし、国際的には国が検定しOKしているんだから、国がこうした歴史観で公教育することを認めているということになる。検定は歴史観の自由を前提にしているというのは、あれはすり替えです。日本は朝鮮を併合してダムや工場を作った。だからヨーロッパの植民地支配とは違うなどと史実を歪曲し、歴史の虚像を作る。それは帝国主義と戦争への反省をふまえた日本国憲法の精神からして許されない教育というべきでしょう。

歴史観の違い、歴史的評価の違いはあります。たとえば明治維新論の時に、外圧を重視する見方とか、人民の闘争を重視する見方とか、下級武士の動きを重視する見方とか違いがあるでしょう。どれかにウェートをかけるということは仕方がない。絶対的にどれか一つと固定できない。でも外圧なんかありませんとか、人民の闘争など問題にならないという教科書があれば、それは今日の学問の常識に照らしておかしいと言わざるをえない。それはやはり歴史の歪曲でしょう。それぞれの問題について、今日における歴史学の水準として基本的に共通認識となっているものがある。国内的にも国際的にも。それをねじまげるような叙述、特に国際関係にかかわっている分野については外国から抗議があっても内政干渉といってすます訳にはいかない。日本の朝鮮支配を植民地支配ではありませんと言っても通らないでしょう。日本が朝鮮植民地化を植民地ではありません朝鮮を良くしようと思ったんですと言ったらそれは歴史の歪曲です。そういうことはやはりきちんとすべきです。歴史教育とは人間を国家のための都合のいい鋳型にはめた心の持ち主に仕立て上げるための鋳造機械ではない。真実を考えるための第一歩を与えるようなものでないといけない。それが戦後の歴史教育の初心です。検定というのはそういう意味では皇国史観一色を否定し学問的根拠をそれぞれにもつ多様な歴史観を期待していた。だけど冷戦のためすぐに対米従属下の右旋回が押し付けられた。暗い教科書はいけない、明るいものにせよと支配層の側が言い出し、検定が戦争責任や戦争犯罪のことを書くのは暗すぎるという調子で隠蔽や歪曲をおしすすめた。それが自虐史観的と声高に言う攻撃にもなる。

僕は、研究者としての意識だけが強い若いころには歴史教育の重要性がなかなかわからなかった。はじめから歴史教育に強い関心をもっていたわけではない。やはり教科書検定の締め付けがでてきて家永訴訟が提起され、支援活動で証言したり自分でも教科書を作ったりするようになり、歴史教育の重要性を強く感じるようになった。国家権力がこれについていかに欺瞞的なことをやっているかということも分かるようになった。それとともにこの問題が明治以来の重いつながりをもっているということも分かり、それで鹿野政直さんと一緒に『日本の歴史家』（日本評論社、一九七六年）を作ったけれど、その後、史学史について興味をもってやるようになった。一九八二年の国際批判とかかわり『皇国史観』（一九八三年）という岩波ブックレットも書いたけれど、それだけじゃなく、もっと長く明治以来の歴史学のあり方、歴史学と歴史教育のかかわり、これは大事な問題だと思っています。『「自由主義史観」批判』（岩波ブックレット、二〇〇〇年）や『歴史教科書をどうつくるか』（岩波書店、二〇〇一年）という書物も出しました。

現在生きている人はほとんどわれわれの世代を除けば戦後の世代ですね。だから僕は戦前・戦後の歴史教育問題についてはできる限り事実を伝えてゆく責任があると思っています。戦争責任が清算されないままになっていること、そのため近隣国家から戦争責任が問われることは、ほんとうに日本国と日本人の知のモラルが問われることで恥かしいことです。そういうことがあってはならないということを認識し、自覚し、それに対して闘う。日本人として存在する限りは。その意識がもてるためには、やはり偽りのない過去の歴史を知らなければならない。そのような事実があったということを知ることによって、同じようなことが今後二度と起こらないようにする責任は若者にもあるんです。それはわれわれの歴史学・歴史教育の立脚点でしょう。だから系統的な歴史認識、長期の歴史過程が理論的に説明できるような歴史像をもつことが大切です。西尾幹二氏のように、ある時代の一部分だけを抽出してこういうことがあった、ああいうことがあったと、物語を並べ立てるだけでは歴史認識は成り立たない。だから私は通史的な叙述というものを常に重視している。認識に通史性がないと、思いつきになる。だからある部分の強調に陥る危険性が高い。歴史にはいつでも物語化する危険があるでしょう。物語的な歴史叙述は面白い。でもそのおもしろさには仕掛けやリスクがある。だからそれを通史の中に位置づけてみる。個別テーマを考える場合にも、できるだけ長期の中でそれがどういう意味をもっているかというふうに検証することが大切だと思います。それが認識の科学性・安定性の保証になるということです。

歴史教育・歴史教科書には学問的認識の到達点が単純明快化された形で示されるものです。それは将来の子どもたちの心を左右するものです。だから歴史学のあり方、歴史教育のあり方がそこで根源的に問われている。家永教科書裁判で僕が深く学んだのはそういう問題です。次代の国民形成に大きな影響があるから、教化教育か真実教育かの取り合いになる。歴史教育が崩れると学問もだめになる。南北朝問題だってそうじゃないですか。田中義成先生みたいな人もいるけれども、学界も結局「吉野朝」を強いられた。これはもう歴史家が自ら偽った、事実を曲げたことです。歴史学にはそういう危険が常につきまとっているから、歴史学はたえず自己点検しながらしかすすめない。

僕が意を強くしたのは、明治前期の日本史学の中にも三宅米吉のように教科書は記紀神話ではなく考古学から入れという説があったことです。岩波書店の『日本近代思想大系』の「歴史認識」の巻の宮地正人さんと田中彰さんによる編集と解説には感銘を受けました。久米邦武先生の「神道は祭天の古俗」に対する神道＝国体史観の主張がのせられていて、歴史教育と国家支配の結びつきがなまなましく示されている。西尾幹二氏に通ずるものです。久米邦武先生たちに対し「国家の大事を書くな」「君国に害ありて利なきことを講究するな」と攻撃している。歴史家たるものは国家の機微にかかわること、秘密にかかわること、なかんずく天皇家にかかわることは研究すべきでない、隠せとも言っているんです。西尾幹二氏はこれを学んだんじゃないですかね。歴史学・歴史教育は国家のためという発想一点張りだったわけです。

内田銀蔵、原勝郎、そして津田左右吉、そういう時代になると少しずつ社会とか民衆とか国民生活に目が向けられ出すが、基本はやはり国家のためというナショナルな価値視点です。国家中心主義ですね。国家優先主義というか、それが歴史学・歴史教育の体質と化しているわけです。そういうものを本当に乗り越えようとするのは戦後のことです。

それではこれからの歴史認識とか歴史教育の基準になるような視点とは何か。一つの有力な視点は「人権」です。「進歩」のものさしは破綻したという歴史家もいるけれども、「進歩」には経済的発展だけでなくすべての人間的・社会的契機を含めて、究極的には「人権」という形で総括できる。そうした価値視点は有意義と思います。自由民権などだけでなく、諸時代のあり方を人権の視点から見直すことはいくらでもできる。そういういわば普遍史的視点で、国家というものを客観化して考える歴史の認識があり、それを歴史教育にも反映させていくのが将来に向けて重要だと思う。

竹内　国家とか人権とか進歩とか、最近評判の悪い史的唯物論というかマルクス主義というか、そういう理論的基盤となるものが先生の時代にはあったわけですが、今の若者が同じ道を歩んで彼らの理論を鍛えるということは期待できないと思います。それではこれからの若手の研究者にとって理論を鍛えるということはどういうことなんでしょうか。やはりマルクスなのか他のものがあるのか。

永原　すぐのお答えにならないかもしれないが、戦後歴史学の問題とかかわることです。「戦後歴史学」はたしかに客観主義・科学主義的な傾向を持っていた。それは「戦後」の時期の日本マルクス歴史学に求められた啓蒙思想的社会認識にかかわっている。その弱点をズバリと言ったのは亀井勝一郎さんでしょう。昭和史論争の中で人間がいないと言った。歴史法則といっても、現実の歴史が成り立つのは個々の人間、個々の集団の行動だというファクターは否定すべくもないわけです。ひとつの歴史的社会は文化はもとより、社会、政治、国家のあり方もみな、法則だけで説明できない個性的なものです。ところが戦後の歴史学はそういう面への踏み込みが不十分で、社会構成の発展とか段階とか、普遍的な法則性を主題とした。だから歴史認識・叙述に具体性がとぼしい。しかもそれを一国完結的にとらえようとした。本当はアジアとの関係やヨーロッパとの関係の中でもっと流動的に歴史は展開している。人の思想や社会のカルチャー、国際的契機を組み込んだ歴史理論が高められなければならなかった。皇国史観など戦前戦中の歴史学の非合理性と闘うためにはそういう普遍性、合理性、人類史的共通性の方向をまず考えなくてはならなかった。この方向は実は明治初期の啓蒙思想・文明史的歴史学にもあった。それは、欧米のような文明国に日本がなれるかなれないかということが明治の知識人の不安とかかわっていた。文明国への日本国の可能性。中田薫さんはそれを念頭において比較法制史をやって日本の在来の法の中にゲルマン法との共通性を見出した。つまり近代法治国家の可能性の探求です。原勝郎の日本の中世観というのは、中世が単なる暗黒社会論でなくて、ローマ帝国の解体からゲルマンをへてルネッサンスにいく、その過程と日本の中世から近世への道とが並行的だと、素朴ともいえるがそういう発展の通有性を発見する。これはものすごく大きな力づけになる。

ひとつの社会の展開には人類史的な共通性と相違性の両面がある。確かにみんな違う。その違った面があるから、それをキメ細かく民衆社会に即して追求した民俗学もあるわけです。でも民俗学だけで歴史認識が成り立つかというと、そうではない。いわば法則認識を志向する方向はこのように明治初年の文明史の時からあって、それはマルクス主義歴史学によって継承され格段に高められたわけです。でも、それだけが意識されすぎていた。「戦後」という一段階を過ぎれば、それだけではすまないと皆が思うようになったのは当然でしょう。そこで民衆史や社会史に主要な視角が移ってゆく。色川大吉さん、鹿野政直さん、安丸良夫さんなど、歴史の法則性をすべて否定するというわけではないかもしれないけれども、法則では律しえない固有のカルチャーに規定された日本の近代をとらえ返そうとした。民衆世界というものをとらえる努力を進めた。マルクスからというより、戦後歴史学というマルクス史学の傾向から一定の距離を置いた。「社会史」でそれはいっそう鮮明になった。しかし、グローバルな全体認識をやろうとしても、マルクス理論に代る代替理論がはっきりとあるわけではない。世界史の全体認識を方法として定式化しているのはマルクス理論以外にあるのかと言うとわかりませんが、たとえばウォーラーステインの構想もマルクス理論の一つの応用的な展開であった。社会史とも無縁でない。ですから今日、どういうものをもってマルクス主義というかということ自体問題ですが、社会を組み立てている諸現象を有機的に関連づけて構造的に捉えるような枠組みという点ではマルクス理論の役割は終ったなどとかんたんに言えないと私は思います。

歴史はつねに特殊と普遍、分散と統合といった矛盾的な両面がある。地域的特殊性・個別性にだけ視点を向けると、狭い意味での排外的国粋主義ではないけれど、普遍性の側面を見失っていくわけです。明治以来の思想史の中で国粋主義というのは何度も顔を出してくるでしょう。そういうのはやはり今言ったことと関係している。ある程度普遍主義的な視点が強まると、そのリアクションで特殊性重視・国粋主義的な傾向がでるというそういうことなんです。歴史認識の方法として法則化・抽象化を否定すると、だんだん個別化だけが残るから、これは歴史学の別の一面化となる。歴史認識を深めようとする場合に、そのマルクス主義歴史学の方法を単純化して単系発展段階論だとか、科学主義だとか決めつける形で理論を拒否しないで、現実に存在する社会の全体構造を追うことのできる理論を発展させる必要がある。抽象化・理論化は歴史の認識にも欠かせないと思います。他の個別諸科学ではやらないことです。

佐藤 日本歴史の研究とは、日本人としての自己認識の作業だとあちこちでお書きになっています。そこのところをもう少し普遍化した形でお話いただきたい。

永原 「日本人」というと国家主義的に理解される可能性があるから適切な表現ではないけれども、やはり現代に生きている日本国の一員として考えてみると、その場合に自分の存在とか自分の存在する時代、それがどういうものとして認識されるかということによって、将来像も当然変わるでしょう。あるいは人間の行動が変わってくるでしょう。それも直接的な次元では過去の規定性といってもせいぜいこの一世紀間くらいの間ともいえますが、日本人の発想の仕方とか、秩序意識とか行動様式など、そういうものは非常に長期の問題で、歴史的規定性が強い。丸山真男さんのいう歴史における持続低音、「古層」の問題ですね。そういうものを含んだ「日本人」の現在の時点の課題性というものは歴史的にしか認識できない。そういうものを認識することが歴史学を学ぶ基本的かつ現代的な責任・課題でしょう。古い時代と新しい時代でそのつながり方の太さというか濃度は違うでしょうけれども、大きくみれば歴史の連続性というものはある。断絶と同時に連続性もある。それがわれわれの歴史意識を形成しているわけでしょう。それを認識することによってしか未来に向けての責任は国内的にも国際的にも確認できないのではないか。歴史学というのはいろいろな学問の基礎をなすような意味で人間の生き方を規定する重要な学問だと思う。

佐藤 研究と教育とをつなぐ環として、歴史意識・歴史認識がきわめて大切であるとのご指摘ですね。ありがとうございました。

竹内　科学運動についても一言お話いただけますか。

永原　学術体制や科学運動をはじめとして大切なことがいっぱいある。学術会議や日本歴史学協会のこととか、戦後の民科の運動だとか、国際交流とか、ふりかえって検討してみることは前進のため欠かせません。今は情況も感じ方も変わったが、五〇年代、六〇年代にはアジア・フォード財団問題に代表されるようなむつかしいことがあった。学術における日米交流・日中交流のあり方です。アメリカの学者との交流にしても、資金の問題、成果の公開の問題にしても、それはとても重要だった。アジア・フォード問題のとき、日本の歴史家はアメリカの対日文化工作にまきこまれると危ぶんだ。あれは一面の真実であり、一面は狷介なところがあったと思う。政治と文化を区別できなかった。国際歴史学会のこともいろいろかかわったけれど、これはいわば全方位的国際学会であったので、一九六〇年の第一〇回から日本は参加した。私自身、史学会から行けといわれて報告しました。しかし、それとは別にアメリカ人の学者とどういう段取りでやるかという点にはきわどいところがあった。近代を主題にした「箱根会議」のときはもっと政治臭かった。遠山茂樹さんは参加し、ライシャワーやJ・W・ホール、M・ジャンセンなどと議論した。それは近代化論に取り込まれるような形だったともいえる。しかし、いかにそうならないでどうやるかというところに当時の裏面の苦労があった。今、状況は変わりましたね。

竹内　先生がたくさんお書きになったもので、ご自身で気に入っているとか大事にしたい論文なり著書というのはどういうものでしょうか。

永原　あえて言えば、比較的近年、自分の言いたいことをわりと集約的に書いたものとして、『日本中世の社会と国家』（青木書店、増補改訂版一九九一年）とか、『荘園』（吉川弘文館、一九九八年）とかがある。筋道というか、「構造と発展」を意識した通史性を持ち、自分の論理を確かめるという意味でね。書いて自分でおもしろかったのは『新・木綿以前のこと』（中公新書、一九九〇年）でしょうか。テーマをしぼってひとつのアングルを開拓するという意味で楽しかった。

竹内　長時間にわたってありがとうございました。

＊『歴史評論』二〇〇二年十二月号～二〇〇三年二月号に掲載された「日本中世史と歴史学・歴史教育」を採録。このインタビューは二〇〇一年四月二十二日、佐藤和彦・竹内光浩・戸川点氏を聞き手として永原宅で行われた。

二　懐かしい先輩・同僚・教え子たち

――私のアルバムから――

永原先生（撮影年次不明）

2003年（平成15）4月，
『20世紀日本の歴史学』刊行
のとき（森保和史氏撮影）．

1941年（昭和16），東京高等学校（旧制）時代，
「国史学科」への進学を決めたころ．

1949年（昭和24）4月，京都府久我村の村落調査．東大農村調査グループ．
左前列から古島敏雄・稲垣泰彦・福武直・唄孝一・加藤一郎氏．後列左
から杉山博・内山政照・潮見俊隆・永原・石村善助氏．

1950年代初め，東京大学史料編纂所に勤めていたころ．左から弥永貞三・笠原一男氏．私の右は村井益男氏．

1960 年（昭和 35）4 月，歴研事務所での編集会議.
右側手前から柴田三千雄・石母田正・江口朴郎氏.

1961 年（昭和 36）4 月，
鹿児島県入来院の荘
園遺構調査．左端は
大学院を修了したば
かりのころの石井進
氏，右端は永原.

1962年（昭和37）ころ，我孫子の古墳発掘見学．左から
井上光貞・和島誠一・西嶋定生氏（永原撮影）．

（上段写真の続き）
左から長女の裕子・柳
田節子氏（宋代史）・西
嶋夫人（永原撮影）．

1964年（昭和39）3月，中村政則君と一橋大学卒業・修了式．

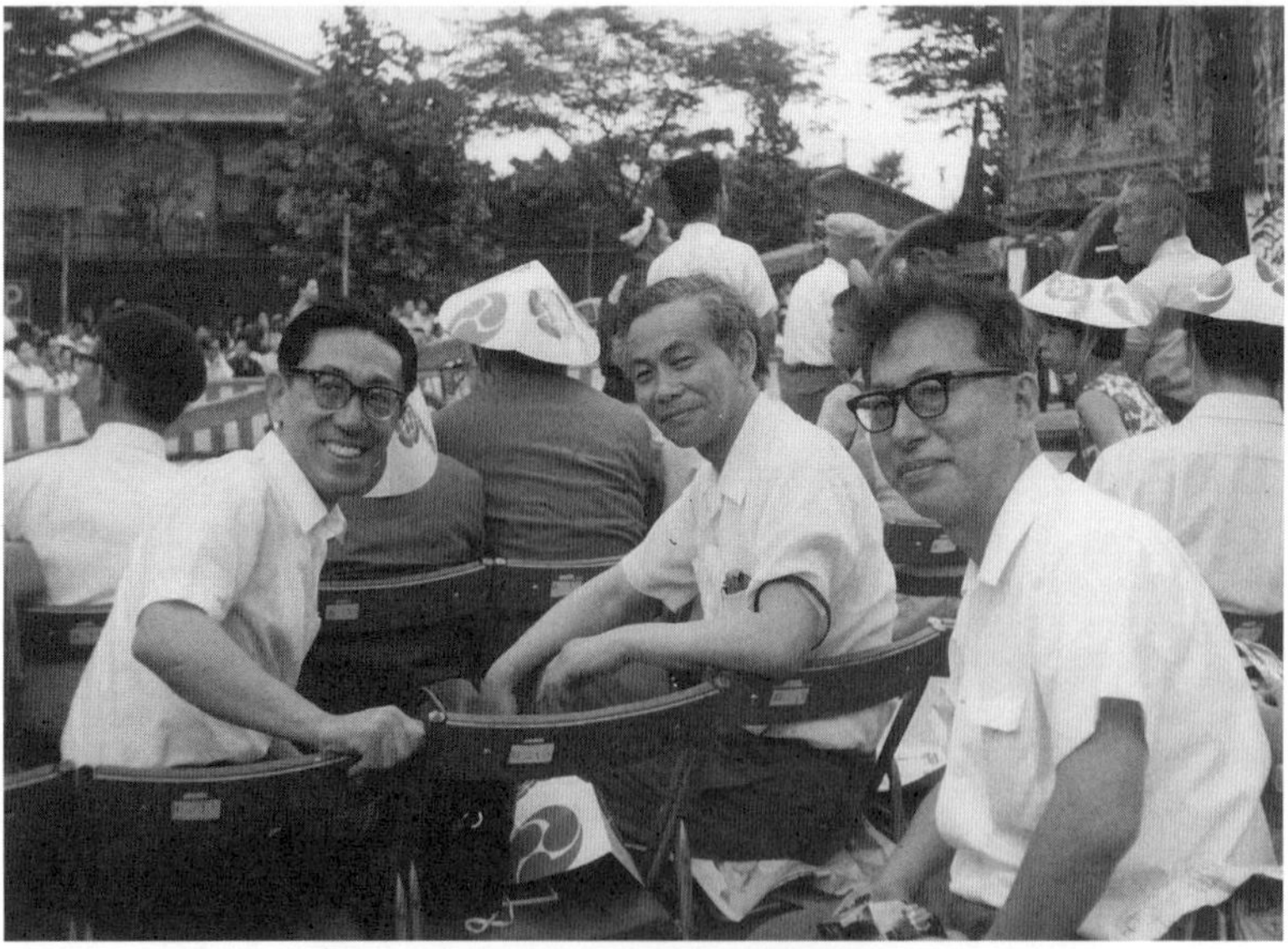

1965年（昭和40）7月，日本歴史学協会の会議の折，祇園祭を見る．
左から高橋碩一・児玉幸多・津田秀夫氏（永原撮影）．

1965 年（昭和 40），若狭太良荘の調査．右は網野善彦氏．

1966年(昭和41)のメーデー．左側は佐々木潤之介氏，右側には妻の和子と娘２人もいる．一橋大職組に家族で参加．

1969 年（昭和 44），鈴木良一さんの還暦を祝って大磯のお宅を訪問する．左から川崎庸之・遠山茂樹・鈴木良一・永原・鈴木夫人・杉山博・中丸和伯氏．

1974 年（昭和 49），戦国期研究会の日根野荘調査．前列左から黒川直則・三浦圭一・桑山浩然・北爪真佐夫・田代脩，後列左から永原・脇田晴子・佐藤和彦・高木昭作・勝俣鎮夫・太田順三の諸氏．

日本歴史学会規約

総則

第一条　本会は日本歴史学会と称する。
第二条　本会は事務所を東京都に置く。

目的及び事業

第三条　本会は日本歴史の研究と歴史知識の普及をはかることを目的とする。
第四条　本会は前条の目的を達するために左の事業を行う。
一、雑誌『日本歴史』の編集及び発行
二、日本歴史の研究及び歴史知識の普及に関する有意義な図書の編集及び発行
三、その他、日本歴史の研究及び歴史知識の普及のために有意義な事業

会員

第五条　本会の目的に賛同するものを以て会員とする。会員を分って左の三種とする。
一、正会員　本会に入会を申込み登録されたもの。入会には何らの制限も設けない。正会員は所定の会費（現在年額八、三〇〇円）を納入しなければならない。正会員は雑誌『日本歴史』の直接頒布を受け、研究論文等を投稿することができる。
二、準会員　書店を通じて雑誌『日本歴史』を連続購読し、本会に入会を申込み登録されたもの。準会員は雑誌『日本歴史』の直接頒布を受けないほかは、おおむね正会員に準ずる。
三、賛助会員　本会の事業に特別に賛助・協力し、理事会において推薦されたもの。賛助会員は会費の納入を要しないほかは、おおむね正会員に準ずる。

役員

第六条　本会に左の役員を置く。
会長　一名　評議員　若干名　理事　若干名
第七条　会長は評議員会において評議員中より選出し、本会を代表する。任期は二ヵ年とする。但し重任を妨げない。
評議員は理事会において推薦し、評議員会において承認をうける。任期は四ヵ年とする。但し重任を妨げない。
理事は評議員会において評議員中より選出する。任期は二ヵ年とする。但し重任を妨げない。
第八条　理事会は本会の目的を達するための企画を行い、かつ必要ある活動をする。
第九条　本会に編集委員若干名を置く。編集委員は理事会において推薦し、会長より委嘱する。但し、内若干名は理事の中より委嘱するものとし、任期はいずれも二ヵ年とする。但し重任を妨げない。
第十条　編集委員は、雑誌『日本歴史』の編集を行うほか、本会企画の図書の編集に関与する。

規約改正

第十一条　本規約の改正は理事会において立案し、評議員会の承認をうける。

日本歴史学会役員

（二〇〇五年十一月現在）

【名誉会長】　児玉幸多

【会　長】　平野邦雄

【理　事】
藤田　覚　加藤友康　久留島典子
佐々木隆　深井雅海　古川隆久
山口英男　山家浩樹

【評議員】
有山輝雄　朝尾直弘　荒野泰典　有馬　学
伊藤　隆　池田　寿　石井正敏　石上英一
今泉隆雄　稲葉伸道　井上　勲　井上　薫
海老澤衷　今泉淑夫　上杉和彦　上横手雅敬
大山喬平　大口勇次郎　大津　透　大野瑞男
加藤陽子　梶田明宏　勝浦令子　加藤友康
川添昭二　鐘江宏之　狩野　久　鎌田元一
久留島浩　神田千里　北原章男　久留島典子
五野井隆史　黒川高明　黒沢文貴　児玉幸多
坂上康俊　五味文彦　近藤成一　斎藤　忠
佐藤　信　佐々木隆　笹山晴生　佐藤孝之
鈴木靖民　柴田紳一　季武嘉也　鈴木　淳
高村直助　瀬野精一郎　高木昭作　高埜利彦
長井純市　田島　公　田中健夫　鳥海　靖
西川　誠　中田易直　中野目徹　中村順昭
長谷川成一　羽下徳彦　橋本政宣　橋本義彦
平川　南　服部英雄　林　　譲　尾藤正英
藤田　覚　平野邦雄　深井雅海　藤井譲治
皆川完一　古川隆久　松尾美恵子　三谷　博
村瀬信一　宮崎勝美　宮崎ふみ子　村井章介
山本信吉　山口英男　山田邦明　山室恭子
劉　　傑　山家浩樹　湯山賢一　吉岡眞之
和田　萃

【『日本歴史』編集委員】
深井雅海　池田　寿　佐藤孝之
季武嘉也　田島　公　中村順昭
村瀬信一　山家浩樹

この受領証は、郵便局で機械処理をした場合は郵便振替の払込みの証拠となるものですから大切に保存してください。

ご注意

この払込書は、機械で処理しますので、口座番号及び金額を記入する際は、枠内に丁寧に記入してください。

また、下部の欄（表面及び裏面）を汚したり、本票を折り曲げたりしないでください。

この用紙で「日本歴史」の年間購読をお申し込み下さい。

◆この申込票に必要事項をご記入の上、記載金額を添えて郵便局でお払込み下さい。

振替払込料は弊社が負担いたしますから無料です。

※領収証は改めてお送りいたしませんので、予めご諒承下さい。

お問い合わせ　〒113-0033・東京都文京区本郷７－２－８
吉川弘文館　販売部
電話03-3813-9151　FAX03-3812-3544

各票の※印欄は、払込人において記載してください。

払込取扱票

02 東京

通常払込料金加入者負担

口座番号（右詰めにご記入ください）

0 0 1 0 0 − 5 − 2 4 4

金額	千	百	十	万	千	百	十	円
※								

料金　　特殊取扱

加入者名　株式会社 **吉川弘文館**

※

日本歴史学会入会申込書

◎　　年　　月号より送ってください。　新規・継続

氏名のヨミガナ		生年	明・大 昭・平　　年
職業		大学・学部名／学年（課程）	
専攻	〔時代区分〕考古・古代・中世・近世・近現代		
	日本史・仏教史・政治史・経済史・民俗学・地理学 国文学・国語学・日本東洋美術史（その他　　）		

会費／期間・種類

1年	8,300円
2年	16,000円
3年	23,500円
学生（1年）	5,000円

（ご希望の欄に○印をお付け下さい）

払込人住所氏名　（郵便番号　　　　）

※

（電話番号　　－　　－　　）

受付局日附印

裏面の注意事項をお読み下さい。　（私製承認東第20048号）

切り取らないで郵便局にお出しください。

記載事項を訂正した場合は、その箇所に訂正印を押してください。

払込票兼受領証

口座番号　0 0 1 0 0 − 5 − 2 4 4　通常払込料金加入者負担

右詰めにご記入ください。

加入者名　株式会社 吉川弘文館

金額	千	百	十	万	千	百	十	円
※								

払込人住所氏名　※

料金（消費税込み）　円

受付局日附印

特殊取扱

1977年（昭和52）1月，小学館『日本の歴史』完成記念会.
左から北島万次，その後ろに見えるのは津田秀夫・朝尾直弘・永原・網野善彦氏.

（上段写真続き）
右は一橋大院生のころの池上裕子氏.

1981 年（昭和 56）1 月，一橋大院生たちが遊びに来る．
左から池享夫人・池上裕子・大門正克・池享・永原・
川島茂裕・蔵持重裕の諸君．

1978 年（昭和 53）11 月，
ワシントン大学にて．左
は Prof. Susan Hanley.

1979年(昭和54)夏，蓼科での出会い．脇田修・晴子夫妻と．

1970年代後半（？）5月，歴史学研究会大会のときに開かれる中世史仲間の恒例の集い．永原（前列左から3人目）の左は黒田俊雄氏．右から順に鈴木良一・稲垣泰彦・戸田芳実氏．河音能平氏（稲垣氏の後ろ），網野善彦氏（最後列左から4人目）．

1982年(昭和57)12月，中国旅行の折，小山正明氏（明代史）と．

1983年（昭和58）11月，一橋大学永原ゼミの卒業生たち．私の還暦を祝ってくれる．ゼミナリステンは合計200名ほどいる．研究者になった関口恒雄（法政大学）・松元宏（横浜国大）・森武麿（一橋大）・春日豊（名古屋大）・西成田豊（一橋大）・池享（一橋大）氏の顔も見える．

1983年（昭和58），地方史研究協議会の面々．私の還暦を祝ってくれる．前列左から村井益男・木村礎・永原・児玉幸多（会長）・島田次郎，後列左から竹内誠・所理喜夫・宮川康・吉原健一郎・西垣晴次・北原進氏．

1980年代後半（？），場所不明．若いころからのなつかしい顔ぶれ．左から藤間生大・松島栄一・犬丸義一・鈴木良一氏．右端は永原．

1981 年（昭和 56），ベトナムにて．学術会議の国際交流の仕事で．右は案内の方．

1985 年（昭和 60）8 月，ドイツのシュツットガルトで開かれた第 15 回国際歴史学会議で．左から西川正雄・伊集院立氏，次女の陽子，永原．

右ページ下段と同会議で，弓削達夫妻と．

1985年（昭和60）10月22日，沖縄．左から安良城盛昭・古島夫人・古島敏雄・児玉幸多氏．右端は妻の和子（永原撮影）．

1985年（昭和60），土地制度史学会．一橋大学にて．左は大石嘉一郎氏．

1986年（昭和61）3月，一橋大学退任の日．研究室の外のシダレ桜が美しい．左から上條安規子・佐々木潤之介・永原・菅野則子・Mチアラ ミョーレ氏（イタリアからの留学生）

1987年（昭和62），日本福祉大学に移ったころ．左は同僚の青木美智男氏．

1990年（平成2）11月，島根県「益田の御土居」調査．益田の城館の調査保存には，この年から15年ごしでとりくんだ．左から2人目は井上寛司氏．右端は担当の木原光氏．

1991年（平成3）2月，和光大学の学生たちが遊びに来る．

1993年（平成5）3月，和光大学停年にあたっての「最終講義」．

1993 年（平成 5）7 月 3 日，親しかった学友黒田俊雄さんを偲ぶ会で.

1996年（平成8）8月25日，歴研の仲間と蓼科山荘にて. 左から増谷英樹・伊藤定良・清水透・清水あつ子・小谷汪之氏.

1997 年（平成 9），全教の全国教研集会での記念講演.

1998 年（平成 10）12 月 8 日，八王子「くらら」にて療養中の遠山茂樹さんを見舞った折.

1998年（平成10）3月，一橋大学歴史共同研究室の懇親会.
前列左は藤原彰氏．その隣は安丸良夫氏.

1999年（平成11）11月13日，一橋大学永原ゼミの卒業生たち.
私の喜寿を祝ってくれる.

1999 年（平成 11）11 月 4 日，『岩波日本史辞典』完成祝いの会．後列は岩波編集部の方々．右から 2 人目が大塚信一社長．私の右隣が中世史の五味文彦氏．

2002 年（平成 14）7 月，尚史会の皆さんが私の 80 歳を祝ってくれる．尚史会は歴史好きの人びとが自由に集まる勉強会．もう 15 年も続いている．

1998年（平成10）10月，結婚50年．
1948年（昭和23）に「結婚報告会」
を行なった後楽園涵徳亭再訪．

1966年（昭和41），長女の
永原裕子．駒沢公園にて．
今は惑星科学の研究者に
なりました．

1966年（上段写真と同日・
同場所にて撮影），次女の
永原陽子．今はドイツ帝国
主義・アフリカ史の研究
者になりました．

道遠く

私は一橋大学と和光大学でそれぞれ停年を迎えましたが、そうした機会に作成がならわしになっているこの種の〝自己記録〟をつくりませんでした。まだ道は遠く続いているのでは……、という思いが心の底にあったからです。

しかし二〇〇三年十一月、頭皮に出来た赤い地腫れが悪性の血管肉腫と分かり、十二月十七日、東京医科大学病院で手術、五〇日の入院生活というかつてない苦しい状況に追い込まれました。それをひとまず切り抜けることが出来たのは藤井潤先生（朝日生命成人病研）と東医大の坪井良治・小宅慎一先生のおかげですが、病気の性質上行く手はきびしいといわなくてはなりません。この間、自分がもう男性の平均寿命を越えていることをはじめて自覚し、ささやかでも自分の歩んできた道を記録しておこうという気持ちになりました。

そこで日頃仕事でご縁のある吉川弘文館の大岩由明氏・斎藤信子さん、また精興社の中村勉氏が病院に見舞ってくださった折、それぞれにご相談し、お世話いただくこととなって急遽つくったのが、この私家版小冊子です。年譜も著作目録も不十分なものですが、先輩・同学・教え子たちの思い出につらなる写真を多く載せることが出来たのは、大きなよろこびです。写真のなかに登場するのは日頃ご交誼いただいている方々の一部にすぎませんが、これまでの長い道のりでお世話になったすべての皆さんに、この機会に厚くお礼申し上げる次第です。

二〇〇四年五月

永原慶二

付　私の八・一五前後

八月十五日、私は海軍少尉として大分にいました。第五航空艦隊傘下の偵察機隊（一七一──番号の記憶がさだかでなくなりました──航空隊）所属の通信係です。四十三年十二月に大学生の徴兵猶予がストップされ、広島県の大竹というところの海兵団に入隊を命ぜられてから、訓練訓練の日を経て、四十五年六月、沖縄が完敗した時点で本土決戦要員として、鹿児島県の鹿屋に配属されました。しかし、わが偵察機は「彩雲」という美しい名で海軍自慢のものでしたが、沖縄上空でグラマンにほとんど撃墜され、基地の横穴で偵察情報を受ける係りの私は仕事になりませんでした。いくばくもなく鹿屋も米軍の制空圏内となり、第五航空艦隊は鹿屋から大分に退却となりました。

八月十五日はこうして大分で迎えることになりました。

私は通信将校でしたので米軍放送も聞いていたうえ、広島の〝特殊爆弾〟のすごさも伝わって来ていたので、すでにそうなるだろうとは予感していましたが、天皇放送につづいて、午後三時頃、東京霞が関の海軍軍令部からの放送もストップした時は、やはり急に力が抜けたような気分で、ホッとした気持ちになったのはそのあとでした。

しかしそれからの十日ほどはすさまじい激動の時でした。隊長は天皇の放送にもかかわらず、少年兵に徹夜で防空壕掘りのピッチをあげさせよと命じる一方、海兵出の若い将校の中には愛機の上でピストル自決する人もありました。そうこうするうちに、脱走する兵、将校が身近にも現れるかと思うと、飛行機を私物化し、朝鮮から郷里に近い霞ケ浦に帰るから給油してくれという豪傑も現れました。航空隊のせいか、月末には解散ということになると、隊の通信機部品や、トラック、落下傘用の白布などの分配競争が目に余る状況を現出しました。

私は大分郊外の中判田というところの民家に宿泊していたのですが、もらった毛布をその家で親切にしてくれた娘さんにあげて身一つで帰郷しました。不思議に汽車は動いており、超満員で洗面所に詰め込んであった誰のものか分からない荷物の上で耐えていました。夜中広島駅に停車した時、プラットホームから先がすべて黒々とまったいらだったのが印象的でした。

八月十五日から放免されて帰郷するまでの十日あまり、私はこうして帝国軍隊の瓦解の瞬間と立ち会い、目撃した思いです。その時、規則と力だけでしめつけた巨大組織にさけられないもろさというものを痛感しました。

私は父の勤めの関係で大連で生まれ、生後三か月で、父が東京に転勤となったため、それから兵隊にとられるまでずっと高樹町でした。青南小学校を中心に私のふるさと感情はすべて青山に結びついています。それだけに帰郷先が、その懐かしい場所でなかったことはやはりさびしく残念なことでした。五月の空襲で焼け出されてから両親は父の郷里の富士山の裾野の村に移っていました。

私もそこに帰郷する形となり一か月、兵隊と戦争の疲れを洗いおとす時を送り、九月末、焼け残った本郷の友人の家で下宿させてもらうことにして大学の研究室に戻りました。

私は一九四二年四月大学に入ったのですが、十月には繰り上げで二年生ということになり、翌四十三年十月には三年生、そして十二月入隊という訳ですから、延べでも一年半しか大学生暮らしはなく、兵役中にそのまま「仮卒業」という扱いになりました。以来「昭和十九年仮卒」ということになっていたのですが、いつのまにか「仮」の字が使われなくなり本物の「卒」のようになりました。

冷静に考えて見ると、国家が学生の学習権を奪って徴兵したのですから、せめて戦後また三年生の段階からの学習権を保障してくれるべきだと思われます。しかし国はあとがつまっているので「仮卒」ということで未熟のままに押し出したのです。したがって私の場合、もっとも大切な大学三年間はほとんど存在しなかったといわねばならず、その不幸、不運はとりかえしがつきません。同じ世代の友人たちが多く死んでいったことを考えれば自分は幸せだという考え方もあります。

しかし、国家としてはせめて未熟のまま押し出した学生にもういちど学籍を与えるくらいの配慮と措置が必要だったのではないでしょうか。

こんなことで一九四五年九月末以降、私は形としては大学院に籍をおくことになりましたが、実際は失業、インフレ、空腹、そしてねぐらさえ満足にない状況で生きていくことになりました。それでも若さと新しい時代が開けてゆくという実感がありましたので元気でした。その頃、最近なくなった井出洋君に接し大いに啓発されたことも忘れられません。大分以前に亡くなった土屋夏実君も心やさしくしかも鋭い社会感覚の持ち主で、私にとっての畏友でした。物質的にもっとも貧しい時代こそ、精神的にはもっとも豊かな時代でもあったとも思います。一九四七年九月、私はようやく東京大学史料編纂所に職を得て、月給五八〇円（日給ではありません）を受ける身となり、その翌年十一月結婚、焼け残った西落合の画家の家の一室を借りて新生活を始めました。

今年はそれからちょうど五十年です。生き残った幸運に感謝しつつ出来るだけ長く残日録を綴れることを願っています。

（青南小学校入学七十年記念喜寿記念『私たちの八月十五日』青南昭十会〈青南小学校昭和十年三月卒業生の会〉、一九九九年八月十五日発行）

II　永原慶二氏の歴史学

和服姿の永原先生（1981年，於自宅）

Ⅱは、永原さんのご逝去一周年にあたる二〇〇五年七月九日に開催された、シンポジウム「永原慶二氏の歴史学をどう受け継ぐか」を原稿化していただいたものです。

一　永原慶二氏の歴史学

——「アカデミズム」と「マルクス歴史学」——

保立道久
（東京大学史料編纂所長）

『20 世紀日本の歴史学』合評会にて
（2003 年 7 月 5 日，於東京大学史料編纂所）

1　その「アカデミズム」歴史学論

永原さんの遺著、『20世紀日本の歴史学』（吉川弘文館、二〇〇三年）は、われわれ歴史学者、とくにこの国・「日本」の研究者が繰り返し立ち返って吟味するべき著作だと思います。私の話は、基本的には、この本をどう受けとめたかという点に限ったものとしてお聞きいただきたいと思います。

永原さんは、誰もが認めるように、敗戦後から現在にいたる歴史学のアカデミズムの中心人物でした。私は、永原さんが、『20世紀日本の歴史学』で論じようとした第一のテーマは、この歴史学におけるアカデミズムというものをどう考えるかということだったと思います。

この歴史学におけるアカデミズムは、しばらく前までは、いわゆる官学アカデミズム、あるいはそれと未分化の形で存在したアカデミズム実証主義史学という形で存在していました。永原さんは、そのアカデミズム実証主義史学の通史を描き、その点検からアカデミズム歴史学論を展開しています。永原さんは、まずアカデミズム歴史学の最初の代表を重野《しげの》安繹《やすつぐ》・久米《くめ》邦武《くにたけ》の二人に求め、二人の姿勢を高く評価します。その上で、「神道は祭天の古俗《こぞく》」論文事件、『史学会雑誌』の発禁と久米の帝国大学追放、史誌《しし》編纂掛《へんさんがかり》廃止問題における、彼らの屈服が日本の歴史学のアカデミズムに「アカデミズム実証主義史学」というべき体質をあたえたとします。そして、この事件の二、三年後に史料編纂掛が再出発し、約一〇年後に『大日本史料』『大日本古文書』が発刊されたことをもってアカデミズム実証主義史学の成立ととらえるわけです（七九頁、なお以下、とくに断らずに頁数のみを掲げた場合は『20世紀日本の歴史学』からの引用です）。

それを確認した上で、永原さんは、一九二〇年代以降、辻善之助《つじぜんのすけ》が組織した『畝傍《うねび》史《し》学叢書《がくそうしょ》』の相次ぐ発刊、また黒板勝美《くろいたかつみ》によって基礎をあたえられた古文書学《こもんじょがく》の形成などに、アカデミズム実証主義史学の黄金時代をみています。そして永原さんは、この戦前の歴史学アカデミズムにおいて中心的な位置をもっていた辻善之助、黒板勝美、相田《あいだ》二《に》郎《ろう》などの人々に高い評価を与えています。永原さんは歴史と文化に関係する学者の多くが「（第二次大戦の戦争体制に）のみこまれ、知の名誉を喪失した」（一三七頁）として、たとえば和《わ》辻哲郎《つじてつろう》の精神史、村岡典嗣《むらおかつねつぐ》の日本思想史、西田《にしだ》幾《き》多《た》郎《ろう》の歴史哲学、西田《にしだ》直二《なおじ》郎《ろう》の文化史、さらには転向したマルクス主義者などをあげています。そしてそれに対比して、「そのなかで、全部とはいえないまでも実証主義歴史学者だけは時勢と向き合わぬ形で戦争への迎合という屈辱を免れたように見える」（一三七頁）と述べています。これは東京帝国大学国史学科に在籍するなかで、「知の名誉の喪失」の現場を目撃した永原さんにとって実感だったでしょう。

ただそれだけに「それにしても、歴史学は本来『批判の学』であるにもかかわらず、このような知の崩落状況に対して、抗議する有効な思考・発言を試みることはできなかったのか」（一三七頁）というのが永原さんの出発点でした。永原さんが戦後、御自身も入所された史料編纂所は、よく知られているように戦前においては、国家的・特権的な立場にたって史料を独占的に研究・編纂するという性格をもっていた研究所でした。永原さんの学者としての初心の一つは、川崎庸之《かわさきつねゆき》さん、山口啓二《やまぐちけいじ》さん、稲垣泰彦《いながきやすひこ》さんなどとともに、そのような史料編纂所の旧来の性格を批判し、史料を公開し共有するという学術研究にとって当然の原則を主張したことにあったと思います。それを前提として、永原さんは、以降、亡くなるまで、一貫して学界の民主化、歴史学の自由ということを重視したのでしょう。このような立場を維持するなかで、永原さんが学術会議、日本歴史学協会などの重い仕事をにない続けたことはいうまでもありません。以上のような意味で、永原さんは第二次大戦後における社会的存在としてのアカデミズムについて証言するにふさわしい歴史家であると思います。

そして、『20世紀日本の歴史学』を読んで、私がもっとも驚いたのは、歴史学におけるアカデミズムの現実、アカデミズム実証主義史学に対する見方の厳しさでした。それは永原さんの第二次大戦にかかわっての痛切な経験に裏付けられていました。永原さんは『20世紀日本の歴史学』の所々で「〝無思想〟型の歴史研究は、日本史研究の具体的状況に立ち入ってみればみるほど広く行われており、それが日本史学の基盤を形成しているといってもよい状況である」（二一頁）、「日本の歴史学には〝史料から入る〟という〝無思想の実証主義〟（「史料に引き回される研究」）の伝統が根強いが、（有賀《あるが》喜左衛門《きざえもん》、古島敏雄《ふるしまとしお》という―筆者注）両者の見事な仕事ぶりはそれに対する無言の異議申し立てのようにも思われる」（一一八頁）などと述べています。そして、このような発言のなかでもっとも印象的なのは、永原さんが、戦争直後の歴史学研究会について「歴史学研究会に集まる人びとのなかでは、〝脱政治〟〝無思想〟の『実証主義歴史学』の〝無力〟に対する失望やいらだちが濃く」（一四二頁）といっていることです。これも永原さんの実感であったのではないでしょうか。

永原さんは「アカデミズム実証主義歴史学が、日本史学界の主流といわれながら、正面から現実に向き会う姿勢を弱めていったのは、この事件（久米邦武事件、史誌編纂掛廃止事件―筆者注）を転機とするといわなくてはならない。近現代に貫通するアカデミズム実証主義歴史学のいわば体質的なものがここにおいて規定された」（四〇頁）と述べています。永原さんの批判は「正面から現実に向き合う」ことを回避するアカデミズムのあり方への批判でした。「無思想」というのは厳しく、また考えようによっては無用に侮辱的な言葉ですが、その中心的な含意は、学界の相対的な多数が、日本社会の状況に対して、知識人として無行動・無責任な姿勢をとったといわざるをえないという判断だったと思います。

私は永原先生たちの世代、敗戦後の歴史学を担った人々をみていると、当時の歴史学は、日本の知識人のうちでもっとも有能で社会的にも上層の人々、いわばトップエリートともいうべき人々を迎え入れていたという感じをうけます。戦前社会が皇国史観を基本的な国家思想としていた以上、そのもっとも重要な批判者として登場した敗戦直後の歴史学に、そのような人々が参加してきたのは当然のことだったのでしょう。戦後歴史学の始まりは、彼らの狭いサークルにあったという感じもします。もちろん、トップエリートとはいっても、その道は実際には労苦の多いものでした。この時期の歴史学運動は、「国民的歴史学運動」と呼ばれましたが、かって、石母田正《いしもだしょう》氏は、この運動の自己総括にあたる文章のなかで、「(この運動に)欠けていたのは、(学問を軽視したことではなく)、社会的分業の発達した社会での科学の複雑なあり方のなかに、自分たちのかぎられた活動を位置づける理論がなく、部分から全体をみる経験主義の誤りからぬけだすことができなかったことである」として、「分業が複雑に発展している現代の国家と社会の仕組みのなかでは、実践の内容が個人的実践やあるいは科学者集団と人民との無媒介な結合とは異なった複雑な構造をもつのは当然であって、研究の成果はたとえば歴史教育という媒介をへて国民思想にたいする実践的な効果を検証されるというような形をとるようになる」と述べたことがありました(石母田「〝国民のための歴史学〟おぼえがき」『戦後歴史学の思想』法政大学出版会、一九七七年)。

永原さんが、とくに家永教科書訴訟との関係で、この歴史教育の問題についても基準的な議論を展開されたことはよく知られていますが(『歴史学序説』第三部、東京大学出版会、一九七八年)、この『20世紀日本の歴史学』という本は、おそらく、右の石母田さんの議論を意識しながら、社会的分業の分野としての歴史学におけるアカデミズムを自己の経験を素材として相対化しようという試みだったと思います。アカデミズムとは、学者という職能にそくして成立する世界、大学や研究所、学会などを構成要素として成立するいわゆる学界のこと、つまりウェーバーが定式化したような意味での「職業としての学問」を意味します。「戦後歴史学」の内部にはアカデミズムと「在野」を区別して、自己を在野の側に置こうという感じ方が濃厚に存在しましたが、ウェーバー的にいえばそれは学問に人生的な「価値」や「小予言者」としての性格を求める子供らしい善意とつねに混じり合っていました。

永原さんは本書の最後で、御自身について「学問の基礎固めをせずに、未熟で単純な思考に走ったことは率直に認めなくてはならないが、他面では『歴史学の社会的責任とは何か』ということを、直面する現実のなかでいつも考えつづけてきた。史学史として先輩たちの研究を見る場合にも、当然そのような心が動く」（三〇六頁）と述べています。私たちも、永原さんをふくむ先輩の仕事をみる場合に、同じような心を働かせるのが当然でしょう。もちろん、現実に向きあって行動するだけが学者の役割ではないことはいうまでもありません。しかし、歴史学のアカデミー全体が、（諸個人の文化的・政治的立場などをこえて）その社会的責務の問題として正面から現実に向きあって発言し行動せざるをえない問題、「職業としての学問」の前提に存在するような諸問題を、日本社会は大量に含みこんでいます。それは、私たち全員が痛感していることではないでしょうか。

アカデミズムをウェーバーのいう意味で規定することは、けっして消極的な姿勢ではありません。ウェーバーのいうのは、「職業としての学問」にたずさわるものは、その学問に要求される限りでの社会的責務については正面から全力で取り組まねばならないということをも意味しているのです。「価値自由」とは実践の拒否や無能、ディレッタンティズムを許すものであってはならず、それはつねに職業・職分のなかにふくまれる責務です。そのような問題が露呈した多くの局面において、永原さんがその安定した姿勢と一貫性で大きな役割をはたされてきたことを、歴史学のアカデミーは確実に記憶に残さなければなりません。

2 その「マルクス歴史学」論

以上のように、永原さんのアカデミズム実証主義史学に対するきびしい批判には、歴史学におけるアカデミズムの責任に関する第二次世界大戦前後の時期の直接の経験がありました。しかし、アカデミズム実証主義史学に対する「無思想」という論難には、同時にアカデミズム実証主義史学が社会科学的な理論と方法に無自覚であるという趣旨が含まれています。次に、この点にかかわって、永原さんのよってたつ歴史観と歴史学方法論を、永原さんのいう「マルクス歴史学」との関係で論じてみたいと思います。

歴史観の問題としては、永原さんは、アカデミズム実証主義史学を一貫して「文明史観」あるいは「進歩史観」の側から批判するスタンスを選択されました。永原さんは、福沢諭吉《ふくざわゆきち》—田口卯吉《たぐちうきち》を源流とし、中田薫《なかたかおる》・原勝郎《はらかつろう》から、ある意味では津田左右吉《つだそうきち》までを含む伝統のなかに、このような進歩と普遍の立場にたった歴史思想、文明史観の系譜をみています。もちろん、これらの「文明史観」はいわゆる脱亜論とつねに紙一重でしたから、私たちは、その側面に対しては大きな違和感をもちます。永原さんもそれを見逃しているわけではありません。しかし、知的・学問的伝統の現実という点からいえば、やはり「文明史観」からの連続性を認めた上で問題を考えるというのが筋道ではないでしょうか。

永原さんは田口卯吉について「田口の文明史論は、歴史の視軸として『経済』『進歩』『法則』などを意識的に提出した点で、画期的な意味をもっていた。そうした歴史の視軸が、福沢諭吉と田口以後、実証主義歴史学が本流となってゆくなかで次第に影を薄くしてゆくとしても、戦後に至る史学史を展望すれば、以後、長期にわたって歴史の理論・方法に一定の影響力をもたらしつづけたことを確認しておくことは大切である」（二五頁）と述べています。少なくとも、学史のなかでは、この文明史観がアカデミズム実証主義史学の背景に存在しつづけたことが、アカデミズム実証主義史学にとっても大きな対極的な前提であったことは事実です。

注目されるのは、永原さんが「そうした歴史の『進歩』にたいする確信は、幕藩体制の急激な解体を目前にした維新期の知識人にほとんど共通するものであり、その潮流は戦前昭和のマルクス主義歴史学（中略）、さらに、『戦後歴史学』に連なってゆく」（二二頁）と断言したことです。永原さんは、文明史観が平民主義的な歴史思想や山路《やまじ》愛山《あいざん》などの史論史学の潮流をもまきこみながら、戦前のいわゆる『講座』派マルクス主義、さらに「戦後歴史学」に引き継がれるというわけです。底の浅い「進歩主義」批判の立場からではないとしても、このような断言には違和感をもつ場合もあるでしょうが、しかし私は、ここには、歴史学が日本の近代の諸学の正統を引き継いで国家に対峙《たいじ》してきたし、現在も対峙しているという矜持《きょうじ》が表現されているとみるべきであると思います。どのように問題をはらむものであったとしても、それがわれわれの近代であった以上、その全体を引き受けなければならないというのが永原さんの立場であろうと思います。

さて、いうまでもなく『日本資本主義発達史講座』は、日本の戦前社会の構成を分析し、明治維新の基本的性格をブルジョア革命ではないとし、天皇制国家権力の本質を前近代的な絶対王制とし、その経済構造においては半農奴制的な寄生地主制が資本主義社会のなかで重要な位置をしめていることなどを論じました。野呂《のろ》栄太郎《えいたろう》、山田《やまだ》盛太郎《もりたろう》、平野《ひらの》義太郎《よしたろう》、羽仁《はに》五郎《ごろう》、服部《はっとり》之総《しそう》などの執筆者を擁した『講座』が歴史学にあたえた影響は決定的なものでした。永原さんは、『講座派』の理論には、歴史的社会の構造と段階、異質複数の経済制度の構造的結合と相互補完、内発発展と国際的条件の相互規定、歴史展開における普遍と特殊、といった歴史認識の根本にかかわる問題が提示されており、それらは戦後歴史学に直結してゆくところでもある」（九四頁）と述べ、また戦前の実証主義歴史学の弱さと対比して、「戦後史の展開を見ると理論的には講座派の歴史認識だけが的を射ており、大筋として戦後歴史学に継承されていくといえるばかりである」（一三七頁）と述べています。

この講座派マルクス主義こそが、永原さんが依拠した方法でした。永原さんは、インタヴュー《私の歴史研究》「日本中世史と歴史学・歴史教育」（『歴史評論』六三二〜六三四〈二〇〇二年一二月号〜二〇〇三年二月号〉、のち「私の中世史研究」と改題して、『永原慶二 年譜・著作目録・私の中世史研究』〈私家版〉所収。本書Ⅰ―一に掲載）や、『講座』発刊七〇周年を記念するインタヴュー（『経済』八五号、二〇〇二年一〇月）において、それをご自身の経験にそくして語られています。「私の中世史研究」では、戦前の戦争体制のなかでも学生が超国家主義一辺倒であったのではないとして、「われわれの思想的な環境はもう少し複雑でした」（本書五頁）と述べていますが、それにしても、大学時代の永原さんが羽仁五郎、野呂栄太郎などの著作にふれ、さらに大塚久雄《おおつかひさお》、高橋幸八郎《たかはしこうはちろう》などの諸著作にふれて研究を開始していたというのはやはり驚きです。

これらを読んでいますと、現代の歴史学にとって、あるいは私たちの世代にとって『講座』派とは何を意味するかということを自問せざるをえません。永原さんは、右の『講座』発刊七〇周年を記念するインタヴューにおいて「マルクス主義の歴史認識理論、すなわち『講座』の方法的理論的枠組みはもう古くなった、骨董品であるというかたちでの攻撃が強まり、マルクス主義のすべてを時代遅れとするような思想状況、イデオロギー状況が強まってくる」（傍点筆者）、「（その批判は）大きく見ると『マルクス主義の歴史理論は一線的で直線的な発展理論だ』という批判が中心です。しかし、これはいささか非難のための非難の類だといわざるをえません。講座の理論を継承し、戦後歴史学が発展させてきたものは、いろいろな曲折はありましたが、一つの社会構成体を論ずる場合にも、その社会構成体を構成している基本的なものは決して一つかどうかわからない、複合的なウクラードのこともあるということです」と述べています。

永原さんがいうように、一時、戦後歴史学に対して「単系発展段階」論であるという一つ覚えのような批判が行われました。しかし、すくなくとも理論の問題としては、これはむしろ「戦後歴史学」が一貫して批判の対象としていたもの、つまり、いわゆる「近代化論」の側にふくまれていた単調な生産力一元論の議論であったことを忘れてはなりません。永原さんが、そのような生産力一元論をはじめから拒否していたことは、最初の著書『日本封建社会論』(東京大学出版会、一九五五年)に明証があります(参照、保立「荘園制社会構成における連続と不連続」。同書解題。後に保立『歴史学をみつめ直す』校倉書房、二〇〇四年に収録)。

もちろん、永原さんは、戦後歴史学のなかにも、そのように誤解されかねない傾向が存在したことについて、すでに一九六九年段階で次のように述べています。「社会構成史的な方法による歴史把握は、どうしても図式化されるというか、歴史の発展を大きな区分に切断して固定化する傾向をまぬかれない。最大公約数的な尺度をとるわけだから、どうしても個別現象をそのまま具体的にとらえきれないということになるわけである」「この社会構成史的方法は、いま述べた法則的把握という特徴のゆえに、もうひとつ、内発的発展重視、一国史を自己完結的にとらえやすい、という傾向を随伴している」「どうしても生産力の発展という基本的契機だけを軸にして歴史をとらえるという原則化あるいは単純化をまぬかれない」(「歴史学の課題と方法」『歴史学序説』東京大学出版会、一九七八年、一七〇頁以下)。永原さんは、それを認めた上で、社会構成史の方法というものが通史的・全体的な方法としては、欠くことができないと主張しているのです。私は、この部分を読んで大塚久雄さんが『社会科学の方法』(岩波書店、一九六六年)という新書のなかで同じようなことをいっておられたのを想起します。ただ、永原さんは、それを前提としながらも、『講座』

は、具体的な歴史分析においても大きな成功を収めたとおっしゃりたかったのだと思います。

ともあれ、もう四〇年近く前に永原さんが自己総括的に述べたことを、いまさらのように繰り返すだけでは学者としてみっともないことです。永原さんは、この『講座』についてのインタヴューで「『講座』が確認して、変革の課題として提起してきたことが達成されたことによって、逆に一つの方向性をみうしなってしまった面がたしかにありますが、いまこそ『講座』が創造した社会科学理論を継承発展させるべき時です」とも述べています。私は、この永原さんの意見に全面的に賛成です。少なくとも全体的・通史的にみて、歴史学の世界においては、『講座』の歴史理論と社会構造論は論破されたわけではありません。もちろん、それは『講座』の日本社会論がすべて正しいということではありません。たとえば、自分の意見で恐縮ですが、私は、江戸時代を封建制という歴史的範疇によってとらえるべきではないという立場にたっています。これは『講座』の立論と大きく異なっていますが、東アジア諸国の前近代的社会構成をどうとらえるか、そしてその世界史的な段階性をどうとらえるかというような問題については、『講座』の議論がそもそも未完のものであったことは明らかなことです。

しかし、さきほど要約した『講座』の結論、つまり、明治維新の基本的性格をブルジョア革命とみないこと、天皇制国家権力の本質を前近代的な絶対王制とみること、その経済構造においては半農奴制的な寄生地主制が資本主義社会のなかで特殊に重要な位置をしめていたことなどの基本的論点にかんしては『講座』の結論の基本部分はゆらいでいません。封建制範疇を日本の江戸時代社会に適用するべきではないという立場に立ったとしても、第二次世界大戦前の寄生地主制が、半農奴的な前近代的な人身従属の体系を残していたことは否定しがたい事実です。私は、農奴制範疇それ自身と封建制範疇は区別するべきであると思いますし、そもそも社会構成体範疇としての封建制を適用するかどうかは東アジア歴史論の全体と直結することであって、『講座』の真理性とは別の問題であると考えています。

現在の段階で『講座』にたいする批判点は、さらにさまざまに存在するでしょう。しかし、その全体像は、確実に継承すべきものではないでしょうか。そういう『講座』の議論に無関心であること、そして『講座』の議論を私たちの歴史学の前提として考えようとしないことは、結局、歴史学が自己を根無し草とすることです。私には、近代認識の大枠の共有なしに、歴史学がひとつの専門分野《ディシプリン》として共同的・公的なものとして成り立ちうるとは考えられません。

ここで私が注意しておきたいのは、このような、いわばあたりまえのことのみではありません。私が驚いたのは、これらの文章から、永原さんにとってマルクシズムまたはマルクス歴史学というものは、ようするに『講座』のことであったということがわかることです。これを読んで、永原さんたちの場合は、マルクスの理論の真理性を直接に担保するものとして、『講座』が存在していたという事情がよくわかりました。しかし、私たちにとっては、『講座』は一種の常識ではあったものの、マルクス主義＝『講座』という実感はもっていません。私は一九四八年生まれで、六〇年代末から七〇年代初頭のいわゆる学生運動世代にあたります。あるいは、前近代史の研究を志望するものが『講座』を読むというのは、私たちの世代で最後だったのかもしれませんが、もちろん、私も『講座』の諸著作の基本部分は読みました。またマルクスは、私たちにとっても、資本主義社会の批判者、『資本論』の著者としては圧倒的な存在感をもっていました。

しかし、私たちの世代にとってのマルクスの位置は複雑でした。というのは、私たちは、現実に存在した「社会主義」なるものが、きわめて問題が多く、不出来で社会主義とはいえないようなものであることが日々目の前で明らかになっていく時代にマルクスを読みました。未来社会論においても、前近代史のような過去社会論にとっても、あくまでも未成あるいは未完の理論という位置づけのものであった、あるいは実際上はそのように扱ってきたということがいえると思います。考えてみれば、私たちにとってのマルクスは、きわめて読書的《ブッキッシュ》なもので、『経済学哲学草稿』

『ドイツイデオロギー』『資本論』などのマルクスであり、ヘーゲル・フォイエルバッハ・ウェーバー・ルカーチ、さらに三木清・大塚久雄などとの関わりにおけるマルクスだったと思います。もちろん、永原先生たちの世代にとっても、マルクスはヨーロッパの思想と文化、明治以来のヨーロッパ教養主義のなかで受けとめられたものでしょうが、しかし、私たちの場合は、教養としてのマルクスという側面がさらに強かったように思うのです。マルクスの思想は、第二次大戦後にいたるも歴史の試練を越えて生命力を維持していたという意味では、一九世紀ヨーロッパ思想を代表する地位にありました。しかし、冷静に考えてみると、少なくとも歴史学においては、マルクスは『講座』のように歴史学にとってそれ自身として確実な存在というわけではありませんでした。

こういう意味で、永原さんと私たちは大きく世代を異にしており、私たちは、誰も、永原さんのように研究者として自分はマルクスの方法論にのっとって研究してきたということはできないのです。しかし、それでも確認しておきたいことは、永原さんが『講座』という意味で自分はマルクス歴史学の立場にたっているといわれるのならば、その限りにおいては、私たちも同じことであるということです。永原さんのいうところのマルクスの方法、つまり社会の構造と仕組みを全体として明らかにするために『講座』が採用した諸方法という意味では、厳密に考えれば、ほとんどの歴史学者は自分が方法としての「マルクス歴史学」に近い存在であることを認めざるをえないはずです。『講座』を読んだ歴史学者は、それが当時の段階で理論と実証のギリギリのところに到達した歴史学的な著作物であることを認めざるをえません。

もちろん、永原さんたちが自己をマルクスの方法にのっとっていると認識したという場合、学問的方法の問題とは別に、さらに、歴史学がゆだねられている社会的な職能にかかわる諸問題に優先的に時間を使う。現代とむきあう思想的・科学的な営為をわすれないというような決意を含んでいるのでしょう。「マルクス主義者」であるというのが学問の問題であると同時に実践の問題として理解されていることもいうまでもありません。そういう意味で永原さんが「きびしく正面から現実に向きあう」立場で歴史学の研究を続けてきたということは、誰もが認めざるをえません。そして、永原さんには及びようもないとしても、ほとんどの歴史学者はそういう意味でも、「マルクス歴史学」に近い存在でありたいという素意をもっているのではないでしょうか。少なくとも私にとってはそういうことでした。

以上で永原さんの議論に触発されての雑駁な「マルクス歴史学」論を終わりにしますが、しかし、ここまで述べてくると、私は、私たちの世代と、敗戦後の歴史学において「マルクス主義」を自称した人々の相違をはっきりといわざるをえないように感じます。もちろん、私たちもマルクスの仕事の意味を重大なものと考えていますが、しかし、私たちにとっては、やはり最初からマルクスの仕事の未完性は明らかでしたし、それを越えるものが問題だったのです。そのようなマルクスを「主義」としていただくことはできません。この点で、永原さんが『20世紀日本の歴史学』において、「マルクス主義歴史学」という用語ではなく、「マルクス歴史学」という用語を採用したことの意味は示唆的だと思います。学問の方法としてのマルクスは「主義」ではないのです。これは『20世紀日本の歴史学』を受けとめる上で根本的な問題であると思うので、あえていわせていただきました。

私は、敗戦後の歴史学において「マルクス主義」を自称した人々のマルクスへの態度が、きわめてナイーヴなものであったという感想をもちます。この言い方は失礼に聞こえるかもしれませんが、しかし、こういう風にいうのは、けっして彼らの意図を軽んじようということではありません。繰り返すようですが、私は、彼らが「マルクス主義」を称する時の姿勢、彼らのなかにあった学問的な意思と情熱は、実際上は、何よりも研究者としての社会的姿勢などに関わるものであり、「マルクス主義」というのは、いわばその「合い言葉」のようなものであったという感じをもつのです。彼らの学者としての実際の行動のなかに貫かれていたのは、現在からみれば、多くの場合は、職能的な責任意識にもとづく良識的な社会的立場にすぎなかったとさえいえるのではないでしょうか。そして、その良識は、たしかに永原さんのいう通り、維新期以来の知識人社会における「文明史観」のなかで、もっとも良質のものを引き継ぐものであったというのが『20世紀日本の歴史学』を読んでの感想です。「追悼の集い」での中村政則さんの御話によると、永原先生は、手術後の病院で岩倉具視《いわくらともみ》らの『米欧使節実記《べいおうしせつじつき》』を読まれていたということです。実は、私は、これをきいた時もたいへんに驚いたのですが、しかし、考えてみると、これは永原さんが到達した自己認識をよく示しているように思います。

3　永原さんと歴史学の現在

以上、『20世紀日本の歴史学』を中心に「アカデミズム」論と「マルクス歴史学」論という形で永原さんの議論をあとづけてきました。以下、それを前提として、歴史学の将来、そして現在に関わる問題について若干のことを述べてみたいと思います。

まず第一は、歴史学におけるアカデミズムは、今後、どのようになっていくのかという問題です。この点については、永原さんは楽観的であったように思えます。「戦後の早い時期、若い研究者はどの分野にも数えるほどしかおらず、大学も荒廃し、東京大学史料編纂所も予算面の制約から業務停滞状態に陥っていた。その頃から考えると、今日の研究体制の充実は文字通り隔世の感があり、学問水準の飛躍もそれによって可能になってきたことは疑う余地がない」（二八六頁）、「これらのツール（史料集や研究工具的書物―筆者注）とならんでコンピュータ・インターネットによるさまざまなサービスが可能になりつつある条件に恵まれ、今日の若い研究世代は戦前の研究者が一代かけても到達できなかった高レベルの地点から研究を出発させることができるわけである。先学の労苦と奮闘の上に今日の学問があることはどの分野でも同じであろうが、歴史学のように細部にわたる無限の知見・情報の積みあげによって深まるという性質の強い学問分野では、その思いを特別に深くするものである」(三〇四頁)というのが、永原さんの展望です。歴史学に対する予算や人員の面での日本社会の手当はきわめて薄く、不当なものですので、「若い研究世代」は、こういわれても困るかもしれませんが、大枠では、私も永原さんと同じ希望をもちたいと思います。

とくに私は、永原さんが諸外国とくらべて「無思想」であると痛罵する傾向が、日本の歴史学の内部に存在した理由として、諸外国とくらべても、日本には大量にして複雑多様な史料が存在するという問題を無視できないように思います。その分析に沈潜することなしに歴史学の職能的役割がはたせない以上、「無思想」あるいは一種の職人性という問題はやはりでてこざるをえなかったといえば見方が甘いでしょうか。逆にいえば、大量の史料を、永原さんがいうように、情報システムの力をもかりて、詳細に読み解き、その知識を公共的に管理し、蓄積していくことによって、日本の歴史学におけるアカデミズムの基盤を変革していくこと、これを意識的に考えていく責任がわれわれにはあるのではないでしょうか。これは情報システム論としては史料データベースを、学界の合意の下に、さらに計画的・大量的に発展させ、それをいわゆる知識《ナレッジ》ベースに展開していくという仕事になります。そのようなことを含めて、アカデミズムにおける「無思想性」、職人性のあり方を変えていくためにも、永原さんがいうように「今日、時代に背を向けたアカデミズムというものはもはや存立の余地がないし、自分で決めた小さな『専門』にだけとじ込もることは許されない」(二七七頁)。ウェーバーの議論にもどれば、学問が職業であり、価値自由の原則の下にあるということは、学者としての職能的責務は、給料分の仕事として考えられるべきものであって、職場の狭い仕事の範囲を越えるから嫌だなどというのは、知識人として本来許されない職務放棄であるはずです。それは、個人的な思想信条や人生観とは関係なく、またどのような職場にいるかとも関係なしに共通にかかってくる仕事でしょう。

第二の点は、歴史学における理論の問題、すなわち、歴史学における社会科学性という問題です。これについては、永原さんが「奴隷制や封建制生産様式の論理体系と、その生成・発展の運動をも対象とし、それを解明することによって、資本主義経済の位置と特質に歴史的照明をあてる」ことが歴史理論の課題であるとされていたことから出発せねばなりません(「経済史の課題と方法」『歴史学序説』一九七頁)。問題はここで永原さんが「奴隷制や封建制生産様式の論理体系」という場合に具体的には何を意味していたかということですが、これは明らかに高橋幸八郎さんが『資本論』における資本主義社会分析の論理体系、商品―貨幣―資本の論理序列にならって設定したフーフェーゲマインデーグルントヘルシャフトの論理構造という議論を受けたものだと思います(『市民革命の構造』御茶の水書房、一九五〇年)。フーフェーゲマインデーグルントヘルシャフト、つまり一般的にいえば、小土地所有―村落共同体―領主制という論理序列において封建的土地所有を捉えるというのが高橋さんの見解です。『資本論』は「資本制社会における富の要素的形態」としての商品範疇の分析から始まっているわけですが、それと同じように前近代社会を論理的に分析していくとどうなるか、その分析の端緒範疇、あるいはエレメンタルな形態、要素的な形態をどう捉えるか、という問題について、永原さんが、高橋幸八郎さんの仕事、さらには大塚久雄さんの仕事を前提に考えていたことは明らかです。

もちろん永原さんは、高橋さんのように生な形では前近代経済分析の論理体系、論理順序について論じられませんでしたが、永原さんが歴史経済学にとって根本的な意味をもつとされていたウクラードの議論は、それを別の形で述べたものです。つまり永原さんは、同じ論文で、「ウクラードとはロシア語であるが、英語のエレメントにあたるほどの意味である。経済史の理論問題としては、ウクラードの理解をめぐって論争があるが、私は経済構造(構成体)

をかたちづくる諸エレメントであると考える」とされています（「経済史の課題と方法」『歴史学序説』二〇一頁）。つまり、つきつめれば封建制分析におけるいわゆる端緒範疇、分析の最初にふまえるべきエレメンタルな要素的な「富」あるいは「財産」所有の形態をウクラードという用語は表現しているというわけです。永原さんが、つづけて「封建的構成体を直接に規定するウクラードとしての封建的ウクラードとは封建的土地所有制下の小農民経営である」（同前、二〇三頁）と述べられていることの意味は、そこにあると考えなければなりません。永原さんはご自分でおっしゃるように、けっして「単系発展段階説」ではなく、むしろウクラードの複数性を重視する議論を展開されてきました。そのウクラードの複数性ということを、その本来の意味であった『資本論』や高橋幸八郎さんの議論のレヴェルで考えるとどういうことになるのでしょうか。また永原さんは、同じ論文で、ウクラードよりも「より下位の次元の範疇を定立・活用する必要のあることも当然だといわねばならない」（同前、二〇三頁）ともいわれています。商品の下位範疇は労働の二重性ですから、私見では、これも労働論のレヴェルの問題の解明となるはずですが、これらの理論的な問題は、未処理のままになっているように思います。歴史経済学の方法を再検討し、前近代の諸社会と現代資本主義経済との論理的対比を可能にする明解な理論と方法を構想する仕事は、私たちに残されていると思うのです。

現実に正面からむきあって社会的責務を負うべきアカデミズムのあり方にせよ、理論研究のあり方にせよ、残されたこと、そしてわれわれが担うべきことはきわめて多いと思います。そして、それをともかくも解決する方向を見いだせなければ、歴史学がもう一度社会的な説得力を回復するということは、むずかしいのではないでしょうか。歴史学はどのようにして、その職能的責務にふさわしい形で、教育や歴史文化一般におよぶような社会的説得性を回復することができるか。それを考える時、永原さんの「日本の近代における国家と学問・教育とのかかわり方のなかで、歴史学のあり方は、とりわけその核心的位置にあるものとして、くりかえし検討され反省されてゆかなくてはならない」（一三七頁）というご意見の重たい意味を痛感するものです。

「あいまいなナショナル感情で歴史認識や歴史教育を語ったり、左右したりすることほど危険なことはない。それは歴史学にたいする軽侮に連なる」（二〇五頁）、「国家権力とそのサポーターとしての国家主義者による歴史教育の領有を見すごすことは、歴史学の研究者としては、一歩もゆずることのできないところである。今日、その危険が高まっている事態を、どこまで歴史学と歴史教育の歴史に即して深く認識するかは、歴史研究者・教育者に問われている良心と責任の問題である」（二八四頁）という永原さんの発言は、永原さんの歴史学の初心を示しています。ここに永原さんが指摘するような状況のなかで、研究者としての冷静さを維持しながら、同時に希望をもって仕事をしていくために、以上に述べましたような永原さんの学問の意味をもう一度考えるべきではないかと思います。

おわりに

板垣雄三《いたがきゆうぞう》さんは、第二次大戦後のこの国の歴史学を「戦後歴史学」と呼ぶのは、あたかも世界と東アジアの全体が「戦後」であって戦争がなかったかのような幻想をもたらす、その意味で、すでに歴史学にふさわしい用語ではなくなっているといわれています。私はその御意見に賛成ですが、しかしこの時期の歴史学にとって第二次大戦の経験の意味が決定的であり、戦争体験と戦争責任の問題がいまだに残されているという意味では、この「戦後歴史学」という用語にも一定の意義が残っているとも思います。そして最初に述べましたように、永原さんはそのような意味での「戦後歴史学」を代表する存在でした。

もちろん研究者という人種は、とくに歴史学者というのはまったくやっかいな存在で、学説上の意見が一致することはほとんどありません。永原さんの学説も、石母田正《いしもだしょう》・松本新八郎《まつもとしんぱちろう》・佐藤進一《さとうしんいち》などの先輩たちと、稲垣泰彦《いながきやすひこ》・山口《やまぐち》啓二《けいじ》などの同世代の研究者、そして黒田俊雄《くろだとしお》・網野善彦《あみのよしひこ》、さらに戸田芳実《とだよしみ》・石井進《いしいすすむ》・峰岸純夫《みねぎしすみお》などの後輩の研究者との交流ときびしい論争のなかで形作られたものです。ですから、代表というのは歴史学の諸学説の内容を代表していたということではありません。けれども、永原さんが「戦後歴史学」のモチーフをもっともよく示す歴史家であったという範囲では、代表という言葉をつかうことに大きな異論はないように思います。とくに、歴史学の学界にとって大事なことは、永原さんが他の人文社会科学、経済学・法学・社会学などに対して、「戦後歴史学」を代表する位置におられた歴史家の一人であったことです。

　永原さんの盟友であると同時に一貫した論争相手であった稲垣さんは、かって「戦後歴史学」が、法学・経済学・農学などとの「学部のセクトをこえた共同研究」、「はげしい変動を伴った戦後の数年間、学部や専攻のわくをこえて、ともに学びともに語りあった経験」を重要な基盤にしていたと述べたことがあります（「農村調査のこと」『日本中世の社会と民衆』三省堂、一九八四年所収）。このような〝学際的な〟動きが大学・学会をつうじて存在したことが「戦後歴史学」のもっとも大きな条件であったことは明らかであると思います。もちろん、たとえば山田盛太郎と平野義太郎をとってみれば明らかなように、戦前から戦後にかけての社会科学学界においては、経済学や法学の位置が決定的でした。歴史学はそのなかで、社会科学の基本的論理を実証的・文化的に支える位置にあって大きな役割をはたすことができたのです。インタヴュー「私の中世史研究」にあるような永原さんと『講座』派の関わり、また川島武宜《かわしまたけよし》・山田盛太郎・高橋幸八郎などとの学問的関係は、その意味でも象徴的なものであると思います。

　さて、ことあたらしくいうことでもありませんが、アメリカの世界戦争体制に追従する動きが日本の国家社会では依然として続いており、現在、それを直接の原因とする憲法第九条の「改正」の動きが強まっています。そして、歴史学にとって何よりも重大なのは、それが「戦後歴史学」の初心であった第二次世界大戦、太平洋戦争の歴史的反省をくつがえそうという動きと連動していることです。しかし、現代の世界と日本が大きな変化の時代を迎えつつあることは誰の目にも明らかでしょう。イラク戦争の現実を考えると、中央アジアからアフリカにかけての状況はきわめて厳しいものがありますが、東アジアやラテン・アメリカの全体の状況は、アメリカによる「帝国」的支配を許すようなものではありません。そのなかで、日本のみが第二次大戦の歴史的教訓を無視し、荒唐無稽《こうとうむけい》な内向きの国家幻想をふりまいている。こういう状況に社会科学・人文科学に携わるものは、様々な意見の相違をこえて大きな違和感をもっています。しかし、他面で、社会科学の学界は、それに抗する十分な決意や用意をもっていないようにもみえます。われわれは、こういう状況にあきれているというべきなのかもしれません。あきれているというのは、怒りではなく、なかばやむをえないものとして受け入れているという意味です。とくに戦後歴史学にとってもっとも大きな学問的前提であった経済学や法学が、事態の推移に流されるのみで、現実の国家社会状況に対して積極的な発言をしようとしないようにみえるのは、たいへんに心配なことです。

こういうなかで、「戦後歴史学」の経験とそれを代表する歴史家たちの仕事の意味を振り返ることの意味は、やはり大きく、それを確認しつつ、私たちは「戦後歴史学」がめざしたものを正確にうけつぎ、社会科学の視野のなかに十分な批判性・歴史性を担保するべき任務を引き受けなければならないと思うのです。

（ほたて・みちひさ）

二　永原慶二氏の荘園制論の成果と課題

井原今朝男
（国立歴史民俗博物館教授）

ご自宅の書斎にて

はじめに

私に与えられたテーマは「永原さんの荘園制論をどう受け継ぐか」ということですが、私が抱いている問題関心にそってふたつの視点から報告を準備しました。

第一は、最近の荘園制論の高揚のなかで、ふたつの潮流がはっきりしてきた点です。永原・稲垣泰彦《いながきやすひこ》・石井進《いしいすすむ》・網野善彦《あみのよしひこ》さんが編集委員をつとめられた『講座日本荘園史』（吉川弘文館）が十年余の年月をかけてようやく完成しました。国立歴史民俗博物館（以下、歴博）の共同研究の「室町期荘園制」論も話題になり、中世後期の荘園制論にも関心が高まっています。歴史学研究会中世史部会でも二〇〇四年・二〇〇五年と二年連続して荘園制論が部会の大会テーマになり、これまで忘れられていた荘園制論が再び学界の関心を呼んでいます。そのなかで、荘園制は土地制度・収取制度を骨格だとして限定的に理解する立場と、統治組織論や流通社会システムも含んだものとして広く理解する立場の研究者とが登場してきており、議論に混乱がみられるのではないかという点です。

永原さんが日本歴史叢書『荘園』（吉川弘文館、一九九八年）を刊行されたとき、私も書評（『社会経済史学』六五―三、一九九九年）で述べたように、荘園制論を広い視野から論じており、荘園制論の射程をどこまでにするか議論すべきだという論点を指摘したことがあります。そこで今回は、永原荘園制論はどのような論理構造でくみたてられているのか。とりわけ、荘園制論と中世国家論をどのように区別し相互関係をどのように理解しているのか、について今回整理してみたい。これが、第一の視点です。

第二は、近年の土地所有論の行き詰まり状況についての問題関心です。私はその出発点は稲垣・永原論争にあると思っていますが、その源流は中田《なかた》薫《かおる》の物権論・債権論にあると考えて債務史研究に関心をもって研究をしています。その点でみますと、稲垣・永原説も含めて共通しているのが、前近代の売券を土地所有権の移転を示すとする方法論に立って立論しています。それは、中田薫の物権論にはじまっているのですが、そうした問題関心から、永原荘園制論・土地所有論を中田薫との対比で整理し直してみようと思います。これが第二の視点です。

なお、今回の報告で永原荘園制論として取り上げ、検討対象とした論著をまとめておきました。

（1）荘園成立・構造論としては、「公家領荘園における領主権の構造」（初見、一九五八年）、「荘園制の歴史的位置」（初見、一九六〇年）、『日本封建制成立過程の研究』（岩波書店、一九六一年）。

（2）解体論では、「荘園制解体過程における南北朝内乱期の位置」（初見、一九六二年）、「荘園解体期における請負代官制」（『講座日本荘園史』四巻、吉川弘文館、一九九九年）。

（3）自給的家産経済論として「荘園領主経済の構造」（初見、一九六五年）。

（4）土地所有論として「平安末期耕地売券の分析」（初見、一九六七年）、「中世農民的土地所有の性格」（初見、一九六八年）、『日本の中世社会』（岩波書店、一九六八年）。

（5）国家論では、「中世国家史の一問題」（初見、一九六四年）、「日本封建国家論の二、三の論点」（初見、一九七二年）、『日本中世の社会と国家』（増補改訂版、青木書店、一九九一年、初版は一九八二年）。

以上を検討対象としました。（2）〜（5）は『日本中世社会構造の研究』（岩波書店、一九七三年）に所収され、永原説の全体像は一九六〇年代に形成されたことがわかります。それ以降、時代がかわっても学説のブレがないという特徴がみえ、とても感心させられます。なお、一般書として『荘園』（評論社、一九七八年）、日本歴史叢書『荘園』も含みます。

1　中田薫批判としての荘園領主権力論

永原さんの荘園制論の特徴は、第一に中田薫の寄進地系《きしんち》荘園論の批判であると考えます。この点について最初の指摘は石井進「荘園の領有体系」(『講座日本荘園史』二巻、吉川弘文館、一九九一年)だと思いますが、主題は中田薫説の公私峻別論批判であり、永原荘園制論としては検討されておりません。

永原さんが批判の対象とした中田薫説は、私領の寄進論でした。中田薫「日本庄園の系統」(一九〇六年)では、「日本に於て庄園なる名称は、其制度が最発達したる時代に於ては、国家に対し不輸と不入との二大特権を享受する私有地を意味するものなり」と述べ、荘園は私有地だという立場にあります。中田薫「王朝時代の庄園に関する研究」(一九〇六年)では「職《しき》」について検討し、「職務なる固有の原義」であったものが第一に特定の「土地用益権」の観念に変化し、室町時代には「不動産物権」の観念に変じたという主張を展開しました。「知行論」(一九〇七年)では、「知行《ちぎょう》」とは「固有法の占有」としての効力のことで、鎌倉時代を経て室町時代になると「知行不可侵の原則」が充分発達したと主張しました。中田説は、荘園制下で職・知行が土地私有権・不動産物権として確立したという学説を樹立したものだといえます。

これに対して永原説は、公領の私的分割公認論を提起したものだと思います。「荘園制の歴史的位置」では、寄進主体となった在地領主権は、「排他的な私的所領」を基盤にしたのではなく、「国家の支配に属する土地である」(『日本封建制成立過程の研究』五七頁)、「寄進関係の成立によって荘園領主の把握する諸権限はそれまで国家が保持していた諸権限の一部または大半である」(同前、六〇頁)と主張します。「荘園制的土地所有はもともと法形式的にいえば律令国家の国家的土地所有の私的分割として成立し、その所有は国家的にも承認されていた」(『日本の中世社会』岩波書店、一九六八年、一九〇頁)とも述べています。その上で、本家《ほんけ》・領家職《りょうけしき》は「荘務権《しょうむけん》」という実質的な荘園経営管理権をもつ存在として位置づけられます。この「荘務権」の概念こそ、永原荘園制論が提起した荘園領主権の中核になるもので、永原さんは亡くなられましたが、学界共通の分析概念として現在も生きつづけています。

こうした永原さんの中田批判はどのような射程をもっていたかという点から永原荘園制論の特徴をまとめますと、第一に中田薫は国家的土地所有を否定し、荘園の私的大土地所有論を主張したのに対して、永原さんは荘園の国家的土地所有の私的分割論を対置したといえます。第二には、私領の寄進主体である在地領主権よりも、荘園領主の荘務権を高く評価する立場を主張したのだとまとめることができます。

したがって、永原荘園制論は、土地所有の問題として設定されていることがよくわかります。その上で、荘園制と中世国家論との関係を検討せざるをえない論理構造となっています。荘園制論を中世国家論と区別しながら両者の相互規定性を考察するという広い視野を持っていたのが、永原荘園制論の特徴といえます。

永原説では、荘園制は土地所有に関する制度という立場にありますから、つぎに荘園制論における土地所有論についてみてみます。

2　荘園制における土地所有論

（1）前近代における土地私有制をめぐる論点―農民的土地所有論

a　中田薫の土地国有制下での口分田＝農民・地主の私地・私有制論

中田薫「律令時代の土地私有権」（一九二八年）は、当時通説とされた律令の土地制度は公有主義であったとする説を否定して、古代人は当時口分田《くぶんでん》を班田《はんでん》農民の私地と考えていたと主張。「売買雑考」『法制史論集』第三巻上巻（岩波書店、一九四三年）では、古代における土地売買に対する上司の聴許や公券の作成は「所有権移転の完成力」である。中世売券は「売主が目的物の売券を買主に交付したときは、代価支払の未了前に於ても目的物の所有権は完全に買主に移転し、買主は代価支払の債務を負ふ」（五五頁）と主張しました。売券は所有権の移動を示すものという現在の学界でも生きている見解はここを出発点とします。

中田薫の法制史学は近代国家が法的に保障する近代的私有財産制が古代以来の不変の超歴史的存在であることを歴史学的に証明することによって物権優越の所有論を確立したといえます。一九九〇年代までの日本における土地神話観念の淵源はこの中田説にあると思います。しかし、半封建的といわれた寄生地主制下の戦前の学界では、中田薫の物権論はほとんどとりあげられず、少数派の学説といわざるを得ませんでした。

b　石母田正による中田説再評価

戦後、農地改革と自作農創設政策が推進され、日本農民の土地所有権が確立するようになると、中田薫説が再評価されるようになります。それを最初に提起したのが石母田正《いしもだしょう》でした。石母田正「古代法と中世法」(『法学志林』四七―一、一九四九年、著作集八巻、三三頁)は、「博士の業績の批判的継承が新しい歴史学の内容をゆたかにするためにいかに必要であるか」と主張し、「まず問題にしなければならないのは……「律令時代の土地所有権」なる論文であろう」と指摘します。その意義について「土地国有制」が法的フィクションにすぎず、土地私有制がその本質であることを法意識の面からあきらかにし「法の背後にある歴史の本質を衝かれている」とします。

さらに「中世的土地所有権の成立について」(『歴史学研究』一四六、一九五〇年)では、班田農民が私地である口分田に私有権を確立するためには国家の土地台帳に「名《みょう》」として承認される必要があったと中田説の批判的見地を明確にします。その上で、百姓名《ひゃくしょうみょう》こそが「一面において律令制的収取の形式であるとともに、他面では田堵《たと》・百姓の土地私有権の一形態であった」(著作集八巻、八一頁)と断定しています。百姓名の分解のなかから領主名が生まれ、中世的領主制が発展してそこから封建的土地所有が確立して奴隷社会は克服される、という著名なテーゼを展開します。私は、石母田正の学説は、中田薫の班田農民私有論を平安期の百姓名まで時代をおくらせて農民の土地私有論を展開したものだと考えております。いいかえれば、日本における農民的土地私有制は班田農民にはじまるとする中田薫に対して、石母田正は平安期の百姓名にはじまると主張しているといえます。

(2) 永原説の南北朝内乱期・農民的土地所有論

百姓名の限界性を評価＝農民的土地所有の未熟性＝過渡的経営体論

石母田正説を継承したのが、稲垣泰彦説の平安期作手《さくて》＝農民的土地所有説でした。永原さんはそれを厳しく批判します。それが永原慶二「平安末期耕地売券の分析」（初見、一九六七年）です。そこで永原さんは、平安期の売券は僧侶名のものが多く、農民的用益権ではなく中間的地主的権利というべきであると主張。『日本の中世社会』ではその主張をより明瞭に展開します。

「百姓名では、作手という形で耕作権を表示することと、それがすべて売買しうるかどうかは、区別してかんがえねばならないと思われる」（『日本の中世社会』九四頁）とし、十二世紀の百姓名段階に名を農民的土地所有とみたり、名の下の作手を売買可能な物権とみなすことはまちがい。「古代の国家的土地所有制と共同体的諸関係の広汎な残存」（同前、一〇三頁）という「中世の特殊性」を重視して、十三世紀を通じて中央帰属の私的大土地所有体制として展開した荘園制度が存続しえたのは、農民的土地所有の未熟性という「農民の在り方」による。この未熟性の原因は、名主＝家父長制世帯共同体から自給的小農経営に移行する中間に位置する過渡的経営体であり、小経営ではないからだ（同前、一七九頁）という学説を立てます。これが永原さんの過渡的経営体論です。

十四世紀の名主職売買＝農民的土地所有成立論

永原さんは、十四世紀の東寺百合文書《とうじひゃくごうもんじょ》の売券を分析して、この時期の名主が売却しているのが耕作権であり、かつての作手が私有権化して売却されたものであるとします。従来、名主家族（家内奴隷を含む家父長制複合家族）による所有・経営としての百姓名の分解―小農分出＝名主職分化というシェーマによって理解されてきたのは正しくはなく、名主と地位＝職と名田の保有権とは別次元に属し、従来売買できなかった作手＝保有権が私的所有権としての性格を発展させたもの（『日本の中世社会』一〇〇～一〇三頁）とします。鎌倉末期以降十四世紀の名主職売券＝作手こそが農民的土地所有権に成長した証拠であり、「十三世紀末―十四世紀初頭以来のこのような変化を見とおせば、その変化のおこる以前の段階における農民的保有の未熟さ、非所有的性格はやはりすこぶる重大な意味をもっている」（同前、一〇二頁）と主張します。

こうして永原説では、中世前期のおける農民的土地所有の未熟性を強調して、中世後期における農民的土地所有の確立を主張する論理になっています。この結果、作手・名をめぐる稲垣・永原論争が長く展開されます。

（3）所有史論の成果と今後の課題

前近代における農民の私有財産成立論への疑問

こうしてみると、中田薫・石母田正・稲垣泰彦・永原慶二の諸説は、農民的土地私有制の確立期を律令期・平安期・南北朝期とみるかによって激しく対立してきたのだといえます。しかし、この三者に共通する方法論があります。それは、①売券を物権の移動・私的所有を示すものという方法論的大前提により、②前近代における農民の私有財産制の成立を主張していることです。

しかし、私は、中世の売券が本当に物権を物語るものか、前近代社会に農民の私的所有が存在しえたことは本当に実証しえているのか、疑問をもっています。これら諸学説は、戦後直後の農地改革・自作農創設政策という国策に対応して、農民の土地私有制の淵源を日本歴史のなかに探ろうとしてきた研究方法を無意識のうちに採用していたのだと思います。そこでは、私的所有の排他性・絶対性が暗黙の了解事項になっており、農民の私的土地所有の存在を古代や中世社会のなかに探るという方法論に終始しています。

しかし、私は、農民の土地私有制そのものが、歴史的に近代社会になってはじめて生まれた到達点であると考えます。歴史学としては、前近代社会においては、近代法の私有財産制度とは異質な、前近代的所有の多様な歴史的形態を理論的・実証的に探求するという研究課題を追求する必要があるように思うのです。前近代社会には、近代的私的所有とは異なった異質な経済原理が存在していたのではないか、という視点からの歴史学的研究が必要だと思います。そうでなければ、近代的私有財産制や市場経済原理の歴史的限界性があきらかになりえないと考えます。これまでの中田薫・石母田正・永原慶二から現代の土地所有史論の研究者にいたるまで、前近代社会において農民の私有財産が成立したという暗黙の前提があり、知らず知らずのうちに、近代的私有財産権の絶対性を歴史学が証明するというイデオロギー的研究に取り組んできたといえるのではないでしょうか。

その意味で、永原さんが強調した中世前期における農民的土地所有の未熟性という分析視角を、前近代社会全体の分析に広めることが非常に重要だと思うのです。

物権論と並ぶ債権論の歴史研究の重要性

戦前に、中田薫自身も物権論とならんで債権論の歴史研究を提起しました。小早川欣吾《こばやかわきんご》『日本担保法史序説』（法政大学出版局、一九七九年）も戦前の債権史研究です。我妻栄《わがつまさかえ》は、近代社会では所有権よりも実質的には債権債務関係が著しく発展していき、債権が優越していくという主張を戦前において展開しています。その著書は、戦後に我妻栄『近代法における債権の優越的地位』（有斐閣、一九五三年）として公刊されますが、そのなかで近代社会では、商品の所有権は売買契約と結合し、代金債権に変化してはじめて行使できるものであり、所有権よりも債権が優越性をもっているとします。戦前の寄生地主制や戦後の自作農社会では到底理解・受容しにくい学説です。しかし、現代はバブル社会が崩壊し、国際社会・国家財政や地方財政はもとより金融資本・大企業や家計においても不良債権問題が深刻になっており、現代の国際金融社会においては、債権論の深化は現代的課題となっているように思います。今こそ、債権の優越性という学説はきわめて理解しやすいものだと思うのです。最近では、貨幣も債権論との関係で論じられるまでになっています。

川島武宜《かわしまたけよし》『所有権法の理論』『日本人の法意識』（川島武宜著作集、岩波書店、一九八二年）も、「私有財産制の歴史的限定性」「全包括的な私所有権というものがそもそも存在しない中世の社会」では「種々の売買については売主・買主の資格が制限されていた」など、重要な問題提起をしていました。しかし、そうした視点と方法による歴史学的研究は未開拓であり、川島の提出した諸問題は未解決なままになっていると私は考えています。

永原さんが南北朝内乱以前について強調した農民的土地所有の未熟性という問題は、中世後期や江戸・明治期に本当に解決されていたのか。日本における小経営はいつ成立したのかという大問題でもあり、歴史学の問題として今なお再検討する必要があるように思います。永原さんが、戦前の寄生地主制や自小作制の下での農民的土地所有の未熟性という問題や小経営問題を、どのように考え評価していたのか。講座派・労農派のイデオロギー対立とは別次元のところで、本当のところを知りたいと私は思うのです。

永原さんの歴史学をどう受け継ぐかという点からすれば、この問題を、物権論や近代的所有論の枠組みから解放して、前近代における封建的諸権利の多様性の視点、債権論＝他人への請求権論による歴史学的研究の視点から再検討してみる必要があると思います。

3　荘園制論と中世国家論

（1）　永原さんの中世職制国家論

最後に、永原さんの荘園制論と中世国家論との関係についてみたいと思います。

永原さんは「荘園の所有は律令制以来の国家の中央高官でなければ実現できないという矛盾した関係にあった」「荘園制は国家によって公認された関係、政治的秩序においてのみ成立」したと述べています（『日本中世の社会と国家』六四頁）。つまり、荘園制は中世国家によって保障された体制であるということになります。そのため、永原さんの国家論は、時代別国家論として展開されています。

a　職制国家＝院政期の治天の君による国家支配

まず、院政期の国制は、「官職制と領主制とをいわば中央・地方の支配層として相互に癒着・抱合させる形をとっていた。それはいってみれば職制国家《しきせいこっか》というべき性質」（『日本中世の社会と国家』六六頁）と指摘します。治天の君の権力は、官職制＋領主制を基盤にしており、職制国家が荘園制を公認したものだとします。

b　中世国家の第一段階＝鎌倉幕府段階

「鎌倉期の国家（在地領主制をふまえた公武両権力の矛盾をふくむ統合体としての国家）こそは十二世紀の職制国家から一歩進んだ日本中世国家の最初の段階であった」（『日本中世の社会と国家』七七頁）、「幕府こそ中世国家の原基＝萌芽とみるべきである」とし、「職的支配から領主制支配への転換はいわば、既存の国家体制の中に国家権力の及びえない「私的」世界が急速に拡大されていくことを意味」(同前、一一七頁)したと述べ、職から領主制による支配体制への移行を重視しています。

c 職制国家の転換＝中世国家の展開・第二段階＝室町幕府段階

「彼(足利義満のこと—筆者注)が封建的主従関係の重層的拡大によって全国の武士の統合にひとまず成功を収め、……反面、武家棟梁《とうりょう》の征夷大将軍《せいいたいしょうぐん》が公家・武家を含む政治的統合者となるためには、伝統的国制のもとでも納得される位置付けが必要であった。(義満権力が全国的に統一的な知行制《ちぎょうせい》を確立しえたものでないことは室町幕府の弱体性とからんで注意を要する)。そうした弱さをカバーするためにも自己を前例のない日本国王として位置づけることがどうしても必要なのである」(『日本中世の社会と国家』一一四〜一四五頁)と述べています。

つまり、室町幕府による中世国家の再編として評価し、封建的主従制による権力編成で全国統合したものとして、足利義満政権を「封建王権」と規定します。そこでの「主君権の弱体性」は、国人層が家権力による所領支配での自立性を確保しているためであるとして、国人領主制の存在を高く評価します。したがって、この時期に荘園制解体が進行して、むしろ加地子《かじし》収取権による小領主制が台頭して下克上《げこくじょう》の社会となるとします。

d 戦国時代の中世国家＝大名領国を下位の国家とする複合国家論

「個々の大名領国はそれなりに一箇の地域国家といわなければならない。……戦国時代の日本の国家は大名領国を下位の国家とする複合国家という他はない」(『日本中世の社会と国家』一七九〜一八〇頁)とします。つまり、戦国大名領国制の国家史的特徴は、実力による領域支配であり、もはや荘園制的職秩序とは別世界になっていると規定します。大名領国制論といわれるゆえんです。

(2) 中世国家論をめぐる永原・黒田論争

このように永原さんの中世国家論は、中世前期では官職制や国家による荘園制の保障という論理を重視します。中世後期においては領主制・主従制による権力編成を重視し、国家権力による荘園制の再編という問題は、考察外におかれているという特徴を指摘することができると思います。したがって、黒田《くろだ》俊雄《としお》の権門体制論や藤木《ふじき》久志《ひさし》氏の戦国期荘園制論などと激しい論争が展開されます。『シンポジウム日本歴史7　中世国家論』(学生社、一九七四年)などによると、そこでの論点は、

a　国家論の独自課題はなにか
b　国家自体が収奪の主体であるのか否か
c　公家と在地領主の階級的性格をめぐる評価
d　室町期の権門をめぐる評価
e　解体期荘園制の評価
f　戦国大名の守護職をめぐる評価
g　国人領の重視と下からの公共性の組織化

などであり、それらが検討課題になっていたと考えます。

（3） 網野善彦「荘園公領制」論と中田薫における中世国家論の欠如

荘園制の国家的性格を強調する点で、永原説と網野善彦説とは類似していると評価されていますが、私は根本的に大きく対立する論理構造をもっていると思っています。

網野善彦「荘園公領制の形成と構造」（『土地制度史Ⅰ』山川出版社、一九七三年）は、「十二世紀以降の荘園と公領は、もはや異質な対立するものではなく、本質的には同質といっても過言ではない。したがって、いま私的といい国家的といった性格は荘園・公領の双方にそれぞれ貫徹しているとみなさなくてはならない」（一七三頁）として「荘園公領制という用語を便宜的にもちいた」と述べます。永原さん自身もこの「荘園公領制」という用語をつかっていますが、多くの研究者が自分の都合のよいように理解して使用したことから一世を風靡した用語になってしまいました。

しかし、網野さんはその当初から永原説とは厳しく矛盾することを自覚していました。なぜなら、この論文のなかですでに「十二世紀〜十三世紀に荘園制の最盛期を見出し、十四世紀をその崩壊期とみる有力な学説からすれば（永原慶二『日本の中世社会』）、これまでのべてきた見方は基本的に成り立たぬことになる」（一七四頁）と明言していることからもあきらかです。

永原説・網野説の根本的対立点

永原説では、国司《こくし》・国衙《こくが》・留守所・在庁名・国衙領や一国平均役《いっこくへいきんやく》・段銭《たんせん》などは、官職制による国家支配の基盤として理解されています。統治機構という国家論の領域にかかる問題となっています。しかし、網野説では、国司・国衙・留守所・在庁名などは荘園制との類似性だけが強調され、荘園制下の本家職《ほんけしき》・領家職《りょうけしき》・下司職《げし(す)しき》・名主職《みょうしゅしき》の体系が、知行国主による職《しき》の体系の問題と同一視されています。したがって、網野説では、中世国家による統治組織論は研究の対象になることはありません。王権論はあっても、中世国家論はないのが網野説の特徴なのです。

第二に、永原説では、本所領家《ほんじょりょうけ》が賦課《ふか》する年貢・公事《くじ》は封建地代《ほうけんちだい》範疇で考えられています。網野説は、荘園と公領の同質性から、荘園・国衙領での年貢・公事は同一のもので「贈与・互酬、貸借の契約関係の一形態」だとし、「年貢公事は租税か地代か」という択一的な問題設定をして租税であると主張します（『日本中世の民衆像』〈岩波新書〉岩波書店、一九八〇年）。しかし、国家が対価なしに納税者に課するのが租税であり、土地所有に基づく収奪が地代であれば、両者は並存できるのは当然です。荘園年貢・公事が地代であり、中世国家が賦課する勅事《ちょくじ》・院事《いんじ》・国役《くにやく》・段銭などは租税としてなんら問題はありません。

第三に、永原説では、荘園領主による農民支配は荘園制、在地領主による農民支配は領主制、天皇・治天の君による農民支配とは職制国家論として、それぞれが次元の異なる支配権として区別して理論化されてきました。しかし、網野説ではすべて国家的性格をもつものとして一般化され、荘園制・領主制・天皇制の区別が「本質は同質」として三者の区別が曖昧化されるという特徴があります。

私は、以上の三点が、網野説の荘園公領制概念の大きな欠陥だと思っています。網野さんは、その点を自覚していたからこそ、永原説とは次元の異なるところで、王権論・異形の天皇制論を展開したのだと私は考えています。なお、中田薫『法制史論集』（全四巻、岩波書店、一九二六〜六四年）にも、国家論がまったく欠如しています。戦前には、国家を研究対象にする自由はなかったといわれますが、その問題だけに限定しえない法制史研究の問題点が存在するように思います。

最近、研究者のなかで、統治組織論を含むものとして荘園制論を議論する潮流が起きていることを「はじめに」で指摘しましたが、それは理論的には網野説の荘園公領制論に淵源があると私は考えております。今後、網野説の諸問題も、永原説との対比のなかでより明確にしていくことが、学説史研究や研究方法論の模索においても重要だと思います。

（4）永原荘園制論・中世国家論の成果と課題

永原さんの荘園制論・中世国家論が提起した研究課題が、その後の研究史のなかでどのように解決され、どのような課題を残しているのか、その点について触れなければなりません。しかし、それが難問で容易なことではありませんし、時間も能力もありません。以前に一九九〇年代の研究動向に触れたこともありますが（拙論「九〇年代日本中世史の研究動向と課題」『歴史評論』六一八、二〇〇一年）、簡単にしかも恣意的なまとめで恐縮ですが、気のついたことを箇条書きにしました。

・成立期の荘園制度と村落については、水野章二《みずのしょうじ》『日本中世の村落と荘園制』（校倉書房、二〇〇〇年）をはじめ、寄進論を批判して立券論《りつけんろん》を重視する川端新《かわばたしん》『荘園制成立史の研究』（思文閣出版、二〇〇〇年）や、職の体系論批判の高橋一樹《たかはしかずき》『中世荘園制と鎌倉幕府』（塙書房、二〇〇四年）が興味深い論点を提出していると思います。

・公家の階級的性格については、鎌倉・室町期における公家の歴史的性格を究明する研究が大きく進展しているように思います。近藤成一《こんどうしげかず》「中世王権の構造」（『歴史学研究』五七三、一九八七年）が公家・院も統治権支配と主従制支配の二面性をもつことをあきらかにしました。金井静香《かないしずか》『中世公家領の研究』（思文閣出版、一九九九年）

は公家社会の主従制的性格を指摘しています。本郷和人《ほんごうかずと》『中世朝廷訴訟の研究』（東京大学出版会、一九九五年）、本郷恵子《ほんごうけいこ》『中世公家政権の研究』（東京大学出版会、一九九八年）などによって幕府・武家政権と公家政権との類似性が解明されているように思います。

・室町期の幕府守護体制と京都の求心性に関して、将軍権力と奉公衆や管領細川氏との関係などについては、今《いま》谷明《たにあきら》『室町幕府解体過程の研究』（岩波書店、一九八五年）以降、急速に個別研究が蓄積され、山田邦明《やまだくにあき》『鎌倉府と関東』（校倉書房、一九九五年）、伊藤喜良《いとうきよし》『中世国家と東国・奥羽』（校倉書房、一九九九年）、川岡勉《かわおかつとむ》『室町幕府と守護権力』（吉川弘文館、二〇〇二年）、早島大祐《はやしまだいすけ》「中世後期社会と首都」（『日本史研究』四八七、二〇〇三年）などが蓄積されました。

御料所などの研究も進んでいますが、守護出銭や国役、禁裏《きんり》用途の幕府財政からの支出構造をはじめ室町殿と院との統合システムなどについては、なお未解明な課題になっていると思います。

・守護職や在地の公共性論では、地域社会論の進展とあわせて、榎原雅治《えばらまさはる》『日本中世地域社会の構造』（校倉書房、二〇〇一年）、田中克行《たなかかつゆき》『中世の惣村と文書』（山川出版社、一九九八年）が大きな成果をあげたように思います。ただ、在地における行政執行権力としての守護・国人・一揆・本所などの合力《ごうりき》システムなどについては課題が多いと思います。

・室町期荘園制論については、水野智之《みずのともゆき》「室町将軍による公家衆の家門安堵」（『史学雑誌』一〇六―一〇、一九九七年）、菅原正子《すがわらまさこ》『中世公家の経済と文化』（吉川弘文館、一九九八年）、岡野友彦《おかのともひこ》『中世久我家と久我家領荘園』（続群書類従完成会、二〇〇〇年）、国立歴史民俗博物館『室町期荘園制の研究』（『研究報告』一〇四、二〇〇三年）などによって、室町期に荘園制が再編成された様子が解明されはじめたといえるのではないでしょうか。なお、本所領とならぶ武家領・国人領の実態解明はなお未解明な課題になっていると思います。

・戦国期の荘園制論と侍論では、稲葉《いなば》継陽《つぐはる》『戦国時代の荘園制と村落』（校倉書房、一九九八年）、『講座日本荘園史4　荘園の解体』（吉川弘文館、一九九九年）、湯《ゆ》浅治久《あさはるひさ》『中世後期の地域と在地領主』（吉川弘文館、二〇〇二年）などがあります。

・室町・戦国期の天皇論・朝廷政治論では、今谷明『室町の王権』〈中公新書〉（中央公論、一九九〇年）、『戦国大名と天皇』（福武書店、一九九二年）、『信長と天皇』〈現代新書〉（講談社、一九九二年）のあと、脇田《わきた》晴子《はるこ》『天皇と中世文化』（吉川弘文館、二〇〇三年）、池享《いけすすむ》『戦国・織豊期の武家と天皇』（校倉書房、二〇〇三年）などが蓄積されています。なお、室町・戦国期の京都寺社や天皇・公家の財政実態や幕府・大名との相互関係については、なお今後の検討課題だと思います。

こうしてみると、中世史研究の世界でも、永原説がつくられた時代からみると、学界の共通財産になった史実や方法論はきわめて豊かになったことがわかります。永原説に代わるような総合的な荘園制論・中世国家論の体系性が求められているといえますが、道遠しの感がするとともに、改めて永原さんの学問の体系性と偉大さを再認識させられます。

むすびに

以上の検討から、永原荘園制論・国家論の残された大きな課題について、私は二つの点を指摘しないわけにはいきません。

ひとつは、中世後期における中世国家と荘園制論との関係をあきらかにする課題です。成立・展開期において、職制国家が荘園制を保障していたのであれば、解体期とされる南北朝・室町期において、中世国家権力が荘園制を維持・再編する政策を実施したと考えるのが、論理的必然だと思います。たとえば、鎌倉期までは領家職や下司職を安堵・給付するのは本所の権限ですが、観応《かんのう》・文和《ぶんな》年間には、軍勢発向の諸国で本所領と武家領の分割政策が幕府と北朝によってとられたのにともなって、光厳上皇《こうごんじょうこう》が院宣《いんぜん》によって本所の反対を押し切って領家職を幕府と結ぶ日野時光《ひのときみつ》に安堵する事例があります（『園太暦《えんたいりゃく》』貞和《じょうわ》五年二月十八日条）。後光厳《ごこうごん》上皇が領家職を日野資教《すけのり》に安堵する院宣を出して、領家職となった日野資教が請文《うけぶみ》を本所の九条経教《くじょうつねのり》に提出している事例も出てきます（九条家文書）。

これはあきらかに、本所権の位置づけが、室町期の国家論のなかで変質していたことを示すものにほかなりません。室町殿と院との合議で院宣・綸旨《りんじ》が出される事例が多くあります。あらためて、室町期における天皇家と将軍家の統合機構・財政機構の具体的解明が、荘園制論上でも、国家論の上でも重要で急務の検討課題になっているように思います。

もうひとつは、請負制《うけおいせい》と債権の構造を解明する課題です。戦前から戦後の荘園制論において地頭請《じとううけ》・守護請《しゅごうけ》が大きな課題になっており、永原さんも請負代官制《うけおいだいかんせい》の解明が重要課題と提起しています。佐藤進一《さとうしんいち》氏の中世国家論においても、官司《かんし》請負制《うけおいせい》の解明が重要だと指摘されています。ですが、前近代の請負制とは一体いかなる権利関係なのでしょうか。

請負制は、年貢公事の収取論であるとともに「もの」の出納《すいとう》・請取関係でもあり、貸借関係でもあります。したがって、中世の請負制は近代的な請負契約とどのように歴史的性格を異にするのか。なにより社会経済史の問題としても解明されなければならない問題だと思います。これまでの研究では、新田英治《にったひではる》氏の年貢来納を前提にした代官請負論や、久留島典子《くるしまのりこ》氏の代納請負論《だいのうけおいろん》など現象面が提起されているにすぎません。古代中世での請負契約で取引されるものは物権なのか債権なのか、いかなる権利関係なのか。それは近代的私的所有権を前提にした市場経済原理で解釈しうる関係なのか、それとも前近代社会固有の経済原理で機能する関係なのか、請負契約を破棄した場合にはいかなる封建的諸権利によって処理されるのか、次々に疑問が浮かんできます。

拙論「中世借用状の成立と質券之法」(『史学雑誌』一一一―一、二〇〇二年)や「中世請取状と貸借関係」(『史学雑誌』一一三―二、二〇〇四年)は、そうした問題にとりくもうとしたもので、近代社会とは異質な前近代社会特有の経済慣行や原理を解明しようとした試論です。永原さんの土地所有論とは違った次元ですが、前近代における農民の権利関係の解明という研究課題を継承したいものと考えて、今後も研究を深めて行きたいと念願しています。

以上、不十分な報告で恐縮ですが、私の報告を終わります。ご清聴ありがとうございました。

(いはら・けさお)

三　永原慶二氏の大名領国制論

池上裕子
（成蹊大学教授）

長島城跡を訪れたときの一齣
永原先生と池上裕子氏（年次不明）

永原慶二さんは、戦後一貫して日本中世史の研究をリードしてきましたが、その歴史像は、古代から近代までの歴史を一人で書くことができるほどの一貫した通史像をもって提示されたものです。永原さんは中世を前期と後期に分け、前期の体制概念を「荘園制《しょうえんせい》」、後期の体制概念を「大名領国制《だいみょうりょうごくせい》」とする独自の歴史像を示し、中世史研究に大きな影響を与えてきました。

以下では後者の「大名領国制」について述べますが、まず永原さんの中世史研究、中世史像の特徴について概略を、次に「大名領国制」の内容について述べ、最後に永原さんの研究を受け継ぎ発展させる上での課題について触れたいと思います。

1　研究の特徴

永原さんの研究の特徴として以下の四点をあげたいと思います。そして、それに関して、二〇〇一年のインタビューでの永原さんの発言を添えておきます。それは、ご自身の中世史研究や大名領国制論に関わる最新の見解を示すものとみられるからです（インタビューの記録は『歴史評論』六三二〈二〇〇二年一二月号〉から六三四〈二〇〇三年二月号〉に連載、本書Ⅰ―一に転載）。

a　封建制研究として中世史研究をはじめる

「残存する半封建的諸関係をいかに克服するかというのが戦後の実践課題でした。……そういう封建的なるものの歴史的な実体といったもの、封建制の全過程といってもいい、封建制の生成から展開、死滅にいたる全過程を実証的かつ理論的に捉えてみたい」(『歴史評論』六三三、本書二三頁)と考えたと、述べています。敗戦後の二〇年余は中世史・近世史ともに封建制研究が課題の時代でした。永原さんは以前から近世史や地租改正《ちそかいせい》の研究もなさっていて、そこから封建制研究としての中世史研究に進みました。

b　中世社会・封建制の展開（発展）を在地領主制の展開を基軸としてとらえる

この点が永原説のもっとも重要な点で、社会構成体としての封建制を構成する基本的なウクラード(生産様式の型)を領主―農奴《のうど》(小経営農民)関係ととらえることによります。この場合の領主は在地領主です。「荘園制を封建領主的土地所有とみる立場を僕はとらなかった。自立的な在地領主制的土地所有が本格的に展開してくることと、小経営とは対応的関係で封建的生産関係を形成すると考えた」(『歴史評論』六三三、本書二三頁)からです。

c　中世を南北朝期を画期として二段階に分け、中世前期＝荘園制（職制国家、家産官僚制国家）、後期＝大名領国制（封建国家、領国制国家）段階ととらえる

「中世の前期と後期との違いを定式化しようという意識を、僕は『日本の中世社会』(岩波書店、一九六八年)というのを書いた時から強くもつようになった」(『歴史評論』六三三、本書三四頁)、「ウクラード論だけではなくて、社会構造論、国家論からみても中世は二段階論をとらざるを得ないと考えた。もちろんその二段階を一貫して貫く「在地領

主制」が中世前後期を一つの時代として規定する基本であるわけですが」（『歴史評論』六三三、本書三一頁）と述べています。

d　基本的枠組みは『日本封建社会論』でできている

基本的枠組みは『日本封建社会論』（東京大学出版会、一九五五年）でできており、その後、前記のｂｃに関わる基本的な枠組みの大きな変化はありませんが、重点の移動（一九六〇年代前半までは基本ウクラード論、六〇年代後半から構造論、国家論へ）と、他の研究者の成果への積極的対処により、いくらかの変化はみられます（過渡的経営体など）＊。そして、それらを通じて、理論的でかつ、あらゆる具体的事象を包摂できる総合的で動態的な歴史像を提示されましたが、その基底に社会構成体論、発展段階論の視点（方法）を堅持されました（ａと関連）。

＊　初期は安良城《あらき》盛昭《もりあき》説・石母田《いしもだ》正《しょう》説の影響が強い。「封建制を人類史的性格をもつカテゴリーと考え、その基礎は農奴制だと考えた。これはもちろん安良城君の家父長的奴隷制論、あの有名な論文「太閤検地の歴史的前提」にも刺激されたものですが、やはり石母田さんの『中世的世界の形成』にみちびかれていた面がもっとも強いものです」（『歴史評論』六三三、本書二三頁）。しかし、六〇年に永原さんは「過渡的経営体」論を展開して（「農奴制形成史の若干の論点」『日本封建制成立過程の研究』第六論文）、両者を批判するとともに、それまで重視していた家父長制的奴隷制の規定性を限定的に捉えることとなり、大きな転機になりました。けれども、安良城説・石母田説は永原説のベースになっています。

2　「大名領国制」概念

永原さんは、南北朝内乱を転機として荘園制（職《しき》の秩序）は本格的な解体過程に入り、大名領国制段階に移行するとみています。ただし南北朝期を荘園制の最終的消滅の画期とはしませんで、最終的消滅は太閤検地《たいこうけんち》によるとみていますから、この荘園制の消滅・解体期に関しては、安良城説や中世荘園制説と共通性があります。

南北朝期~戦国期の中世後期は社会構成史的には封建社会の発展期で、その時代の体制概念が大名領国制であり、守護領国制《しゅごりょうごくせい》段階と戦国大名領国制段階からなるといいます。その前代と異なるもっとも重要な点は、

① 社会の基底に小農経営《しょうのう》が展開していること、

② 封建的土地所有の基本的担い手である在地領主層が封建的な領域支配者として自己を形成・発展させていくこと、

③ 在地領主制を基礎とする封建的主従制が国家権力の編成に一元的に貫徹していること、

の三点で、これを時代の基本動向とみる体制概念です。したがって、それらは確立段階にあるものではなく、展開・発展過程にあるものです。在地領主制を基軸として構成されていますから、近世の集権的封建制に対し、分権的封建制段階であるといいます。

国家論に関しては次のように述べています。「中世の後期は地域がそれぞれ公的支配領域として自立する方向が進む。国人の領域だって、戦国大名の領域だって、将軍の支配と直接実質的な関係はない」(『歴史評論』六三三、本書四一頁)、「自分の立場を他者に納得させるために、伝統・文化に裏づけられた権威を利用しようとする。しかし、天皇・将軍の国家支配の権能が実際に作動したとは思えない」(強制力がないから)とし、領域支配の自立性を説いています(『歴史評論』六三三、本書四二頁)。しかし、無限定な自立論はとりません。「南北朝以降はそういう職制国家的体制は崩れて、地域国家とその連合体としての日本国という二重構造国家に変わってゆく」(『歴史評論』六三三、本書三一頁)、「統合の問題を抜きにした国家論には賛成できない。やはり「日本国」というのはある。だからこそ「天下」

が問題になる。地域「国家」と「天下」の複合構造としてしか中世後期の社会・国家構造は説明できない」（『歴史評論』六三三、本書三四頁）とも述べられています。中世も近世も二重構造国家という共通面をもつ点を重視します。

以上のような永原さんの考え方は、マルクスの『資本論』に「日本はその土地所有の純封建的組織とその発達した小農民経営とによって、たいていはブルジョア的先入見にとらわれている我々のすべての歴史書よりもはるかに忠実なヨーロッパの中世像を示してくれる」とあることをふまえたものです。この文は、近世の幕藩領主、小農民経営について述べたもので、それが封建制の社会の到達点ととらえられますから、中世後期はそこに向かっていく発展過程と位置づけることになるわけです。この文中の「小農民経営」に対応するものとして前記の①が、「土地所有の純封建的組織」に対応すべきものとして、②③が重視されることになり、後者については具体的には領域支配者としての守護大名・国人・戦国大名の出現が重要になるわけです。

＊　初出の『歴史評論』六三三では、「自分の立場を他者に納得させるために、伝統・文化に裏づけられた……」とあり、永原慶二『年譜・著作目録・私の中世史研究』〈私家版〉所収に際し、永原さんの手で「伝統的国制や文化に裏づけられた」と改められている。

＊＊　初出の『歴史評論』六三三では「天皇・将軍の国家支配の権能が……」とあり、右同様、「天皇・将軍・守護などの国家支配の権能が」と改められている。

3　荘園制から大名領国制への移行

まず、荘園制の解体過程における領主層の変化について。「重層的であると同時に散在的な所職《しょしき》所有体系という基本的特質をもつ中央貴族寺社の土地領有体制は、南北朝内乱期を画期として明確に解体過程に入る。荘園制所有の特質をもっとも原理的に示す本家職《ほんけしき》がまず広範に解体し、所職の重層性の否定＝「一円領」への移行、「武家領」の成立、散在所職《さんざいしょしき》の不知行化と所領の地域的集中化の進行、また、在地領主による代官請負の拡大等々という領有形態の一連の変化・編成替が進行する。それは同時に職《しき》秩序に規制されていた在地領主＝荘官《しょうかん》・地頭《じとう》層の領主的自立の進展、支配階級諸層間における剰余＝地代《ちだい》分配関係の転換が始まったことでもある」（「大名領国制の史的位置」『戦国期の政治経済構造』一三〇頁、初出は一九七五年）といいます。職《しき》の秩序の解体と在地領主の自立が重視されます。

農民（農奴）については、「その根底においては、荘園制下の基幹的経営体であった「名主的経営体」の変質が進行」し家父長制大経営の解体と小経営の展開があることが、移行をもたらす基底の変化として重視されます。それは小百姓層の「イエ」の成立と安定度の高まり、「イエ」連合としての惣型村落共同体の形成、広汎な農民層をふくんだ荘家一揆《しょうけいっき》・土一揆《つち(ど)いっき》の展開として現われます（同前書一三一頁）。背景には、集約経営による土地生産性の向上などと、それによる小経営の安定化と独立化、耕地に対する権利強化による農民的土地所有権の成立などがあるとされます。

そして領主―農民（農奴）関係においては「家父長制的家族共同体や複合家族の解体にともなって、一方の極に封建的小農が析出されると同時に、他方の極には小領主化した地侍的階層が形成され、それを基底として在地領主制が不断に拡大再生産されていることである。それは約言すれば、封建的階級分解の進行といってよい」という状況が指摘されます。「それによって荘園制的支配の土台は不断にほりくずされ、従来の在地領主は荘園制的規制から解放され、新興の地侍的小領主層を家臣団に掌握編成しつつ、国人領を形成してゆくのである。この過程は、たとい国人領主の地位・権利が形式上は職によって表示されるにしても、それは本来の職秩序から離脱し、自ら独自に地域支配体制をつくりあげてゆく性質のものであり、大名領国制は、いわばこのような国人領主の階級的連合の形態といってよいのである」(『大名領国制』二三九頁)とされます。

永原さんには、資本主義的生産関係(階級関係)の形成過程に比すべき、封建制的階級関係の形成過程を理論的に設定しようとの考えがあり、「封建的階級分解」という語はその点で重要なものです。

さて、永原さんの前記のような考え方に対しては、中世後期も荘園制社会とみる立場からの根強い批判があります。それに対しては、永原さんは次のように反論されています。「戦国期までをふくめて「荘園制社会」と規定すれば、中世は院政期という中世の成立期に既に確立している「荘園制」の一貫した衰退過程としてしか規定できないことになる。歴史的社会の基本性格の把握は、その時代を通じて発展する規定的社会関係を基軸として行なうべきであろう。その意味で私は「在地領主制」こそ中世を一貫する基軸的社会関係であり、その展開・成熟度を基準としつつ、領有体制の総体を把握する段階概念として、中世前期は在地領主制が支配にとって不可欠の存在となりながらなお職秩序によって一定の制約から免かれない水準の上に構成される「荘園制」(段階)、中世後期はそれが独自の発展をとげ、領域支配体制を展開する「大名領国制」(段階)と見る」(『戦国期の政治経済構造』一三一頁)。

4　大名領国制段階

(1)　守護領国制段階

大名領国制の第一の段階である守護領国制段階の特徴として、鎌倉期に比しての守護権限の拡大(下地遵行《したじじゅんぎょう》、闕所地《けっしょち》処分、半済《はんぜい》給付等々)により守護の領域(領国)支配者化が進むという点が重視されます。在地領主の家臣化や民事裁判権の行使、守護段銭《たんせん》の賦課《ふか》などが、鎌倉期と異なる室町期の守護の領国支配進展を示すことになります。他方で、国人による国人領の形成が進むこともこの段階を規定する不可欠の要素です。預所職《あずかりどころしき》など荘園所職を梃子にしながら、所職によらない所領拡大、独自の土地掌握、小領主層の家臣化（惣領制《そうりようせい》的武力機構を脱することを意味する）が領域支配の進展を示すとされています。

「室町期においては、領域的土地所有体制の実現をめざす、守護領国形成と国人領形成という、二つの動きが平行して進行しつつあった」。そして両者には「領域的土地所有の主導権をめぐる競合関係がつねに存在する」ので、それが戦国大名領形成の二つの道となるとして、次の段階への移行の必然性が説かれます（『戦国期の政治経済構造』一三七〜一三八頁）。

（2）戦国大名領国制段階

戦国争乱として現われる事象について、一五世紀後半から一六世紀にかけて、いたるところで小規模な、いわばコンミューン型の各級地域権力の簇生がみられ、中世国家体制の決定的な転換が進行するという位置づけを与え、そうした状況への対処を課題に戦国大名が登場するといいます（『日本中世の社会と国家』増補改訂版、一六〇〜一六一頁）。この段階を在地領主制の発展としてとらえるのが永原説の特徴です。「在地領主制のもっとも高度に広域的に組織化された段階、あるいは在地領主制の最終的歴史段階」とし、「ここにおいて在地領主制は、はじめて領域的世界の土地・人民、社会分業支配をひろく実現する独自の領国を形成しようとしたのである」（「大名領国制の構造」『戦国期の政治経済構造』五三〜五四頁、初出は一九七六年）といいます。そして、戦国大名による領域支配体制の進展を論理的かつ具体的に究明しました。

権力編成や政策の面ばかりでなく、広く戦国期の流通・経済構造の究明を合わせて行なって、政治と経済の両面から戦国大名領国制の構造を明らかにしました。それが『戦国期の政治経済構造』にまとめられています。経済について、顕著な経済発展―農業生産力の発展、青苧《あおそ》などの農産物加工の発展、ヨーロッパ人の来航や明・朝鮮との交通の拡大による鉄砲・金銀精錬・木綿などの生産諸技術の発展―と、物資流通・水陸運の発展の具体像を明らかにし、そのような発展段階に対応する体制が戦国大名領国制だというわけです。

その経済分野の究明は、戦国大名の存立基盤だけではなく、後述のようなこの大名領国制段階の「構造的総体」を明らかにしようという意図でなされたものでしょう。最後まで「構造的総体」の究明を使命として自覚されていたように思います。

しかし、究明の中心は領域支配者としての戦国大名に向けられていました。「戦国大名は惣型村落の自律的動きや中小領主層の地域一揆、周辺大名との領土戦争などのために、……生産諸力・経済的諸関係の掌握に対応する権力編成・統治体制づくりに専念した。新たに服属させた国人領主たち、またつぎつぎに成長、数を増してくる村々の小領主層をどのように編成するか、また自律性を強める百姓層をいかに支配するか。それらのための現実的な軍事・権力組織、支配のための制度と法、正統性と「合意」の確保等々、荘園公領制下には見られなかった新しい事態がきびしく要求されるのである。貫高制《かんだかせい》と、「国法」の創出がおそらく地域国家形成の核心であろう」(『戦国期の政治経済構造』二頁)。

戦国大名はそれらの課題に対応したが、構造矛盾のために大名領国制は自己を確立するのと同時併行的に近世大名制へ移行することになるといいます。その構造矛盾の中核的な問題は次の三つです。

① 断えざる封建的階層分化過程の中での農民闘争の展開(各地で。とくに一向一揆)

② 家臣団諸層の相対的自律性とそれによる叛乱の脅威（在地領主制の宿命）

③ 一六世紀における社会発展・政治的経済的諸条件の地域偏差、とくに畿内の経済的先進性（農業生産力、外国の商品・技術、求心性の強い全国流通網）

これに対応する、統一権力による矛盾の止揚は、次のようになされたとされます。

（A）「一職《いっしき》支配」＝「作合《つくりあい》否定」と石高制《こくだかせい》による剰余の大名権力による全面的把握→農民層の封建的階層分化の阻止→兵農分離《へいのうぶんり》による小領主層の権力側への編成、もしくは「百姓」身分化。

（B）石高制に基づく統一軍役《ぐんやく》、城下町集住と城わりによる家臣団の自立的領主権の否定と大名への権力集中。

（C）豊臣秀吉権力による畿内中央地帯の征服、後進大名領への天下統一の征服戦、自ら創出した石高制・兵農分離・一職支配の原則の後進大名領へのおしつけによる権力の徹底的な編成替え・安定化。これは大名間抗争による共倒れ防止と農民闘争抑止のもっとも合理的な道であった（同前書一五六〜一六一頁）。

こうして大名領国制は否定され、近世封建制が成立することになります。近世についての永原さんの見方を少し述べておきたいと思います。

研究の初期は安良城説に近似していまして、統一政権の政策について、単婚小家族の一般的創出を認め、戦国大名は家父長制的諸関係を利用したのに対し、戦国大名の諸限界を克服し封建社会確立期の政権にふさわしい政策をとったなどの評価を与えていました。しかし、安良城説は戦国期までを家父長的奴隷制の時代とし、封建制は豊臣政権期からとしましたから、近い面がありつつも、中世後期を封建制とみる永原さんとは決定的な違いがあります。

永原さんは二つの時代の封建制を、大名領国制段階は分権的封建制、近世は集権的封建制という語で区別し、両者の関係について、資本主義の発展段階論を用いて段階論的に位置づけました。すなわち、統一政権は、大名領国制の編成替を通じて、封建的土地所有の徹底的な集中を進め、幕藩領主によるその独占的体制を実現した。それは、幕藩領主による支配身分と土地領有権のいわば封建的〝独占段階〟である、と（同前書一六一頁）。

そして、封建制である二つの時代の共通性に関して、近世の「将軍＝幕府が封建的土地所有権を全国的規模で集中したという見解も生じてくる。……しかしいかに規制され、弱化されたとはいえ、大名は藩内に対し独自の軍事力と支配機構をもち、通常の状態においては相対的に独立した立場で土地・人民支配の権能を行使している。……幕藩制国家＝近世国家も、幕府＝中央国家と藩＝地域国家との二重構造として出来上がっていたことは否定できない」（『日本中世の社会と国家』増補改訂版、一九〇〜一九一頁）と述べています。

以上のように、永原さんは、荘園制とともに大名領国制についても、生成・発展・消滅を動態的にとらえました。中世と近世を封建制の時代と考える説のなかには、近世の成立を封建制の再編としてとらえる考えがありますが、永原さんは「再編」という語を使うことには慎重で、再編説にはくみしませんでした。

5　課　題

永原さんは新しい研究動向に絶えず注意を払い、それに積極的に対応しましたから、根幹は一貫していましても、重点の置き方や言い回しは時々に異なります。ですから、もっと細かく追っていけば、もっと多くを学べるのですが、この報告では研究の紹介はここまでにしまして、以下では、永原さんの研究の成果を受けとめ、中世・近世の研究を発展させていくための課題について、いくつかのことを述べたいと思います。

①「大名領国制」は中世後期の体制概念たりうるか

体制概念としての大名領国制は、個々の大名領国の構造とそこに「普遍的に成立し、先行する荘園制段階とは異なる政治・社会構造の性格」、および、相対的に自立性を保持した中・小の国人領や地域一揆的な地方権力、将軍・天皇らをも包摂する「構造的総体をとらえうる体制原理的な概念」とされています（『戦国期の政治経済構造』一二頁）。しかし、実際には個々の大名領国の構造をもとにした概念にとどまっていて、中世後期社会の「構造的総体」をとらえる概念にはなっていないように思われます。前記のような経済構造の究明はその概念化のための成果として重要ですが、現在のところは戦国大名の歴史的評価のために使われているという状況のように思われます。

けれども、そもそもマルクスの指摘を基にした封建制研究であり、幕藩領主が成立する前提としての領主制のあり方を探ること、それを概念化することが重要だと考えれば、多くの人が近世を幕藩制社会と言い習わしているのですから、永原さんの大名領国制概念はそれと対になる概念として、一つの到達点だといえると思います。問題は、ある時代を言い表す体制概念をどこに求めるのかということになりましょう。それは、中世史にも近世史にもひとしく突きつけられている問題だといわなければなりません。

なお、つけたりとして、戦国期は在地領主制の発展期といえるのか、という問題も考えてみたいと思います。

②「封建制」概念の検討

永原さんの中世史研究は封建制研究でありましたが、「封建制」概念の理解は研究者によって異なり、自明のものとはなっていません。基本的ウクラードを領主―農奴関係とすることは共通しているでしょうが、実際のどのような存在を農奴とするかについては意見が分かれていますし、それによって農奴に対する領主の実態も異なります。そもそも今日では、領主―農民関係の研究はあっても、それを封建制研究として行うという研究者はほとんどいません。「封建制」とはなにか、「封建制」概念は時代を言い表す体制概念として有効なのかどうかといった問題について、議論の必要がありましょう。それは、永原さんから後輩に課された宿題ではないでしょうか。

そうした問題を考えるにあたっての参考として、永原さんの『日本中世の社会と国家』（増改版）のなかの封建制の理解について、以下に少し紹介しておきたいと思います。

封建制支配の原初的形態（＝本質）は、「家父長的な性質の強い人対人の上下的権威＝恭順関係によって成り立っている」。法や制度、官僚制が成熟した形では存在せず、「非制度的、伝統的であり、直接的な人間関係であって、それだけに、その支配は「私」的な性格を本質としている」とされます。そして、「日本の場合、中央集権的な古代官職制国家によって「公」の立場が独占されており、封建制支配＝権力は「私」の立場から出発する他なかった」。そのため、「私」が「公」に転化する過程は抵抗が大きく困難であったといいます（一八〜一九頁）。その困難を乗り越えて「公」に転化したのは幕府・将軍・守護・戦国大名などです。

他方の農民に関しては、「中世の農民は、荘園公領制下でも、前述のように、在地領主の私的隷属化にくりこまれた「免家之下人」などを除けば、農民の基本部分は「百姓」身分であった。このような「百姓」の非私的隷属民的性格は大名領国制下でも継続していたから、「百姓」を支配できるのは、個々の「領主」（給人）ではなく、「公儀」でなければならないという論理が存在した」。幕藩制下の大名の転封の際、「農民は「公儀の御百姓」だから一人でも連れていってはならないという規定も、この「百姓」の存在原理を徹底させたものである」と述べられています（一七九頁）。

この書は、網野善彦氏が提起した天皇の問題を意識し、それを批判する立場から、天皇が支配の権能を失ったのになぜ存続したかという問題意識を下地として取り組んだ国家論の書ですから、その脈絡で読まなければなりませんが、それにしましても、このような「公」と「私」の理解については、大いに議論の余地があるでしょう。それも宿題として残されたのだと思われます。

もう一つ気になるのが、百姓身分の問題です。「公」（＝領域支配者）になれなかったとされる在地領主たちは中世後期において百姓を支配していなかったのでしょうか。中世後期に封建制が発展し、領主─農奴関係が展開するというときの領主と農奴は、守護・戦国大名と百姓（身分）なのでしょうか。

③　永原中世史像に対置できる中世史像（古代末〜近世初）の提示が求められる

永原説への批判者は多いが、永原さんのように政治・経済・社会のさまざまな事象や、農民（村）から天皇までの諸階層に目配りした総合的・動態的な歴史像をもった上での批判がなされているわけではありません。多くの中世史研究者は、永原さんと同じように、荘園制の成立から織豊政権の前までを中世とし、前期、後期という区分も用いています。永原説においてはそれらは理にかなったものですが、他の多くの人はなぜ同じ時代区分を用いるのでしょうか。どれだけ自覚的に用いているでしょうか。はたして、荘園制論で中世末までを描けるのでしょうか。あるいは戦国末までを中世として描く場合には、中世後期の時代像を言い表すキーワードは何でしょうか。

近年は領主制論（在地領主制論）が少数派になってきて、領主─農民関係を主軸とした領主制研究は活発とはいえません。しかし、領主制の研究そのものは中世史研究にとって不可欠の要素です。永原説への批判でもあった非農業民論や村落論・地域社会論は、永原説の欠を補うというようなものではなく、領主制論の欠陥を突いた研究であったといわなければなりません。実際の領主の支配にも限界があり、領主制論にも限界があったにちがいありません。しかし、非農業民論あるいは網野説だけで、または村落論中心で中世史像を描ききることもまたできないでしょう。少なくとも、現在までのところ、それに成功してはいないと思います。永原さんは在地領主をキーワードとしましたが、中世の時代像を構築できるキーワードとして、それに代わりうるものは何でしょうか。いわゆる「領主制論」を離れて、なお在地領主をキーワードとすることは本当に不適切なのでしょうか。検討してみる価値はあるように思いますが、いかがでしょうか。

主な永原慶二著作参照文献

『日本封建社会論』（東京大学出版会、一九五五年）。

『日本封建制成立過程の研究』（岩波書店、一九六一年）。

『大名領国制』〈大系日本歴史三〉（日本評論社、一九六七年）。

『日本の中世社会』（岩波書店、一九六八年）。

『日本中世社会構造の研究』（岩波書店、一九七三年）。

『戦国の動乱』〈日本の歴史一四〉（小学館、一九七五年）。

『日本中世の社会と国家　増補改訂版』（青木書店、一九九一年）。

『戦国期の政治経済構造』（岩波書店、一九九七年）。

『荘園』〈日本歴史叢書〉（吉川弘文館、一九九八年）。

「日本中世史と歴史学・歴史教育（1）（2）（3）」（『歴史評論』六三二～六三四、二〇〇二～二〇〇三年）。


（いけがみ・ひろこ）

III

永原慶二先生の思い出

一橋大学ゼミナリステンとの語らい
（1968 年 2 月，於自宅，175 頁写真と同日撮影）

Ⅲのうち、「一　お別れ式から」は、二〇〇四年七月二十日に如水会館で行われた「永原慶二さんお別れ式」での挨拶を原稿化していただいたものです。「二」以降は、勤務先の同僚、教え子、学会活動などで知り合った多くの方から寄せられた追悼文です。

一　お別れ式から

国立歴史民俗博物館 開館 20 周年記念講演

2003 年 11 月 17 日に行なわれたこの講演が，最後の講演となった．

追悼　永原慶二先生

脇田晴子
（城西国際大学客員教授）

諸先輩やもっと先生に近しい方々を差し置いて、私がお別れの挨拶を申しますのは、差し出がましいことです。しかし、先生はかって、新聞紙上に「僕の女友達」（『日本経済新聞』二〇〇三年一月十三日）と書いて下さったこともあり、先生への敬慕の気持ちを披瀝させていただきます。

一口で言えば、先生は端正な方でありました。容姿だけでなく、書かれる著述もそうだったと思います。書かれても喋られても明晰・的確、判断は果断、そして意外と正直・率直という方でした。先生は、石母田正先生以後の戦後中世史研究の大成者だと思います。ともすれば、理論倒れ、情熱過剰気味の歴史学が流行るなかで、先生の御研究は理論と実証のバランスが良くとれていて、明快な御意見のなかに諸研究が集大成されていました。私など、中世史のなかでも傍流の研究をやっていたものには、先生の御論著をよめば、中世史の到達点がわかるという灯台のような効果がありました。それは農村構造・荘園の職の体系から国家論まで見通した一貫した論理構成とともに、自給的家産経済論や女性史・部落史の御論文に見られるように、先生の広い射程距離のなかで、農村と商品経済、発展と差別という表裏両面で捉えられていたからです。

先生に抜刷などをお届けすると、いつもすぐに的を射たお返事をいただきました。私が流通主義だと批判を浴びていた時も、先生は肯定してくださいました。それは先生のお人柄の優しさということではなくて、先生の論理の包括性・柔軟性によるものだと思っています。それにもかかわらず、私は先生の「自給的家産経済論」について果敢な反論を出しました。それに対しても、先生はあっさりと寛容でありました。

思い返せば、先生にはじめてお葉書を貰ったのは、私が大学院を落ちて失意の時に、卒論を母校の雑誌に載せてもらって、お送りした時です。過褒の文面で「研究を続けるように」と励まして下さいました。私は感激してまた大学院を受けたのでしたが、数えてみれば先生はその時、三五歳。奥様の和子さんも研究を志しておられ、お嬢様お二人が生まれられた直後で、やはり女性研究者を育てたいと思っておられたからだと思います。またその一〇年後、戦国大名の総合研究を企画された時に私も入れていただきました。疎外感を強く持っていた私には、涙が零れるほど嬉しいことでした。そのころから一家で蓼科の山荘に毎夏お邪魔するようになりました。

折しも、アメリカのワシントン大学のコウゾウ・ヤマムラ氏から中世史のワークショップをやるからというご招待が舞い込みました。土地所有で先生、商業史で私ということです。一九七〇年安保のころで、私はずいぶん悩んだのでしたが、先生は意に介されず「行こう」と言って下さいました。しかし聞くところによると、「脇田さんとアベック旅行?」と消耗されていたという話です。結局、先方が和子さんや修も招待してくれたので、二夫婦弥次喜多道中が始まりました。先生は英語はお達者でしたが、少し方向音痴でいらっしゃった。私は心密かに、先生の弱点を見つけたと喜んだものでした。

そのころ和子さんや私たちは、女性史の総合研究を科学研究費で申請して、女性史総合研究会を組織するのですが、その時の先生のお力づけは大きいものでした。その成果として『日本女性史』（東京大学出版会、一九八二年）を出版する時も、私の脅迫に屈して「女性史から見る南北朝・室町期」を書いてくださいました。学術会議に出られる時も、私は「奥様と二人のお嬢さん三人の女性研究者に囲まれている先生は、女性研究者のために尽くすべき宿命がある」と脅しました。先生はにこやかに頷かれていましたが、学術会議の選挙のパンフレットにも書いていただいていました。

最後に作られた『年譜・著作目録・私の中世史研究』（私家版、本書八三頁に所収）の写真の最後のページに、御夫妻の金婚の晴れやかなお写真と、お嬢様がたの幼い時のお写真を載せられ、「今は惑星科学の研究者になりました」「今はドイツ帝国主義・アフリカ史の研究者になりました」とありました。私は「先生の愛情と満足度が出ています」とお礼状に書きましたが、亡くなられた今、思うことは、これは戦前育ちの先生が、はにかんで出された「幸せな家庭だったよ」という最後のメッセージだと思いました。

まだまだおやりになりたい御仕事はあったとは思いますが、書かれていた『苧麻《ちょま》・絹・木綿の社会史』（吉川弘文館、二〇〇四年）の初校校正までなさったそうで、『年譜・著作目録・私の中世史研究』を作られ、郵送の表書きまでご自分でなさっていました。「お別れ式」の段取りまで決めておられたとき、そういえば、御結婚のときも「結婚報告会」と書かれていて、首尾一貫して最後まで、その纏めをつけて亡くなられた、先生らしい御生涯に敬意を表したいと存じます。

（わきた・はるこ）

永原慶二先生と歴史学研究会

小谷汪之
（東京都立大学名誉教授）

永原慶二先生と歴史学研究会との関係は、長く、深い。戦争中、歴史学研究会はその活動を停止せざるをえなかったが、一九四七年に再建大会が開かれ、その五月には新しい委員会が発足した。永原先生も委員となったのだが、その時、先生はまだ二四歳の大学院生であった。その後、歴史学研究会と『歴史学研究』創刊以来の発行元であった岩波書店との間に問題が生じ、発行元が青木書店に代わった直後の一九六〇年、先生は編集長となって、この困難な時期の歴史学研究会を支えられた。

一九七〇年には、永原先生は歴史学研究会委員長となり、三年間続けられた。この時、まだ大学院生であった私も会務担当の委員となったので、先生の指揮下、いろいろと動き回ることになった。先生が委員長をしていた三年間は、歴史学研究会が長く抱え込んでいた問題や困難に一定の決着をつけ、安定した研究会組織に再編された画期であったということができる。歴史学研究会は永原委員長の下で、いわば近代化したのである。先生の委員長時代には、さまざまな改革が行われたが、なかでもその後の歴史学研究会の活動スタイルを方向付けたのは次の二つであった。

一つは『歴史学研究会四〇年のあゆみ』を作ったことである。歴史学研究会は一九三二年の創立であるが、それまで自らの歴史を編むということをしてこなかった。しかも、一九七二年には創立四〇周年を迎えようとしていた。それで、永原先生が音頭をとって、歴史学研究会四〇年の歴史を作ろうということになったのである。私たち若手の委員が中心になって、歴史学研究会の歴史に関する資料を探したが、その少なさは驚くほどであった。歴史研究団体でありながら、自らの歴史に関する資料を整理、保存するという作業をきちんとしてこなかったのである。まさに紺屋の白袴といったおもむきであった。それで、創立にかかわった人たちに集まってもらって、座談会を開き、創立当時のことどもを思い出してもらおうということになり、たしか、座談会を二回やったと思う。

歴史学研究会は、当時東京大学東洋史研究室の助手であった三島一先生が中心になって創立したので、当初は東洋史関係の人が多かった。座談会には、そういったその後の歴史学研究会とはあまり関係しなくなった人たちも出席して下さり、創立当時の話をいろいろと伺うことができた。しかし、それでも、創立に至る時間的過程ははっきりしなかった。その時、早稲田大学東洋史学科の松田寿雄先生が当時の日記を保存しているということで、そのなかから歴史学研究会創立にかかわる記載を抜き出していただいた。これによって、創立に至る過程がずいぶんとはっきりしたのであるが、それでもなお、創立は一九三二年十二月ということまでで、正確な日は分からなかった。この『歴史学研究会四〇年のあゆみ』の後は、一〇年ごとに『あゆみ』を刊行して、自らの一〇年間の活動を振り返るというのが歴史学研究会の活動スタイルとなった。

これと並んでその後の歴史学研究会の活動に大きな影響を与えたのは、『現代歴史学の成果と課題』の刊行であるが、これも永原先生の発案になるものであった。『歴史学研究』が岩波書店から発行されていた時代には、毎年その一つの号が「現代歴史学の成果と課題」という特集号となっていた。しかし、理由は分からないが、青木書店に発行元を変えた時から、この特集号が組まれなくなった。したがって、ここでも、歴史学研究会を歴史学研究全体の中に自ら位置付けるという作業が中断してしまっていたのである。永原先生はそれを好ましくない事態と認識していたので、六〇年代の一〇年間をひとまとめにして『現代歴史学の成果と課題』という書物として刊行することを提案されたのである。これは一九七四・七五年に青木書店から四巻本として刊行された。その構成を見てみると、第一巻「歴史理論・科学運動」、第二巻「共同体・奴隷制・封建制」、第三巻「市民革命から帝国主義の時代へ」、第四巻「ファッシズム・統一戦線・社会主義」となっている。世界史の総体的把握と変革のための歴史学を標榜する歴史学研究会らしい構成というべきだが、今日の歴史学研究の状況と比べる時、この三〇年間の変化の大きさに改めて驚かされる。この後、一〇年ごとに『現代歴史学の成果と課題』を刊行するというのが歴史学研究会の活動スタイルとなった（ただし、八〇年代には刊行されず、二〇〇〇年代になって、二〇年分を総括する全二巻の『現代歴史学の成果と課題　一九八〇―二〇〇〇』が青木書店から刊行された）。

このように、永原先生の委員長時代が歴史学研究会のその後の活動スタイルの多くを決定したといっても過言ではないのである。

（こたに・ひろゆき）

永原君を偲ぶ

菱刈隆永
（元都立八王子東高等学校校長）

一　お別れ式から

私が青山高樹町に移り住むようになって、青南小学校の四年大津学級に通うと、そのクラスに永原君が級長でいました。成績は抜群でしたし、運動もよくできたし、習字も大変上手なので、感心したものでした。

五年生の頃だったでしょうか、講談社から少年講談のシリーズが刊行され始め、永原君も同じ高樹町に住んでいましたので、下校の道々、お互いに『塚原卜伝』とか『荒木又右衛門』『後藤又兵衛』など、なにを読んだか、競争したものでした。これが、後年お互いに日本史をやるようになった遠因かもしれません。

小学校を卒業する時は、四クラスの総代で答辞を読んだのも君でした。小学校時代いつも頭があがらなかったのですが、唯一優越感を覚えたのは、卒業の時、演じた劇で、私が織田信長の役で、君は家来の役だったことです。

小学校を卒業すると、君は当時最も難関だった東京高等学校の付属中学に進学、私は府立一中に進み、一高に入る時一年浪人して、一九四三年十月、大学の国史学科に入学したときは、君はすでに三年生であり、しかもいわゆる学徒出陣で、十二月海軍に入団したのでした。大学で一緒に机を並べて学ぶ機会はありませんでした。敗戦の頃のことを、「私の八・一五前後」と題して、青南小学校同期卒業の会で、入学七〇年・喜寿記念で刊行した『私たちの八月十五日』に書いてくれました（本書八五〜八七頁所収）。

敗戦後、君は大学院に入学、史料編纂所に勤められるようになってからの君の学問的な活躍については、他の方に譲るとして、私は都立駒場高校の教師となり、また君に色々とお世話になりました。

自分のよく理解出来ない荘園の授業を補うために、「大山荘」を例にして生徒に話してもらったり、私どもの日本史教育研究会で企画刊行した新書判の「若い世代と語る日本の歴史」（評論社）に『荘園』（一九七八年刊）を書いてもらったりしました（これが、後に日本歴史叢書の『荘園』〈吉川弘文館、一九九八年〉に発展）また、全国大会や、東京の例会で何度か講演をしてもらったりしました。いつも気持ちよく引き受けてくれ、我々の質問にも親切に答えて下さり、大層刺激を受けました。

二〇〇〇年二月に、研究会の一会員の依頼で、T女学院高校の一年生に「大田荘」の話をしてもらいました。お孫さんの年齢の生徒たちにたのしく話してくださったそうです（「備後の国にあった大田荘の話」、『日本史教育研究』一四九〈二〇〇四年九月〉に講演要旨掲載）。むずかしい荘園の話を、高校一年生にもわかるように話すことのできる学者でした。

二〇〇三年十一月、国立歴史民俗博物館開館二十周年に際しての君の記念講演が聴けず、残念に思っていた翌正月、「左顎に悪性腫が生じ入院・手術、病院で正月を迎え云々」の挨拶状に「突然こんな次第となりました」と添書があり、大変驚いたのでした。しかし、五月の大津学級のクラス会には、出席の返事があり、まずは安堵していたところ、直前になって欠席する旨の連絡が入りました。

それで、改めて『20世紀日本の歴史学』（吉川弘文館、二〇〇三年刊）を読んでみたところ、二〇〇二年二月に書かれたものですが、これは遺言書であると思いました。そんなところに、六月二十四日『年譜・著作目録・私の中世史研究』（私家版）が、君のいつも見慣れた万年筆での宛名書きで送られてきました。これを読んで、覚悟して準備している様子を知り、感服に堪えませんでした。また、病床で、『苧麻《ちょま》・絹・木綿の社会史』（吉川弘文館、二〇〇四年）の原稿を纏め、初校の校正をしていたというのも、流石、永原君です。

君はいつもスマートでした。最後もスマートで、見事な別れという他ありません。しかし、こんなに早いとは。

今、私は一九九九年秋の菱刈文書との巡り会い以後、中世以来大隅国の一地方領主であった菱刈氏が、島津氏と争いつつ戦国時代も生き延び、遂に島津氏の軍門に降り、その家臣となり江戸時代後半には、家老職まで勤めるようになった歩みを、その文書によってたどっています。永原君も興味を示してくれたので、時々解読出来ない文書を、読んでもらったり、解釈してもらったりしていましたが、まだまだ聞きたいことが沢山あるのに、もはや君はいません。

嗚呼　悲しいかな。

（ひしかり・たかなが）

永原史学と教科書訴訟

藤木久志
（立教大学名誉教授）

永原先生と家永教科書訴訟の思い出を語るという、思いがけない機会をいただきました。この教科書訴訟で、証言の準備を先生とご一緒した思い出の一端などを、お話させていただきたいと存じます。

先生が教科書裁判の法廷で証言するという形で、じかにこの訴訟を担われたのは、①一九六九年十一月十四日の地裁、②八一年六月十五日の高裁と、二回であったかと存じます。六九年の第一回証言は、家永訴訟の提起から四年目のことで、主題は「日本史における天皇・民衆の地位」という大きなもので、教育界・法学界の証人と並んで、歴史学界を代表してのご証言でした。あたかも、あの歴史に残る杉本判決が、その翌七〇年七月十七日に出される、その直前のことでした。ご証言と判決の間に、緊密な関連のあったことが、切実に思われるのです。

先生ご自身も、この杉本判決直後に、その意義を評価された「歴史教育の自由のために」（『歴史学研究』三六五、一九七〇年）の末尾で、その喜びをこう語っておられたからです。

この判決が、教育の本質・教育と国家権力、学問の自由と教育の自由との関連、といった根源的な問題について、かつてない明確な法的見解を示したことに対し、深い敬意を払うとともに、原告の主張を支持して多少とも努力を重ねてきた者の一人として、心からのよろこびをおさえることができない。

なお、先生の歴史教育へのご発言は、この六九年の証言が初めてではなく、それに先立つ六八年九月に「歴史学と歴史教育」（『歴史学研究』三四〇、一九六八年）で、歴史教育の科学性や歴史学の客観性を、まっこうから論じて、早くから教科書訴訟を援護する、歴史学関係者の運動の先頭に立っておられたことが忘れられません。そのことを考えますと、杉本判決への先生のお喜びのお気持が、いっそうよく伝わってくるように思われます。

やがて七八年にまとめられた、先生の『歴史学叙説』（東京大学出版会）は、Ⅰ戦後歴史学論・Ⅱ歴史学方法論・Ⅲ歴史教育論という、三部・一五編から成っています。個々の執筆された時期に注目しますと、そのすべてが、最初のご証言の直前の六八年から七七年にかけて集中しています。この論集が、教科書訴訟と深く関わりつつ発せられた、一連の最初の問題提起の書であったことが、はっきりします。

しかし、ご年譜に収められた「私の中世史研究」のなかで、先生はこう率直に語って居られたことも、忘れることができません（本書所収、五三頁参照）。

僕は、研究者としての意識だけが強い若いころには、歴史教育の重要性がなかなかわからなかった。……やはり教科書検定の締め付けがでてきて、家永訴訟が提起され、支援活動で証言したり自分でも教科書を作ったりするようになり、歴史教育の重要性を強く感じるようになった。……歴史教育・歴史教科書には、学問的認識の到達点が単純明快化された形で示されるものです。……だから、歴史学のあり方、歴史教育のあり方がそこで根源的に問われている。家永教科書裁判で僕が深く学んだのはそういう問題です。……歴史教育が崩れると学問もだめになる。……

ついで二回目のご証言は、第二審の東京高裁で、最初のご証言から一二年後、主題は「歴史学と歴史教育」でした。この第二審は、検定で拒否された項目の正当性を立証するために、「歴史学関係者の会」が全力で取り組む、弁護団・学界の総力戦という様相となりました。それは、永原証言をその総論・先頭とし、九カ月をかけて全一〇人の証人があいついで証言するという、空前の闘いとなりました。ただ結果は、裁判官に再検定を行わせるという、きわめて不本意なものになりましたが……。

しかし歴史教育をめぐる先生のご活躍は、この証言で終わりはしませんでした。著作目録（本書、Ⅳ―二）によって振り返りますと、一九九〇年の『天皇制・新国家主義と歴史教育』（あゆみ出版）、二〇〇〇年の『〈自由主義史観〉批判』（岩波書店）、二〇〇一年の『歴史教科書をどうつくるか』（岩波書店）、二〇〇三年の『20世紀日本の歴史学』（吉川弘文館）、同年編の『家永三郎の残したもの引き継ぐもの』（日本評論社）というように、鋭い社会的なご発言は、止まるところを知りませんでした。

「歴史教育が崩れると学問もだめになる」という、歴史学への先生の深い危機感とご熱意に、あらためて心うたれる思いです。

（ふじき・ひさし）

永原慶二君の思い出

吉谷　泉

永原慶二君は、一九三五年、東京高等学校尋常科（当時の中学校に相当）に入学して以来、七〇年に及ぶ大事な友でした。中学一年といえば、子どものようなもので、その頃から、お互いにじゃれ合いながら、それぞれに何時の間にか八二にもなったなと笑い合ってきた仲です。

身体頑健の人

戦前、ふたりは山岳部でしたので、数えきれないほど多くの山を歩きました。北アルプスの五竜岳など、雪と氷の時期の山はとくに思い出深いものがあります。軍隊に入る直前の山行としては、一九四三年の四月末には、二人で上高地の徳沢を明け方に出て、北アルプスの蝶ガ岳から燕岳を一日で縦走しました。途中、大天井岳の斜面をトラバースするのですが、午後遅くの雪面は凍り、スリップしたら命はないので、アイゼンをしっかりと踏み込み、慎重に歩いたことを忘れられません。燕岳の小屋につき、雪の中から天窓を掘り出し、小屋に入り、コッフェルで雪を溶かし、乾パンをおじやにして少量食べただけ、疲労ですぐ寝込んでしまいました。翌日は快晴、水がないので、食事もせず、山をかけおり、沢の水を馬が水を飲むように大量に飲んだことを覚えています。また四三年十月末から十一月初めにかけては、二人で中央アルプスを縦走しました。戦前、最後の山行でした。途中、空木岳のカールの岩小屋で霙《みぞれ》の一日を滞留し、ガンガン焚き火をしながら過ごしたことも鮮明な記憶です。いずれの山行も、二人だけでまったく人に会うことはなかった時代でした。装備は、今では想像できないほど重かったが、二人は獣のように自在に山を駆けることができる体力がありました。

永原君は東高の七年間、一日も学校を休んだことのないという記録保持者でした。その頑健さは、その後の彼の研究生活を支えたと思います。死の直前まで、著作を仕上げる活動をおこなう頑健さを維持していただけに、憎むべき癌は、彼を暴力的に私たちから奪ったとの思いを消すことができません。

研究活動の基礎は戦前につくられた

私たちが高校生になった一九三九年には、すでに学内には学生運動はなく、科学的社会主義の理論を学ぶことについて、系統的な学習の道筋を示す人もいませんでした。

当時、私たちは中世の仏教に関心をもち、永原君は日蓮についての小論文を書いたこともあります。いわば思想史を入り口として中世に関心を持ちはじめていた時に、私たちは石母田正さんの著作にめぐりあったのです。

これと同時並行して、永原君の小学校の同級生の井出洋君（戦後、日本共産党の国際部門で活躍）をつうじて羽仁五郎さんを知るようになり、『講座・日本資本主義発達史』を読むようになります。

私たちは、四二年に東京大学に入学しますが、東高の同級生であった潮見俊隆君（その後、東京大学社会科学研究所長となる）と私は当時、法学部助教授の川島武宜さんの私的なゼミに入り、その影響が永原君にも伝わります。とくに重要であったことは、レーニンの「ロシアにおける資本主義の発達」を学習したことです。

戦前、すでにマルクス、エンゲルス、レーニン、ブハーリンなど、マルクス主義文献はかなり邦訳されていました。しかし、私たちの大学入学時の前から、上記「講座」を含め、発行も流通も禁止されていました。しかし個人の蔵書もあり、危険をともないながら、これら文献をひそかに読むことは可能でした。このように、いくつかの水路をつうじて、私たちは科学的社会主義の理論に接し、観念的なものではあるが、理論の体系をもって世界と日本の歴史と社会について考える手掛かりをえたのです。

戦前、思想・学問の自由のない暗黒の時代でも、極めて狭い範囲ではあるけれども、科学的真理を求める努力がされていた、その一翼に若い永原君という学徒がおり、こうした戦前からの思想的理論的準備の上に、永原君をふくめての若い研究者の戦後の活発な研究活動が開花したのです。

敗戦直後のこと

二年近い軍隊生活の後、敗戦で私たちは再会しました。永原君の家は空襲で焼けたので、彼は私の家に来ました。

私の家は東大に近いということもあり、大勢の東高の同級生や後輩が来ました。私の家は、科学的社会主義の理論を砂漠の中での水のように求め、日本の社会変革のあるべき姿について考えたいと思う人びとの討論や学習の場として賑わいました。四年後輩の今は悪名の高い読売新聞社のナベツネも、中世史研究に新しい視点を拓き、永原君と生涯をかけて切磋琢磨することになる五年後輩の網野善彦君も来ました。これも、永原君の持っていた力のためだと思います。

その頃、私の家には、生け花の草月流の家元、勅使河原蒼風さんの一家も同居していましたが、絶えず大勢の学生たちが来るのに驚いていました。蒼風さんも、その後、映画監督になった勅使河原宏君も、家元をついだ霞君も、みな亡くなりました。そして永原君も、鬼籍の人となりました。

永原慶二君、長い間、友として楽しかった。志を同じくする者として励まし合ってきた。ありがとう。

（よしたに・いずみ）

永原先生の歴史学と史跡保存

服部英雄
（九州大学教授）

わたしは先生が東京大学文学部に出講されたときの受講生。れっきとした教え子のはずだったが、のちになっても「ハットリ君はそういうけど、ほんとうかね」と笑われた。先生は一九七八年（昭和五十三）から文化庁の文化財保護審議会第三専門調査会の委員になられた。この委員会は文化財のうち記念物（モニュメント、遺跡）保護を主管する。わたしもその年から文化庁記念物課に勤務した。委員を辞されたのは一九九四年（平成六）三月で、わたしも同じ時に異動した。文化庁の一六年間を先生とご一緒させていただいた。

文化庁史跡部会委員は宝月圭吾氏の後任だった。教科書問題だけでなく、一橋大学経済学部長として学長選挙方法をめぐって文部省と対立する立場にあったから、官僚の中には気にする人もいた。担当者が文化財の見識について説明し、上部を説得した。先生自身も「おなじ虎ノ門の建物に入るのでも、三階（初中局・検定課などがあった）と六階（文化庁）では、気分がちがう」といわれた。

先生はもともと荘園調査のパイオニア。現地保存には熱心だった。当時各県ごとの中世城館遺跡の検討会を始めて、順次指定を促進する方針だった。最初は静岡県・秋田県から始めた。足柄城（小山町）も国指定史跡の有力候補になったので、現地に行き、地元と折衝した。結果は不調だったが、さっそく交渉に行ったということで、喜んでくださった。

史跡部会長もお願いし、他の委員とともに各地へ史跡指定事前調査に行った。新潟県・村上城跡の調査で、先生は城下からは裏手にあたる東側、完成間近の国道バイパス側の中世遺構保存を強く訴えられた。村上市はその後、村上城跡保存整備委員会や市史編纂の座長までも先生にお願いした。永原先生の人柄に感じ入ったようだった。現地では、ある委員から近世以来の特産品・堆朱《ついしゅ》の工房をみたいと希望があって、かなりの時間、作業を見学した。終わって先生が盆を二つ所望された。ほかの先生方も、あわてて「私もこれを」。先生はあとで一つを「服部君、これを奥さんに」といわれた。気配りの人だった。その場限りのことが多い視察だが、いつまでも地元との交流が続くのは、知名度に加えた先生のお人柄ゆえである。

島根県益田市所在の三宅御《みやけお》土居《どい》の保存が問題になった。調整のための委員会を設置、建設省側から新谷《にいたに》洋二氏、文化財側からは永原先生に委員になっていただいた。新谷氏は文化財保護への見識やその著書もあり、お兄さんが東京高校時代の永原先生の友人ということで親密感はあった。城下・暁音《ぎょうおん》寺（増野《ましの》屋敷跡）曲がりの保存もおふたりの協議成果である。だが基本的立場がちがった。館跡を貫通する道路だけが完成し、文化財保護が進まない。膠着した事態の打開を先生は自身の責務とされた。亡くなられる直前、益田市・木原光さんが御土居（益田氏遺跡）の国史跡指定を報告した。ほんとうによかったし、先生も喜ばれた。

わたしは九州に移ったが、毎年益田でご一緒させていただき、楽しみだった。熊本県芦北町にある佐敷城シンポジウムで講演されたときは同じへやに宿泊させていただいた（石井進先生が亡くなられた直後であった）。先生から親しくお話を聞くことができた。

富士宝永爆発の話で強い印象を受けたのは脱「賤」した蓑笠之介である。先生の回想には周辺の「賤」視された人たちの話もあった。先生を背中に負ってくれた子守の女性への郷里御殿場での微妙な差別、青山牛坂の下の「イザリ」と呼ばれた障害者たち、新婚新居からさほど遠くはない場所にあった地図にはない地名で呼ばれていた貧民街……。身のまわりにあった多様な差別の歴史。聞く側は永原先生の生まれ持った歴史家としての資質を再認識した。

先生は唯物史観の発展に生涯を捧げた。語られる多くでは、網野善彦氏との対立が強調されている。だが、後世の人たちが先生の苧《からむし》・木綿研究を読んだ時、その距離を感じるだろうか。体調を崩した網野さんが外部との連絡を絶ったのちも、永原先生からの電話には本人が出られた。新婚家庭に学生服で遊びに来て、しばしば泊まられたという網野さんを回想して、「兄弟」のような関係と和子さんはいわれた。

先生は民衆の弱い立場を強調する。それは低生産力から出発する歴史観と関連し、たまに「講座派というのはそういうものだ」と客観的にいわれた。最後のお見舞いの折、二毛作起源に関する私見に言及くださって、「一年おきの休耕という「かたあらし」はたしかに不自然だけれど、二毛作がそんなに普及していたのかなぁ」といわれたが、同一基調と思う。その時は、あと、とうとうと苧麻《ちょま》について語られた。あまりに情熱的な口ぶりに、すっかりご回復を信じた。玉川上水に自生する苧麻や、生まれ育った地域に根ざす宝永爆発の歴史をきいていると、卓越した歴史家のみがもつ感性を強く感じた。憧憬の念とともに、いま心から先生と呼べる最後の人を失ったと痛感する。

（はっとり・ひでお）

永原慶二先生と尚史会

関口光章
（尚史会）

私たちは、ご退職後の先生の講義を聞く機会を得て、先生の明哲な歴史観とお人柄に惹かれて会を作り、以来一〇年余、月二回の例会で先生の教えを受けた二五人ばかりの日本史好きを自称するグループです。

今はない都民カレッジの受講募集の初日、昼近くに電話がつながっても、定員一杯でした。そんなことに無頓着げに先生は、手書きのレジュメと分厚の一次史料を配付されるのが常でした。のちに、一年か二年で後任の方に託すつもりだと述懐されましたが、私たちと事務局の強い懇望で、講義形式を演習形式に変え、平成六年（一九九四）から十一年まで出講されました。それは後北条氏関係の文書、東寺百合文書の新見荘関連文書を中心としての演習でありました。

その間、有志たちがお願いし、会をつくり、演習形式で結城家文書、九条政基公旅引付、秀吉文書と教えを受けました。担当の日は心地よい緊張感に包まれ、終れば爽やかな充足感に浸りました。御成敗式目、建武式目、足利義満などの都民カレッジのそれとで、中世の永原通史を学んだのでした。

演習では、頭注とか読み下し文に安易に頼ると、先生の解釈や判断が示され、時には影印本の一字一句を見逃さない厳しさを教えられました。不確かなことは、「後日の検討課題にしよう」と言われ、先生の権威をおだしになりませんでした。素人であり、かつ扱いにくいシルバー世代の私たちに対して、些細な質問にも丁寧に答えられ、そして時には誉めて戴き、男どもの僻みでしょうが、女性会員にはとくに御やさしかったのでした。

「歴史学は人畜無害の学問だよ」と冗談めかして言われる先生でしたが、教科書問題で世論の揺れた平成十三年、「史実の恣意的取捨、歪曲、隠蔽は許されぬ」、「本当に憤慨しているのだ」と真剣な眼差しで私たちに説かれました。

「君たちと歴史を楽しんでいるのだ、教えているのではない」が口癖で、遅刻もしないし、途中で居なくならない、それだけが「とり柄」の私たちを励まされるのでした。会でのお礼を固辞される先生が、平成十年十二月に金婚式を迎えられることを知り、お祝いの席を設けました。席上色紙に「史心を尚ぶ」とお書きになったので、それにちなんで尚史会《しょうしかい》の名前がつきました。

人生の最晩年、良き師たる先生とめぐり会え、教え子扱いをして頂き、楽しませて戴いたのは、実は私たちでした。ご自分の貴重な時間を私たちのために割いていただき、申し訳なかったと思います。先生の公平無私な、自分の力を出し惜しむときには優しく励まして下さる、歴史の師として、また人生の先輩、いや畏敬する兄として数々の教えを受けたと申せましょう。

学者一家でいらしたご家族のことを大事にされ、奥様自身の研究に十分な時間が確保できぬ結果となり、自分としても悔いが残るとか、研究で遅くなる日には奥様共々お孫さんの食事とお世話で泊まりに行かれるのでした。そして家族全員が協力し合わねば、それぞれの研究生活は成り立たないと、「今夜これを娘の家で読むのだ」とカバンを指さされた会の帰路でのお姿が脳裡に焼き付いています。そういえばお孫さんの安全な通学路をご自分で歩かれ、確かめられ、選択される徹底ぶりでした。ある道順をご一緒に歩いて候補に挙げたことも思い出します。

「君たちを学生に見立てるから」と言われ、『20世紀日本の歴史学』脱稿直前、先生は用意されたB4二枚の梗概を私たちに配られ、原稿もご覧にならず、第一章から終章まで講義されたのでした。私たちは刊行以前に、ご著書の中身に接する密かな喜びにもまして、大きく、そしてしっかりと構築されたご著書の枠組みと、理路整然たる個々の内容に、ただただ耳をそばだてた三回、六時間でした。梗概には、「二〇〇二、二　第六案」とありました。

年一度の日帰り旅行に続き、一泊旅行が実行されることになり、河野浦、一乗谷、菅浦、安土城、小浜、日根庄、今井町、根来寺と数年続きました。平成十五年十月には、没後出版された『苧麻《ちょま》・絹・木綿の社会史』（吉川弘文館、二〇〇四年）に関連して、先生はテレビの録画を含む膨大な史料を貸与され、旅行前の勉強会を致しました。この最後の旅行では十日町、津南町、小千谷、中条、奥山荘、村上城を訪れました。

雪の降り出した朝、早々と中止を決めますと、「自分は行けるよ」とやんわりたしなめられる先生ですから、風邪などでの休講は皆無でした。一泊旅行にもご参加いただいた先生の奥様が平成十五年十一月、例会に突然お出でになりました。緊急に入院、手術が決まったこと、くわしく病状を説明されるご配慮に、一同恐縮したのでした。先生の闘病生活を共にされた奥様の姿を拝見し、先生共々お世話になったことをおん礼申上げます。

四年間続いた「織田信長文書」の最後の例会に、手術後の小康を得られた先生が出席され、信長に関しての継続課題をお上手になられたワープロ・プリントにして配られました。それが平成十六年三月五日のことで、会にお出でいただいた最後でした。そして、来宅するようにとお電話があり、お邪魔したのが六月二十五日でした。会員一人一人の名前を記された『永原慶二 年譜・著作目録・私の中世史研究』(私家版)を頂戴し、「君たちとの写真も入れておいたよ」、「もう会には行けないよ」とも言われるのでした。

亡くなられてからしばらく先生の席にはいつもお茶が用意してありました。ある日、会の途中でそれを飲んでしまう者が出ました。先生の学力や、お人柄にあやかりたいと願ったのでしょうか。あるいは、もう先生の死を事実として認識しようと訴えたのでしょう。そして、会員は少し減りましたが、尚史会は今も続いております。例年のことなら今頃は蓼科の山荘に籠もっていらして、会も夏休みでした。私たちはいつまでも卒業したくない、永久留年の学生のつもりでしたので、とても残念です。でも、先生も私たち以上に、思いを残されたのかもしれません。本当に、本当に長い間ありがとうございました。

(せきぐち・みつあき)

二　一橋大学の友人・教え子たちの思い出

永原先生（中央）と一橋大学ゼミナリステン
（1968年2月，於自宅，151頁写真と同日撮影）

1　一橋大学の友人・同僚として

永原慶二先生、ありがとうございました

上條安規子
（元一橋大学歴史共同研究室助手）

永原先生の突然の御逝去に接し、ただただびっくり致し、とても悲しく涙が止りませんでした。と申しますのは、先生がお亡くなりになられる二週間ほど前、御自宅にお電話させて頂きました折、先生は割合お元気そうで、ゆっくりお話させて頂いたばかりでしたから。御病気になられわずか一年余りで突如逝かれてしまったことをとても悲しく、御見舞にも一度もお伺い出来ませんでしたことも本当に申し訳なく、心のこりでございます。

先生は、御病気になられたばかりの頃、たまたま同じような病気を患った私に、御病気のことを詳しくお話下さり、とても難しい、珍しい御病気と知りまして、御心配申し上げておりました。是非御見舞にお伺いしたいと思いつつ、私の体調が悪くとうとう適いませず、「お別れの式」にも出席出来ませず、お詫び申し上げるばかりでございます。先生の御冥福を心よりお祈り申し上げます。

私が先生と初めてお会いしたのは、一九六八年、一橋大学歴史共同研究室に助手として就職した時でした。一九八

六年に先生が御退官されるまで一八年間、室長であられた先生に並々ならぬお世話になりました。多くの御指導を頂きましたことを深く感謝致しております。またその間、随分我儘勝手な助手として御迷惑をお掛けしましたことも、今さらながら申し訳なく思うばかりでございます。そのなかで永原先生から特に忘れることの出来ない思いを頂戴致しましたことを記させて頂き、追悼とさせて頂きます。

一九七四年、癌に侵された私は、一年近く入院休職を余儀なくさせられ、大変御迷惑をお掛けしました。その時、研究室関係者が私の休職をめぐって議論され、その会議で先生は、「労働者としての権利は何人も剝奪することは出来ない」と強く主張され、庇って下さったと伺いまして、ただ感謝するばかりでした。先生の心暖かな御人格、理論と実践のみごとさを実感し、頭が下るばかりでした。今こうして自立して生きておれますことも先生のお陰と、感謝致しております。永原先生、ありがとうございました。安らかにお休み下さい。

（かみじょう・あきこ）

男の自立

菅野則子
（帝京大学教授）

「菅野さん、僕、この夏、男の自立を確立したよ」と、お辞めになる数年前の夏休み明け、研究室にいた私をつかまえて、いかにも誇らしげに語られた。一瞬、耳を疑ったが、やはり「男の自立」であった。

怪訝な顔をしている私を座らせて、一席ぶたれた。一カ月近く、別荘で一人で過ごすことが出来たこと、三食すべて自分で作り、後始末もきちんとしたこと、掃除洗濯もそれなりにこなしたことなどを話され、これで「男の自立」を確立したと締めくくられた。あまりにも真面目な顔で話されるので、何とも不思議な思いで聞き入ったことを思い出す。後日、和子夫人に行き会ったとき、先生が「〝男の自立を確立した〟と自慢されておられました」と申し上げると、夫人は思わず「やだわ、缶詰をはじめ色々の食料品を東京から送っていたのよ。ただ缶詰を開けて……」と。そうか、永原流「男の自立」とはこのような内容のものであったのかと、ひどく納得したことであった。

その頃、女性史研究が活発になり、「女の自立」が叫ばれ定着していったが、そのことの影響だったのだろうか。一時は、定年退職後のサラリーマンは、家庭内にあっては、何もすることが出来ず、ゴロゴロしていて邪魔者扱いされ、挙げ句に「粗大ゴミ」といわれたり、すべて妻に依存せざるをえず、外出するときにでも、夫は妻に付き従うような有様、それを称して「濡れ落ち葉」なんて言われていたころであった。

そんな社会状況を見聞されておられたこと、また御家庭では、女性に囲まれた生活をおくっておられたこともあってのことだろうか、「女の自立」をもじって「男の自立」を吹聴されたかったのかもしれない。いずれにしても、このようなかたちで、一夏の経験を表現されたところに、女性史や社会の動向を捉える永原先生の時代感覚を思う。

（二〇〇五年七月一五日、すがの・のりこ）

永原さんを偲ぶ

浜林正夫
（一橋大学名誉教授）

私の記憶の中でまっさきに浮かんでくる永原さんの姿は、教授会のときの様子です。別に席の指定があったわけではありませんが、いつも学部長席に向かって左側の前から二番目ぐらいの席に、きちんと座っておられました。「端然」という言葉がぴったりと当てはまるような座り方でした。あまり発言は多くはなかったと思いますが、発言されるときは的確で核心をつく発言でした。

いつのことだったか、忘れましたが、「講義のときに立ってしゃべるとふらふらすることがあるので、座って話すことにしている」といわれ、どこか具合の悪いところでもあるのかと心配した記憶があります。たしか、山梨の方へ講演に行かれて、途中でふらついたことがあったというようなことも、言っておられました。「こちらがふらつくと、聞いている方の士気に影響するからね」と笑っておられたのが印象的でした。松島栄一さんを偲ぶ会のときも、お話をされるのに「何かにつかまりたい」といわれ、大丈夫かなと思ったことがあります。

でもそれは別にお身体のどこかに故障があるということでもなさそうでした。一橋大学を辞められてからもお元気で、時々いろいろな会合でお会いしましたが、健康にはまったく心配なさそうで、安心していました。『20世紀日本の歴史学』（吉川弘文館、二〇〇三年）を出されたとき、「昔のことを知っている人には差し上げないことにしているから、あしからず」と言われたことを、思い出します。若い人に戦後歴史学を知ってもらいたいという気持ちだったのでしょうか。

皮膚がんで入院されたと聞いてびっくりしました。しかし、病院で最後の著作に手を入れ、ゲラ刷りまで見ておられたと聞いて、その熱意に敬服するとともに、ゆっくり休んでおられないのかなと心配もしました。

如水会館でお別れの会がありましたが、無宗教で飲み食いなしという、いかにも永原さんらしい謹厳な会でした。後でうかがったら、そういう形でやるように、というのがご自身の遺言だったとか。どこまで几帳面な人かと、おどろいた次第です。

（はまばやし・まさお）

志操と識見

安丸良夫
（一橋大学名誉教授）

一九五〇年代なかばまで、永原さんは東京大学の部局の枠を越えた農村合同調査に積極的にかかわってこられた。古島敏雄氏を中心とするグループだったが、福武直、加藤一郎、渡辺洋三、唄孝一などという、今日からは思いがけないような人たちもおなじ調査仲間だったとのことである。永原さんは、農地改革、寄生地主制、近世の商品生産などに関心をもっており、そうした関心は日本における封建制の展開や再編の問題などとして、古代史や中世史ともつながっていたのであろう。今日の私たちは、永原さんのことを日本中世史の専門家と思い込みやすいが、五〇年代まではそうした時代別の割り振りは必ずしも確定しておらず、六〇年代以降に時代別の専攻分野が「自立」したのである。

『20世紀日本の歴史学』(吉川弘文館、二〇〇三年)が、近代日本史学史を包括する名著となっているのは、永原さんの学問がはじめからこうした広い視野に立つ統一的な歴史像を目ざすものだったことに由来するのであろう。現在の私たちの研究状況からすれば、この書物に匹敵するような包括的・統一的な史学史論が書かれることは、近い将来には期待できそうもない。

この書物で永原さんは、一九六〇年代には各時代「それぞれの社会の基本的構造とその推移」の大枠について、「一定の共通認識」=「通説」のようなものが形成されたとのべている(一九八頁)。永原さんは実証と事実を重んじるから、その後も実証研究に進展があったことを認め、そうした研究を評価しているが、しかしそれは「通説」のいっそうのゆたかな肉づけや若干の修正ないし調整のようなものとして意味をもっていると、永原さんは考えていたはずである。そしてむしろ私たち後進の研究者たちが、自分のささやかな探求のなかで些末趣味に陥ったり非合理的なものにひかれたりして、歴史発展の大きな筋道を見失いがちだと危惧されていた。晩年の網野批判への執念も、網野批判という形を通しての私たち後進の者へのこうした立場からの戒めと励ましだったはずだと思う。

(やすまる・よしお)

われより祖となれ

中村政則
（一橋大学名誉教授）

一九六六年十月二日、私は永原先生ご夫妻の媒酌で結婚した。学部時代の私は、もともと西洋史の増田四郎ゼミに属していたが、明治維新以来の日本近代史を勉強したくて、永原ゼミへの出席を許されたのである。大学院博士課程修了と同時に、私は一橋大学専任講師の職を得たこともあって、すぐ結婚した。当時、増田先生は一橋大学学長の激職にあったので、媒酌人を永原先生にお願いし、快諾をえた。のちに先生は「僕が媒酌人をつとめたのは、君が最初であり、モーニングも今回新調したのさ」といわれた。また、「想い出」という寄せ書き集には、「われより祖となれ」と書いてくださった。この言葉は、日本近代史の先達井上清さんが永原氏に贈られたそうで、それを私にくださったのである。当時の私は、この言葉に若干身の引き締まる感じはしたものの、あまりに遠大な目標なので、ほとんど忘れかけていた。今回、追悼文を書くにあたって、家中を探し回ったら四〇年前の先生の筆跡が出てきた（本書口絵参照）。懐かしい。

当時の先生は、「職の体系」「過渡的経営体論」などを構想中だったと思う。学期末試験にも「荘園制の歴史的位置について論ぜよ」を出題された。日本封建制の成立を南北朝期に求めた先生の思考様式は一つの中間項、媒介項を求める点に特徴があった。そのころ私は「先生の思考様式はヘーゲルの媒介の論理に通じるものがある」といったら、にこりとされた。その嬉しそうな笑顔は、いまも忘れない。

私もついに古希をむかえる年齢になった。果たして「われより祖となれ」たのか、内心忸怩たるものがある。永原先生は、一橋大学定年後に大小ふくめて一三冊の著作を出されている。私が東京医科大学病院に見舞いに伺ったとき、先生はベッドの上に『米欧回覧実記』（岩波文庫、一九七七〜八二年）を置いていた。「全五巻を読み終えるのを生きる目標にしているのだ」といわれた。永原封建制論は、間違いなく日本近代を視野に入れて構想されていたのである。

（なかむら・まさのり）

2　永原先生に学んで——一橋大学永原ゼミ学部・大学院——

永原ゼミの二年間について

東　城　征　敏
（一九六一年卒業）

先生が一橋大学へ来られ、ゼミを担当されて二年目の一九五九年（昭和三十四）に学部のゼミテン（ゼミナリステン）になりました。数年後には、人気ゼミとして希望者を断る状況にまでなった永原ゼミですが、当時は、増田四郎ゼミとの掛け持ちの中村（政則）君を含め三名と少人数でした。このためもあって、前年より大学院のゼミで行っていた、

『中世法制史料集』（岩波書店）の室町幕府法を読むことから、スタートしました。前年から参加して、貞永式目を中心とする鎌倉幕府法を読んでこられた先輩方は、さほどの抵抗感もなく参加しておりました。しかし、前段階の知識もないまま参加した新入生には、漢文や文語体の文章を読むだけでも大変な苦労でした。まるで高校の古文の授業を受けているような感じでした。内容的には、鎌倉時代の武家社会の法体系に綻びが現われ、それを室町幕府がどのように補っていったかという観点からの逐条解釈でした。私にとっては、テキストを読むだけでも難しく、先輩についていくだけでもやっとだったと記憶しております。

次の年になり、後輩が六名（?）加わり、やっとゼミとしての体裁も整えられるようになりました。また、テーマも江戸時代後期の資本主義成立過程についての要望が強くなり、ゼミとしても時代を中世から近世へ転換することになりました。このためもあってか、教室内だけではなく、校外活動も取り入れ、八王子や津久井周辺の在地文書の実地調査も行うようになりました。

さらに、学問的な面だけではなく、大学の富浦寮へゼミ旅行に行き、卓球・麻雀などで楽しんだことに加え、近所の農家で、ビワの食べ放題をやり、先生も含め全員体中黄色くなったこと、ゼミの合間に、先生のお宅へお伺いして、奥様やお嬢様方とも親しく懇談させて頂いたことも楽しい想い出となっております。

（とうじょう・まさとし）

永原先生の思い出

若月挂二
（テクノンジャパン）

私が永原ゼミに入ったのは、一九六〇年四月のことで、きっかけの一つは、先生の著書『源頼朝』（岩波新書、一九五八年）だった。歴史における個人の位置付け、捉え方、そして歴史を総体としてどのように見るかに関する先生の明快な考え方に惹かれ、ゼミに参加できないかと思った。もっとも先生の専門領域である中世史を本格的に勉強しようという覚悟はなく、ただ歴史や経済史を勉強してみたいという、はなはだ漠然とした考えからだった。しかし、個人的には、先生がゼミのテーマとして、中世史ではなく、明治維新をテーマに設定してくれたことに今でも大変感謝している（テキストは遠山茂樹氏の『明治維新』岩波全書、一九五一年）。昨今のように、「歴史認識」という言葉が、日常的に政治的・外交的な問題として論議されるような時代の中で、明治維新以降の近現代史という文脈の中で、そうした問題を一市民として考える基礎ときっかけを永原ゼミおよび先生のさまざまな著書を通じて、得ることが出来たと思うからである。

もう一つの思い出は、山梨農村調査の経験である。安保闘争終焉後、大都市だけでなく、もっと農村社会の実態を知る必要があるとの問題意識から、永原ゼミをはじめ多くの方々が参加し、最初の年は、同県南巨摩郡増穂町最勝寺を根拠にして、合宿しつつ、さまざまな活動を行った。学問研究というレベルで我々ゼミナリステンが貢献できたことは、ほとんど皆無に近かったのではないかと現在でも忸怩たるものがあるが、我々にとって誠に得がたい経験であった。二〇〇二年四月に永原先生をはじめ、山口徹先生にも参加戴き、現地でゼミ会を開くことが出来たのも、懐かしい思いである。

先生は、当時戦時中のことに触れることは、めったになかったが（おそらく思い出すのも非常にきつい経験をされたためと想像するが）、今でも印象に残っていることがある。ある時、先生が最近読んだ本で感動した本として、阿川弘之作「雲の墓標」（『阿川弘之集』筑摩書房、一九六〇年）をあげたことがあった。その時私は、やや意外な感じをうけたことを記憶しているが、後に同書を読んで、先生が海軍予備学生として動員され、どのような思いでこの時期を過ごしたか、表面的ではあるが分かったような気がした。戦後、先生が専門の中世史研究で精力的に研究活動を行う一方で、家永裁判での証人活動をはじめ、教科書問題など歴史教育の分野でのさまざまな発言や著作を出され、また教育現場の教師に対しても積極的な活動を展開されたのも、こうした戦時中の経験が原動力の一つとなっているのではないかと思う。

（わかつき・けいじ）

歴史の捏造？

山田淳夫
（一九六三年卒業、元朝日新聞社勤務）

われわれがゼミテンのころ、先生はまだ助教授。若くてお元気だったから、学生たちの米軍基地反対デモにつきあって、一緒に立川基地の回りを歩いて下さったこともある。昂揚した六〇年安保後の虚脱状態のころだった。「僕らの年代には、戦争中、労農派には裏切られた気持ちが強い。だから抵抗した共産党のほうにシンパシーを感じる」とつぶやかれた言葉が耳に残っている。

ある日のゼミの後、相撲の話に花が咲いた。その昔、名横綱羽黒山のファンだった先生は、当時とんとん拍子で関脇になった弟子の羽黒花がごひいきだった。師匠ゆずりの吊りと豪快な上手投げが得意で、横綱の朝潮、若乃花を破って金星を上げたりした。「将来の横綱だね。大関には絶対なるよ」とのお見立てだったが、ケガで果たせなかった。

ゼミ旅行で筑波山に登ろうということになった。一行は三年生、四年生合わせて十数人。先生は、山登りで鍛えておられただけに健脚で、山というほどもない標高八七六メートルに音をあげる者さえいるのを尻目に、さっさと頂上を征服された。その日の宿は、ふもとの真壁の町。「旅館にはクルマで乗りつけるほうがいいんだ」とおっしゃる先生の言で、わざわざタクシーに分乗して到着する。

さて夜のコンパ。健脚の先生もさすがにお疲れで、アルコールが回られたのだろう。やおら立ち上がり、お酌をしていた仲居さんと抱き合ってダンスを踊り始められた。日ごろの先生らしからぬくだけた雰囲気に、ゼミテン一同大喜び。ところが酔って足がもつれたか、二人折り重なってどっと倒れ、はずみで仲居さんは頭を食卓にぶつけて切り、お相伴の酒が入っていたせいか、思いがけないほどの血が噴き出して大慌てに……。

——如水会館で開かれた喜寿のお祝いの席でこんなエピソードをご披露したら、奥様と並んで耳を傾けておられた先生、「キミ、歴史を捏造しちゃあ、いかんよ」と、ニヤニヤ笑いながらおっしゃった。

（やまだ・あつお）

師事、四〇年の間

松　元　宏
（横浜国立大学名誉教授）

昨年四月初めのこと、横浜国立大学の定年を迎えた私は、先生にご挨拶するため妻とともに久我山のお宅に参上した。その年のお正月、病院から一時帰宅されていた先生にお会いした時にくらべて、すっかりお元気になられて恢復のご様子、つい時間を忘れ二時間近くも長居をしてしまった。この機会が先生にお会いした最後になってしまった。私には一年経った今もあのお元気な師の姿しか浮かばない。

私が直接先生に師事したのは、一九六二年四月、一橋大学経済学部永原ゼミナールへ加入した時にはじまる。その夏の山梨県中巨摩郡の農村調査は、その後の道を決する基点として思い出される。先生のご指導で仕上がった調査報告書は、永原ゼミ共同論文第一号であった。大学院へ進学した際、近代地主制史研究を志したこともあり、当時一橋の併任教授に招かれていた古島敏雄先生のゼミを希望したところ、先生から言下に「君はぼくでいい」と申し渡された。確かめようもないが、私を古島先生に預けるには未熟過ぎるとお考えだったにちがいない。大学院時代のご指導に深く感謝申し上げるゆえんはここにある。その後、三井文庫研究員への就職、横浜国立大学助教授への転職など、私の人生の節目で先生からいただいた適切なご助言が、どんなに有益であったかはかり知れない。

八〇年代に入って、先生のご郷里富士東麓小山町にある永原別荘を、夏期に私ども共家族の利用に供して下さった。

間もなく始まった『小山町史』の編さんでご一緒することになったが、この十数年間が先生と最も緊密に過ごした時代であった。町史の遅滞に厳しい叱責を受けながらも、私は先生との師弟関係を初めてゆとりを持ってかみしめる年齢に達していた。私がお近くに小別荘を構えたのはその頃であった。託された宝永噴火研究会、永樹文庫のことを思いつつ、師のご冥福を心からお祈り申し上げる。

永樹忌に　雲海深し　道はるか

（二〇〇五年七月　富士小山にて記す）

（まつもと・ひろし）

贅沢な教師陣・至福の青春

楠本雅弘

（山形大学教授）

一九六二年四月、小平《こだいら》校舎の前期（教養）二年生に進級し、永原慶二・佐々木潤之介両先生と出会った。永原先生は当時前期部学務委員で、前期の学生研究誌『一橋』の編集を担当しておられた。応募した「日本農業における階層分化と協同化」という拙論が入選したので、執筆者校正をするようにと呼び出され、校正技法を教えてくださった。この縁で、梅ケ丘のお宅へ押しかけて夜遅くまでお話を聞くことができ、入門を決意した。

前期ゼミでは佐々木ゼミに入り、遠山茂樹『明治維新』（岩波全書、一九五一年）と『タウンゼント＝ハリスの日記』（原書講読演習の意味もあった）をテキストに一年間指導を受けた。日本経済史を専攻するなら「日本資本主義論争」をトレースしておくようにとの助言を受けた。

三年生になると永原ゼミへ。安保闘争の余韻もあってか前年度から志望者が急増、ゼミテンは一四名。増田四郎・増淵龍夫・山田欣吾ゼミなども満員で、「歴史ブーム」の様相を呈していた。

ゼミの夏休み前までの共通テキストは大内力他編『経済学』上下（宇野弘蔵編、角川全書、一九五六年）で、揖西光速他『日本における資本主義の発達』（東大新書、一九六七年）なども使った。夏休みの山梨県の農村調査がゼミの伝統で、三年生では春日居村の奥山源蔵家、四年生では山梨市正徳寺の根津嘉一郎家の地主文書や役場史料を調査し、学生研究誌『ヘルメス』に報告論文を分担執筆するのが慣例になっていた。

四年生の春休みには先生と高井紘司君と私の三人だけで一泊の予備調査に同行できたし、佐々木ゼミの若草町・広瀬和育家調査にも参加を許された。院生だった山口徹さんには、自主ゼミで指導を受けた。

卒論研究では、栗原百寿『農業危機の成立と発展』上下（白日書院、一九四九年）、星埜惇『日本農業構造の分析』（未来社、一九五五年）・同『日本農業発展の論理』（未来社、一九六〇年）を精読するようにとの指導をいただいた。

三・四年の二年間、毎週二日「日本経済史」の講義とゼミで指導を受け、佐々木潤之介「日本社会史」と古島敏雄「日本経済史特殊問題」を聴講することができ、良き師に恵まれた「至福の青春」であった。（くすもと・まさひろ）

一度だけのゼミ同期会

曽爾征男
（一九六六年卒ゼミ幹）

我々、一九六六年（昭和四十一）卒ゼミ生一四名は、緊張しながら永原ゼミの門を叩いた。当時、先生は東京大学史料編纂所から一橋大学に来られて間もない気鋭の助教授で、「ゼミは厳しいぞ」という評判であった。まず、大内力『日本経済論』上巻（東京大学出版会、一九六二年）を教材に日本資本主義の史的分析を批判的に学んだ後、農業・工業の二グループに分かれ、テーマ別の発表を行った。四年になってからは、卒論のテーマに沿って発表を進めたように記憶している。

教室以外でも、山梨県での史料調査、一橋祭発表、四万温泉ゼミ旅行、三商大（一橋大・神戸大・大阪市大）討論会などの行事が加わり充実した二年間であった。就職活動が始まる頃、先生は「君たちは社会科学を批判的に学んできた。社会に入って、それが直ぐに発揮出来るものではないが、仕事の上で仲間から信頼を得て、イザという大事の時には的確な行動をとるべきである。就職先として、自分の思想、能力を社会に影響を与える点で、前衛と後衛があるが、どちらを選ぶかは個人の条件による」と話された。ゼミ最後の席では「二年間学んで得た思想は、社会に出てもあらゆる誘惑に負けず磨き続け、重大な局面に到った時に判断を下す拠り所とせよ」、さらに卒業式の夜、ご自宅に招待され、「就職後、最初の五年間は自分に投資をすべく勉強せよ。すべからく、長期的視野をもって物事にあたれ」

との餞の言葉を戴いた。

卒業後、ゼミ生はそれぞれの道を歩んだが、ゼミ幹の怠慢により、永らく同期会を一度も開いていなかった。一九九九年三月、思い立って先生にお声を掛け、如水会館で開催した。全員は参加出来なかったが、三三年の星霜を経た顔ぶれが集まった。ほとんどが、第二の職場に移っていたが、学生時代に先生から教えを受けた事柄を実践出来たか否かは、各人の胸の内に聞くしかない。先生は実に若々しく、当時のゼミそのままの明快な論調に心地よい刺激を受けた。これからはたびたび開催しようと散会したが、先生とはもうお会い出来ない。本当に寂しい限りである。

（そじ・まさお）

永原先生と永原ゼミの思い出

土屋　勝
（一九六六年組ゼミテンを代表して）

我々一九六六年組（一九六八年卒）ゼミテンは、永原先生の一周忌にあたって追悼文集を作り、先生の霊前に捧げました。以下、この文集の中から各ゼミテンが語る恩師永原先生の思い出を引用・合成し、四〇代半ばの先生の面影を偲びました。

ゼミのテーマは近代農村史で、テキストの難解さ・ゼミ指導の厳しさと山梨農村調査が大切な思い出となっています。余談ですが、山梨調査で石和に宿泊した折のコンパで、先生を布団蒸しにしてしまいました。かねて皆で示し合わせたとおり、A君が先生の眼鏡をそれとなく取ったあと電灯を消し、B君が先生を首投げにして皆で押さえ込み、布団でグルグル巻いたのでした。先生は「もういい、わかった、わかった」と連発されました……。前よりも先生と我々との距離が近くなった気がしました。

何度もみんなでお宅まで押しかけたこと。折々のコンパ、一緒に歌った「小作争議の歌」、群馬薬師温泉親睦旅行、ソフトボール、ゼミ終了後の飲み屋。思い出は尽きません。卒業後も、先生ご夫妻に仲人をお願いしたり、ピンチのときにはアドバイスを受けたり、激励していただいたり。教え子には、とことんつきあってくれるやさしい先生でした。

ゼミテンは語っています。「卒業後、……ともすると資本の論理の「合理性」の説得力に動かされて、自分の考える基準が「ダッチロール」してしまう時、自分を引き戻してくれるアンカーのようなもの……」、「永原ゼミの二年間は私の人生観を根本的に変えた時代」、「こういう人生を創った事が私の学生時代の一つの所産であり、永原先生から受けた大きな財産」、「それぞれ多彩な生き方をしているゼミテンですが、それぞれの気持ちの根っこの部分にしっかり永原先生がいます。そして先生のゼミで教えをいただけたことは、我々みんなの誇りだと思っています」、「これからも、ゼミテンと先生との思い出を語れる機会があれば飲みつぶれるまで語り明かしたいものです」。

（つちや・まさる）

永原先生の初心

森　武麿
（一橋大学教授）

私は一九六〇年代に永原先生の学部ゼミに参加し、大学院ゼミを通して指導を受けたものです。ここでは、永原先生の戦後歴史学を志した「初心」を紹介したいと思います。それは二〇〇三年八月二十三日に第七回戦争遺跡保存全国シンポ宇佐大会での講演「戦争遺跡と歴史認識」です。

先生は東京帝国大学に入学し、文科系大学の徴兵猶予停止によって、一九四三年十二月十日に広島県大竹海兵団に入団し、本土決戦要員として四五年七月に鹿児島県鹿屋航空基地第一七一航空隊に属して、すぐ大分県戸次へ撤退し敗戦を迎えました。晩年の講演が大分県宇佐市であり、「戦争と歴史認識」に関するものであったことは、不思議な因縁です。

先生は、学部ゼミのコンパのときに、鹿屋航空基地に通信兵として配属された思い出を語ってくれました。若き学徒が特攻隊として東シナ海に突っ込んでいくとき、最後の別れの通信を基地で傍受していた、というのです。われわれゼミの学生は、声もなく先生の話を聞いていました。あのような悲惨な戦争を二度と繰り返してはならないという体験からくる先生の切実感に圧倒されたのです。

先生の大分での講演レジメを見ると「私の軍隊体験と私の歴史研究者としての心の原点」として次のように述べて

います。

「きけわだつみのこえ」に聞く親しい友人たちの声。死に至る一本道をあゆみ続けるしかない仲間たちの悲鳴、自己説得、怒り。「わだつみ」世代は自己と「国家」という観念的二極関係でしか現実を考えられず、戦争を具体的、歴史的に認識することはほとんどできなかった（私もまったく同じ一人）。若者に死を命ずる戦争とは何か。国家とは何か。そうした点を歴史認識の問題として、生き残った者が問い詰めていく義務がある。先生の歴史学は「わだつみ」世代として、終生この「義務」を果たし続けた結果だと思います。（もり・たけまろ）

永原先生の「鹿児島巡見」

黒瀬郁二
（鹿児島国際大学教授）

一橋大学時代の永原先生は、長く近代史ゼミを開講されており、一九六八年に私が学部ゼミに参加を許され、輪読したテキストも、柴垣和夫『日本金融資本分析』（東京大学出版会、一九六五年）であった。大学院を終え、私が鹿児島に赴任した後も、先生は、私にとって近代史研究のご教示を仰ぐ「歴史学者」であった。

「中世史家」としての先生と間近に接したのは、実に一九九二年のことである。先生は、講演に招かれて鶴丸城址の黎明館講堂の壇上におられた。演題は「太平記の時代と九州地方」（『中世動乱期に生きる』新日本出版社、一九九六年に収録）。沖縄戦下、鹿屋の海軍へ召集された先生は、格別な思いで鹿児島に来られたご様子であった。講演は戦争体験の話に始まり、やがて本題に入った。南北朝動乱期の社会のダイナミズムを、よどみなく理路整然と語られる口調に、しばし学生気分に浸った。

その講演会の前日、先生が若き日に、史料調査のため訪れたという入来町や蒲生町にご一緒した。入来の麓では、往時をしのばせる通りを散策しながら、「着物姿の妙齢の女性が、ふいに現れて来そうだな」といって、青年のような表情をされた。歴史資料館前では、地元の郷土史家である本田親虎氏が、九〇歳を過ぎた高齢にもかかわらず、館員らと立ち並んで先生を出迎えた。三十数年ぶりの再会という。戦後間もないころの先生の研究を垣間みるとともに、学界を越えた影響力の深さを感じる瞬間であった。

先生は、中世の渋谷（入来院）氏の城郭があった清色城址にも足を伸ばされた。「これは曲輪といって……」と、歩きながら山城の構造を懇切に解説して下さった。蒲生神社では、神職が解読を願いたいと、うやうやしく木箱から取り出した巻物を前に、「黒瀬君も読んでみるかい」と、私に中世文書の「口頭試問」を課した。思い返せば、あの日は「中世史家」としての先生が私に授けた、最初にして最後の「巡見」の一日となった。

（くろせ・ゆうじ）

私から見た永原先生の歴史学

春日　豊
（名古屋大学教授）

私は一九六九〜七三年の学部・大学院の四年間、永原ゼミで歴史学を学びました。社会学部所属でしたが、先生の前期講義（教養教育）に魅せられ、経済学部の先生にお願いして、三年生からの専門ゼミに参加させて頂きました。大学院に進み、歴史研究を本格的に始めた私に、先生はゼミ以外の場所でも、歴史学という学問の性格についてお話しになったし、また御自身の青春時代の思想的営みについても語ってくれました。私は、今振り返って、先生の思想・歴史学の核となっているのは、戦争体験にあったと思います。

先生は、「戦前の若者が北一輝に共鳴した心情を充分に理解できる」と話され、「自分も保田与重郎のロマン主義に心を持って行かれそうになった」と話されました。若者をファシズムと戦争に思想的に動員したこれらの思想に共鳴した自分を、先生は徹底的に自己分析したと思います。それを出発点に先生は、ロマン主義批判と客観的事実に基づく科学的歴史認識の重要性を痛切に学びとったと思います。

他方で、国民を被害・加害双方の不幸のどん底に落し込んだ戦争への批判を徹底できなかった知識人・歴史学への疑問、新たな学問への希求が、先生を「戦後歴史学」の担い手として登場させたのだ、と考えます。先生は科学性とともに、長期的視野と総合性を歴史学の重要な性格として強調しました。一つの時代を説明できても、前後の時代を説明できない歴史理論ではいけない、と長期的視野の重要性を繰り返し強調しました。そこには広い意味での法則的歴史認識の重要性を意図していたと言えます。

科学性・法則性・総合性の歴史学を強調した先生の学問は、歴史学が究極的には国民の歴史意識に寄与しなければならない、という戦争体験に裏付けられた強い信念・学問観があったと思います。教科書裁判・歴史教育を通し、それを貫き通した美事な一生だったと思います。

（かすが・ゆたか）

永原先生の歴史観の一断面

西成田　豊
（一橋大学教授）

私が永原先生と初めてお目にかかったのは、大学三年になり永原ゼミへの参加を許されたときです。永原先生は日本中世史研究者として著名でしたが、日本近代経済史をゼミのテーマに掲げていましたので、一、二年のときから日本近代経済史を中心に勉強してきた私は素直に永原ゼミを志望したのです。

三年ゼミの前半は暉峻衆三氏の『日本農業問題の展開』上（東京大学出版会、一九七〇年）、大内力氏の『農業恐慌』（有斐閣、一九五四年）、兵藤釗氏の『日本における労資関係の展開』（東京大学出版会、一九七一年）などを読みました。そして暉峻氏の本の論理と実証の統一の見事さに感嘆する一方、宇野派マルクス主義の三段階論で農業恐慌を分析した大内力氏の本は、農業と不可分の自然条件を原理論の段階で捨象しており、宇野派マルクス主義への幻滅を感じました。大内氏の本の難点をゼミで発言したとき、先生から「西成田君、それがこの本の一番の問題点だよ」と誉められました。私が先生から口頭で誉められたのは、これが最初で最後でした。

一方、兵藤釗氏の本については、暉峻氏の本と同様、論理と実証の統一の見事さに感心し、この本を読むことによって私は近代日本労働史研究を志すことになりました。しかし、永原先生のこの本に対する評価は低かったようです。そのときの先生の発言や、その後発刊された先生の『歴史学叙説』（東京大学出版会、一九七八年）などを読むことによってよく分かったのですが、企業内部の労務管理体制の変化に焦点を絞るような研究では、歴史の社会的・民衆的広がりや深さなどを捉えることができないというのが先生の本心だったように思います。しかしこの点は、企業の外部労働市場を分析することによって、企業と地域経済・地域民衆との関連など、社会的・民衆的広がりの中で企業労働を捉えることができます。もっとも、資本主義の発展とともに労働市場は次第に内部労働市場化していきますから、現代に近づくほど企業労働史の研究は歴史的深みを失っていくことも事実です。

先生は、日本近代史を社会的・民衆的広がりと深みの中で捉えられるのは農村であると考え、三年ゼミの後半は農村調査を行いましたが、私は知的リーダーシップを発揮することができませんでした。そのことによって先生の私に対する評価はぐんと下がったと推察します。しかし、史実を広い視点で捉え、思想的深みの中、それを叙述するという先生の歴史学・経済史学に対する学問精神は、私の心の中でいまも燃え続けています。

(にしなりた・ゆたか)

中世史ゼミ再開の頃

今松英悦
(毎日新聞論説委員)

永原ゼミには都合四年間、在籍した。前期ゼミ一年、学部ゼミ三年(留年分一年)である。一九六九年入学の私たちの年次から前期ゼミは必修ではなくなり、開講数が減ってしまった。一年生の長いストライキ中に大塚久雄さんの『近代欧州経済史序説』(初版〈上巻〉、一九四四年、日本評論社)や『共同体の基礎理論』(岩波書店、一九五五年)などに出会い、経済史はおもしろいと思っていたこともあり、永原ゼミに申し込んだ。数倍の競争率だったが、幸いにもくじ引きに勝ち、入ることが出来た。

ゼミでは、東京大学出版会から刊行されていた「講座日本史」などが題材だった。若手研究者の論文が主で、ゼミでの討論も刺激的だった。石母田正さんや鈴木良一さんなど前近代史の大家や、黒田俊雄さんや網野善彦さんなどの著作や論文にも触れることができた。

その行きがかりということもあるが、永原先生が七一年の学部ゼミから、中世をテーマにするというので、引き続き指導していただくことにした。経済学部とはいえ、ほとんど日本史学科のようなゼミが許されたのも、一橋大学だからだったろう。

中世史再開第一期ということもあり、われわれの年次は永原ゼミの存在感を示そうと張り切り、三年生の時、一橋祭で農民闘争史の総括のような展示発表をやった。入場者が数えるほどだったのは残念だったが、それに刺激されて、大学入学後、永原ゼミに入った高校生がいたことは、ゼミの発展にいくばくかは寄与したのではないかと自負している。

中世史をやっていながら、原史料は最後まで苦手だったが、中世史が分かったような気持ちになった楽しい三年間だった。多忙だった先生にも、ゼミ後の飲み会にはしばしば参加していただいた。

卒業して三〇年余り、地域開発論や環境問題などに首を突っ込んでいるが、新たな体制論の構築の必要性とともに、歴史的視点の重要性も強く認識するに至っている。これも、永原ゼミで学んだからだろう。　（いままつ・えいえつ）

「遠　雷」——追悼　永原慶二先生——

磯　良　卓　司
（一九七三年卒業）

三十余年後

思はざれば遠ざかり目を閉じゐれば甦りくる国立の日々

一九七一年

揚羽とぶ夏の窓辺に師の影の古文書たどる横顔を見つ

吉祥寺

たそがれのビアガーデンに円居《まどゐ》せば国立の方《かた》遠雷しけり

久我山

画家の家、陸上グランド通り過ぎ星月夜《ほしづくよ》道《みち》師に随へり

師　邸

九つのカットグラスに同量の琥珀の酒を師は注ぎ給ふ

ウキスキーに酔ひたる弟子の問ひかけに「田園」と答へ莞爾とし給ふ

研修行

結城なる城址《しろあと》の初夏のやはらかき草山歩む師を仰ぎ見つ
国立の石の学舎《がくしゃ》に蟬声《せんせい》みち階《きざはし》のぼる師の背《そびら》見ゆ
冬の日に誓子の炭の句をよめば師の若き日の研鑽思ほゆ

岩鍛治茂君早世

亡き弟子を語らむとして言の葉絶ゆ師のかなしみは落木のごとし
蓼科より夏ごとにくる音信《おとづれ》の梢吹く風師の声聞こゆ

銀　座

不肖なる弟子の商ふ画廊にて冬のセーヌの絵を購はれり
冬空の梢ながむる師の影を画廊の窓よりしばし見ゐたり
師の訃報聞きて「田園」かけをれば一楽章にはや遠雷す

（いそら・たくじ）

台所の大皿

池　　享
（一橋大学教授）

大学院生の頃、なぜだか忘れたが、ゼミが終わったあと先生のお宅で呑むこととなった。いつもは奥様の美味しい手料理をご馳走になるのだが、そのときはご不在ということで、途中の吉祥寺と久我山でつまみを買っていった。お宅に着いて、つまみを盛りつけようと、台所に行き調理台の反対側にある上の戸棚からさっと大皿を取り出した。すると先生がおどろいて、「君は何で大皿の在処を知っているのか、この台所を使ったことがあるのか?」とおっしゃった。もちろんそんなことはなかったが、大皿などというのは普段は使わないから、だいたいそういうところにしまっておくものである。それで、見当をつけてやってみたら、正解だったということに過ぎない。

私の父は先生と同い年だったが、年末の大掃除以外、家事仕事をするのを見たことがない。先生もご同様なのかなと思ったものである。脇田晴子さんは、ご自身は調理（複雑労働）を担当し、夫君の修さんは後片付け（単純労働）をすると言ったら、先生は「僕も単純労働したら良かったな」とつぶやいたと書いておられる（『比較家族史研究』一九、永原慶二先生追悼特集、二〇〇五年）。家庭内での先生の役割は、「大正生まれ」の男性の平均とたいして変わりなかったようである。

しかし先生は、男女平等の理念は堅持しておられた。つぶやきは反省の弁だろう。他人の忖度は憚られるが、心ならずも家事労働を押しつける結果となった奥様には、ずいぶんと後ろめたい思いを抱かれていたようである。子育てが一段落したのか、研究活動を本格的に再開した奥様が大学の教壇に立たれることを、ゼミの帰り道で「今日がその日なんだ」と心配半分ながら嬉しそうに話された先生の姿が、今も瞼に焼き付いている。

（いけ・すすむ）

先生に書いていただきたかった本

桜井克己
（NHK学園古文書講座講師）

先生の著書に荘園という名称の本が二冊ある。評論社の『荘園』（一九七八年）と吉川弘文館から出版された『荘園』（日本歴史叢書、一九九八年）である。戦後の歴史学の中世史研究をリードされてきた先生にとって、荘園の成立から解体までを対象とし荘園の全体像を描ききることは、まさにふさわしいお仕事といってよいだろう。とりわけ前者は新書判サイズである。このコンパクトな冊子に荘園の全体像をもりこんだのであるから、何を書いて何を落とすかたいへんご苦労されて完成されたことと思う。わたしはこの本を何度も読むことによって荘園という日本史上理解が難しい仕組みを学ぶことができた。わたしが荘園を学習したいと思っている人にまず奨めるのはこの本である。

さて、先生は戦後の荘園制研究をリードしてきた代表的研究者であるが、他方、石母田正氏の領主制理論を受け継ぐ領主制論者でもあった。私が先生に是非とも書いていただきたかったのは、中世史の全時代を対象にして在地領主の全体像を描いた本である。石井進氏のお仕事に『鎌倉武士の実像』（平凡社、一九八七年）があるが、これはタイトルにあるように鎌倉時代に限定されている。しかも鎌倉時代の武士の多くは地頭ないし郷司であった。地頭・郷司は荘園・公領制のもとで、いわば「管理人」でしかない。在地領主にふさわしい存在にまだなっていないのだ。武士がまさに在地領主らしくなるのは室町期である。室町期の国人領主を、そして彼らを被官化しつつ一国規模ないし数ヵ国の領域支配者たろうとした守護を対象に、近世の幕藩体制を展望しつつ描いたものができていたら、中世史を学習・研究するうえで後進者への導きの糸になったと考えるのは私だけではないだろう。研究の細分化が著しい今日だけにおそらくこのような力技を成し遂げうるのは先生をおいて難しいのではないかと思うだけに残念である。

先生がお亡くなりになる数ヵ月前に院生時代の友人たちとお見舞に出かけたとき、とても血色がよくお元気そうだったので、私も含めてみんなは安堵して帰宅したものだった。ご冥福をお祈りするばかりである。

（さくらい・かつみ）

厳しく、温かい永原先生

鈴木敦子
（佐賀大学教授）

一九七五年の十二月に私は東京教育大学大学院に修士論文を提出した。東京教育大はすでに廃学が決定され、博士後期課程進学のために筑波大を受験したが、通学するには、あまりにも遠かった。その時私に、一橋大学の永原先生の所を受けてみたらと、助言してくださる方がいた。遠い存在である永原先生にお会いできるチャンスだとの思いもあって、受験したところ、幸運にも入学を許された。

一橋大学では、岩手県にある富士大学に就職するまでの五年間を過したが、先生の御指導の下に、充実した時間を過ごすことが出来た。一年目の夏に書いた「国人領主朽木氏の産業・流通支配」（『史艸』一七、一九七六年）は先生から、懇切丁寧な添削をいただいた。そのときの助言は、論文を書く際のノウハウとして大切にしているものである。また、私的にも多くの励ましをいただき、先生の人間的な暖かさを感じた。先生のお二人のお嬢様は、ともに研究者の道を歩まれておられる。私も二人姉妹であり、姉が理系の研究者であることや、先生のお孫さんと私の娘が同い年であることなど共通点があるため、お宅に伺うと、子育てのことにまで話が及び、先生ご夫妻と会話が弾んだことが思い出される。

私が佐賀大学に転じた後に、先生が熊本へ講演に行く途中、佐賀にお寄りいただき、吉野ヶ里をご案内することができた。その夜は、私の家族と有明海の郷土料理をいただきながら、先生のお話をうかがい、大変楽しいひとときを過ごすことができたのは、良い思い出になっている。

先生からは多くの学恩をうけたが、残念ながらいまだにお答えできないままである。しかし、二〇〇一年に一橋大学から博士（経済学）の学位をいただくことができ、先生にご報告に伺うと、一橋大学からの学位であることを大変喜んで下さった。これが先生とゆっくりお話しできた最後になってしまったのが、とても残念である。（すずき・あつこ）

永原先生の思いで

蔵持重裕
（立教大学教授）

私が永原先生のご指導をいただいたのは一橋大学大学院でした。先生は数年後には定年を迎えられましたので、私はからずも最後の院生となりました。出来の悪い学生で先生には面倒であったと思います。

ゼミでの先生のご指導はなかなか厳しく感ぜられ、報告途中ですでにご質問やご指摘が入り、私など報告を最後まで続けられることはまれでした。先生の完全主義者の壁に立ち塞がれた恰好でした。まさに、先生は完全・総合でした。研究は実証・理論・教育と実践され、歴史像は古代から現代へと時間軸に沿い、庶民から権力者まで構成的に把握され、バランスのとれたものでした。こうした総合的歴史学はなかなかまねのできないものですが、人格に裏づけられたものであることは、死を迎えられる準備まで意を尽されたエピソードからも分かります。

先生が、歴史像のイメージを創り上げる上で、民俗学などがどのような位置を占めていたか少し気になっています。著されたものの中ではこれはあまり確認できません。石母田正氏が人類学の成果を取り入れているほどには目につきません。しかし、私などは先生から柳田国男・有賀喜左衛門氏らの研究を学ぶことの指導を受け、地理学的な方法も広島県の山間荘園の現地を歩きながら現場で教授を受けました。先生が考古学的な諸成果にも大変興味を示されたことも記憶しています。地理や考古という物質性の資料はともかく、民俗的な生活慣行・習俗など、先生はどのように考え、永原史学のなかで位置付けていたのでしょうか。あるいはウクラードの「過渡性」のイメージの中で緩やかに時間が流れる状況を、民俗的時間を、想定していたのではないでしょうか。その時間軸との関わりをいつか永原学の中で確認してみたいと思っています。

（くらもち・しげひろ）

永原先生の教えをうけて――門下の一人として――

坂本　茂
（京都府生活協同組合連合会事務局長／一九七四・七五年ゼミテン）

永原先生ご逝去の報をうけ、しばらく呆然としておりました。先生のご著作にはじめてふれたのは、小生がまだ大学に入学する前で、一橋祭で永原ゼミの報告会があるというので出かけたこともありました。池享先輩との初めての出会いの場でもありました。

その頃の小生の関心は、文学・歴史から社会思想・経済・政治とつぎつぎにひろがるばかりで、社会学部に入りました。後期は古賀英三郎先生のゼミに籍を置いていましたが、たまたま永原先生のゼミテンが三年生では二名しかいなかったこともあり、永原ゼミにもくわえていただきました。同期は深沢亮一くん、吉田政弘くんと小生の三人で、大学院生であった池先輩、池上裕子先輩、桜井克己先輩もいっしょに入り、レベルの高いゼミ運営でした。

武田・後北条・今川・織田・毛利・長曾我部・大友などの戦国大名の領国支配についての研究がおこなわれ、先行する諸論考のサーベイ・史料の読み込み・現地調査と社会科学的研究の基礎を教えていただきました。小生は「今川領国下の政治・社会構造」と題して卒業論文を提出しましたが、そこでとりあげた奥浜名地域の井伊氏について、翌年、ゼミあげての調査の対象にしていただいたことはたいへん光栄でした。

思いかえせば、一九七〇年代なかばは政治革新の歴史的チャンスがあった時期であり、学問研究のうえでもそのような時代意識を反映して、活発な論争が展開されました。わたしは大学卒業後、出版社勤務をへて、東京をはなれ、京都で生活協同組合の活動に合流することとなりました。食の安全・安心、協同組合間協同、女性の地位向上、自治体への政策活動など、社会進歩・歴史変革に微力ながら役立つことをミッション（使命）に仕事をしてきたつもりです。歴史研究者の道は歩みませんでしたが、人生のモチーフ（主題）として永原門下のひとりであると思っています。

永原先生、やすらかにおやすみください。合掌。

（さかもと・しげる）

永原先生の思い出

増田俊信
（板橋高校教諭）

私が経済学部・永原ゼミのゼミテンになったのは一九七五年だった。その時、大学院生として博士課程に池上裕子さん、修士課程に池享さん、桜井克己さんがおられた。同期のゼミテンは一〇名以上いて、研究室がやや窮屈に感じられた。

始まって一月もたたない頃だったと思うが、ゼミで三浦半島へ一泊の勉強合宿に行った。そこで、藤木久志『戦国社会史論』（東京大学出版会、一九七四年）について、池さんが報告された（ように思う）。池さんも、永原先生も、かなり手厳しく批判していた。こちらは歴史学初心者の学部三年生だったので、高く評価する相手だからこそ厳しい批判の対象になりうるのだということが分からず、「読んでもしょうがなさそうだな」と思ってしまった。ともあれ、歴史の見方として、歴史を変革する力、変革主体を軸に把握するべきだ、という点を先生が強調されているのは分かった。

先生は正攻法の人である。歴史を総体として理解するためには、衰退するものに軸をおいて見たのでは不十分であり、どうしても変革する主体・力・エネルギーに着目しなければいけない。これが私の理解する永原説である。もちろん、歴史は多様であり、巨大な存在であり、しかも史料は常に断片的であるから、歴史への接近方法がさまざまあってしかるべきである。変革の側に注視した研究だけでは気が付きにくい諸問題が無限に存在する。しかし、そうした多様な歴史をあらためて総体としてまとめあげるには、変革するものに軸を据えることが正攻法であり、そのことに先生は終生こだわりつづけたように思う。

もっとも、ゼミでの報告の後で、にこにこ顔の先生から「自分の説を人に尋ねるのも変だが、僕はそんなことを言ってますかね」と皮肉をお見舞いされたことがあるくらいだから、的がはずれるのも保障付きと言われそうであるが。

（ますだ・としのぶ）

永原先生、ありがとうございました

坂本浩一郎
（立川女子高等学校教員）

先生は、晩年よく神田川を散歩されていた。散歩のついでに浜田山の拙宅へいらしてもらおうと御たよりし、先生も来て下さるとのことだったが、私の都合で実現しなかった。また、二〇〇四年の四月には退院なさっていたお元気な先生と電話でお話しし、七〜八月の夏休みには、ゼミの友と先生のお宅へ伺うことになっていたが、これも叶わず心残りを重ねてしまった。

ゼミや講義での先生の紳士然とされた、しかも情熱溢れる態度は今も目に焼きついている。私が生徒に日本史その他を教える際に、いつも目に浮かべるのは、永原先生をはじめ一橋大学の先生方と高校時代の社会科の関口伴明先生らの御姿である。素晴らしい先生方の御姿を座右の銘ならぬ、「座右の御姿」と模範にさせていただき、仕事をしている。

先生の御人柄の温かさは、先生に接したどの方も感じておられると思う。先生御逝去のあと、お宅へ伺った時、奥様から次のようなお話をお聞きし、表裏のない先生の御人柄に改めて感じ入ったものだ。先生はお宅ではほとんど怒ったり、どなったりなさらず、たまに何かあっても、次の日には全然気にもされていなかったと言う。良き家庭人としても、正に大人《たいじん》の風格であった。

先生やゼミテンとの和泉日根野への旅もいい思い出である。『政基公旅引付』を皆で読んだ歴研の部屋も懐しい。その中心には、いつも変らぬ穏やかな先生がおられた。国立でのコンパなどの後の先生の送り役はいつも私であった。その頃、私は当然今ほど酒量も多くなく、大学までが先生と同じ井の頭線↔中央線ということもあっての名誉ある役割であった。

先生は、夏は蓼科の別荘でお仕事された。蕎麦が大好きとのことで、お送りするとすぐ蓼科からお礼状を下さったその端正な筆跡さえ目に残っている。

先生、ありがとうございました。

（さかもと・こういちろう）

三　日本史研究から

『日本歴史』237号座談会にて（1966年11月14日）

「『日本の歴史』"南北朝時代"について」と題し，
赤松俊秀氏，黒田俊雄氏，佐藤進一氏，永原先生，
豊田武氏で話し合われた．

1　日本古代・中世史研究の仲間たち

永原慶二先生との出会い

有光友學
（横浜国立大学教授）

私が、永原先生に最初にお目にかかったのは、一九六三年（昭和三十八）八月のことである。私は学部三年生で日本史を専攻するようになったばかりで、場所は、大阪北部の箕面市にある勝尾寺で開かれた第一回のサマーセミナーでのことである。私は、恩師である黒田俊雄先生に誘われて何人かの学友と参加したのであるが、まだ、日本史の何を勉強するのかも決まっておらず、半ば物珍しさで参加したようなものであった。それゆえ、そこで行われた報告や議論のほとんどは理解できなかったし、現在まったく思い出すことが出来ない。にもかかわらず、会場でもあり全員が寝泊まりもした大広間で、休憩時間だったように思うが、永原先生や黒田先生を中心として十数人の人たちが車座になって熱心に難しい話をやりとりされていて、私たちはさらにその外側でおとなしく拝聴していた。その時の永原先生の印象が大変新鮮な思いでよみがえってくるのである。当時は、まだ六〇年安保闘争の余韻が学生生活や大学の様々な場所で残っており、過激な言葉やアジ演説張りの声高な話し方が横溢している中で、永原先生の端正なお姿とともに理論整然としたなめらかな話しぶりに、これぞ大学の先生という感銘を受けたのである。

それから十数年後の一九七五年（昭和五十）一月、私が、横浜に在職して後北条氏研究会で報告をしたとき、わざわざ永原先生が来られて、終わってから近くの喫茶店にお誘いくださった。そして、当時、先生が代表となられていた科研の研究会に参加を勧めてくだされ、その年の静岡での研究会では発表の機会も与えられた。感激の一語であった。

その後、いくつかの出版企画や雑誌の特集企画に私を推挙していただき、期待にお応えしたかどうか心許ないのであるが、私の研究生活に励みになったことは確かである。私の研究主題についてはもちろん、研究生活の全体を通じて、常に先生がおそばにおられたという思いである。否、先生の手のひらの上で私が踊っていたと云った方が適切かもしれない。

先生、ありがとうございました。

（ありみつ・ゆうがく）

永原さんとの最初の出合い

伊藤喜良
（福島大学教授）

私が永原さんと直接に接してさまざまな教えを受けるようになったのは、一九七九年以来のことである。それまで仙台にいて、山梨の短大に就職して三年ほどたっていたが、この年五月、私は歴史学研究会中世部会運営委員会の要請により、大会の「中世史部会」において、「室町期の国家と東国」なる標題で、佐藤博信氏とともに大会報告を行った。この時の大会報告批判の労をとられたのが永原さんであった。そのことを知った私はかなり「ビビッテ」しまったことを記憶している。というのはそれまでの私は、永原さんを「歴史の神様」、「雲の上の存在」のようにみなしていたからであり、その「神様」が私の拙い報告の批判を行うというからであった。

私の当時の問題意識は東国・奥羽に関わることと、中世国家・公武関係などのあり方にあったので、この時まで永原さんのこれらのことに関する論文はよく読んでいた。永原さんの考えとは少し違うなと思っていたが、「大会報告批判」は私が予想したよりかなり厳しい「酷評」であった。一言で言えば、「期待していたが期待外れであった」というものであり、その理由は、国家や東国を「制度的な側面」からのみの報告になっており、東国の在地民衆が国家や鎌倉府と対抗し、それを変質させていく視点がないとし、「国家とは階級関係の総体であるということを考えなければならない」と締めくくられた。

永原さんとの最初の直接的な出合いは、強烈な印象として残るものであった。「酷評」であったが、永原さんはその後、何かにつけて私を引き立ててくれ、永原さんが編者をつとめるさまざまな企画に参加させてくれた。このような企画に参加したことにより、私の歴史にたいする視野は各段に広がっていき、多くの問題に関心を持つようになり、視点も深まっていった。もし永原さんにお会いしなかったならば、現在の私はなかったと思っている。大会報告批判の強烈な一発は、もしかしたら「たたけば少しは伸びるやつ」と思って放たれたかもしれないと思っている。永原さんに感謝してもしすぎることはない。突然お別れしたのはたいへんに残念であるとともに非常に寂しいことである。

（いとう・きよし）

国史跡・島根県三宅御土居跡の保存・活用と永原氏

井上寛司
（大阪工業大学教授）

島根県益田市にある三宅御土居《みやけおどい》跡は、中世石見国に大きな勢力を誇り、歴史的にも極めて重要な役割を果たした中世益田氏の居館跡である。この遺跡は、一九八九年から一五年余に及ぶ保存と活用をめぐる長い困難な道のりを経て、一昨年（二〇〇四）十月、ようやく国史跡に指定されることとなった。

この遺跡の保存と活用をめぐって最も重要な転機となったのは、一九九四年の「益田市歴史を活かしたまちづくり計画」の策定で、その中心メンバーとして、その実現に大車輪のご活躍をいただいたのが永原氏であった。永原氏はこれ以後少なくとも年に数度は益田を訪れ、熱心に遺跡の発掘調査指導にあたるとともに、遺跡の保存と活用および国史跡の指定に向けた諸準備、あるいは公開講演やシンポジウムなどに献身的なご尽力をいただいた。永原氏の、何としてもこの遺跡を守り抜くという熱い思いとその直向きさ、そして原則的ではあるが物腰の柔らかい、気品に満ちた、説得力ある言動が、種々の困難を乗り越え、これを国史跡の指定へと導く最大の要因となったことはまったく疑う余地がない。

永原氏は亡くなられる直前まで国史跡の申請に漕ぎ着けたことを喜び、指定が確定されるのを心待ちにしておられた。その永原氏に一昨年五月の文化審議会答申で国史跡が認められたことをお伝えできたのは幸いであった。そしてここに至るまでの間、私は永原氏と益田での寝食と行動を共にする機会を与えられ、永原氏の優れた人となりと学問に改めて多くの啓発を受けることができた。私にとって三宅御土居跡保存運動は忘れ得ぬ最も重要な人生の思い出の一つであるが、それは永原氏とともに過ごさせていただいたこの上もなく貴重な思い出でもある。改めて永原氏に深く感謝申し上げるとともに、安らかにおやすみいただくよう、心よりお祈り申し上げるものである。

（いのうえ・ひろし）

永原さんの「茂木氏給人帳考」によせて

入間田宣夫
（東北大学名誉教授）

一九六九年六月、刊行されたばかりの竹内理三博士還暦記念論集『荘園制と武家社会』（吉川弘文館）を手にして、この論文に出会ったときの感激が、昨日のことのように蘇ってきます。研究室の助手としてスタートして間もなくの頃でした。

下野国の在地領主、茂木氏には、文明十四年（一四八二）に記された「給人帳」が残されていました。そこには、茂木氏による家臣団編成が、地侍的階層（農民上層）を取り込んで、貫高表示による知行制を展開させるまでに進化していた。すなわち、鎌倉期における狭隘な惣領制的構造を乗り越えて、村落内部にまで主従制のネットワークを拡大しつつあった。そのことを物語る内容が具えられていました。

それらの豊かな内容を読み解きながら、茂木氏における領主制のありかたについて、永原さんは記しています。これまでは、荘園領主側の史料に依存しがちだったために、領主制の「制約面」にばかり気をとられて、「相対的に独自な発展面」を追求することが弱かった。その領主制の実像は、「荘園史料を通じてえられるそれとかなりへだたった先進的なもの」（同前書、五七九頁）であった……と。

この通りです。永原さんは、なによりも「在地領主制」を大事にしていました。それこそが、「中世を一貫する基軸的社会関係」であるとする確信に満ちていました。「永原慶二氏を語る会」のシンポジウム（二〇〇五年七月）において、池上裕子さんによって指摘されている通りでもあります（「永原慶二氏の大名領国制論」本書Ⅱ―三所収）。

しかしながら、このような個別・具体的なレベルにおける在地領主制の研究が、その後、順調に発展しているとは言いがたい状況です。そこで、この春には、茂木氏よりも一段階を遡った事例を取り上げてみたのでした（入間田「北奥における地頭領主制の展開―沙弥浄光譲状を読み解く―」、入間田編『東北中世史の研究』上巻、高志書院、二〇〇五年）。けれども、これによって、どの程度に促進効果が生み出されているのか。なかなか、確信がもてない現状です。永原さんの宿題に応えるには、まだまだ勉強不足の現状です。

（いるまだ・のぶお）

永原先生への惜別の詩

太田順三
（専修大学教授）

初代歴史学委員会委員長三島一先生訳本の「芳塵集」（一九四五年）に、「人生似空」（人生は空《くう》に似たり）と題する一詩がある。

仰察天涯無際限　　仰ぎて天涯の際限無きを察し、
俯知塵劫不能窮　　俯して塵劫《じんごう》の窮むる能わざるを知る。
居無窮与無窮際　　無窮と無窮との際《あいだ》に居り、
自覚人生唯ゝ似空　自ら覚る、人生唯ゝ空に似たるを。

即興の詩にもかかわらず、妙に風雅で、都会育ちのダンディーで粋であった先生を忍ぶに優っている。先生は、全体を見通してゆくエリートで、調整型の「天才」でもあった。

先生のお名前を耳にしたのは、学部時代に史料編纂所古文書室の皆さんにお世話になり、そのあと、稲垣泰彦先生に誘われ、しばしば新宿から阿佐ヶ谷方面に向かう途中、わが中野城山町の下宿に寄り、稲垣先生が永原先生に長電話をされたのが始めである。今思うに、それは茂木文書の整合性をめぐる話であったろうと考えられる。その後、大学院での聴講、歴史学研究会の書記、それに大型研究助成の「戦国大名研究会」の事務局立ち上げと、公私にわたりずいぶん長いおつきあいで恩愛受けた。全国各地の有能な若手研究者へとつなげていただき、知遇をうるきっかけをつけていただいた先生のおかげである。

先生は周知のように近世農業史の古島敏雄氏（東大定年後、専修大学に籍を移し、図書館長として活動され鶴声に接した）との共著『商品生産と寄生地主制』（東京大学出版会、一九五四年）で、木綿など大阪を控えた地域が広範な在郷商人を生むという、地主制研究が出発であった。永原史学は中世史プロパーの研究ではない。常に日本の近・現代経済史からの諸段階で中世史研究を把えなおすというスパーンの大きな姿勢があった。「リベラルな東京高校の出身であられた先生は、東大時代に、朱光会と対抗されたが、平泉澄からは一目置かれていた」と、米子の同窓生、松尾陽吉先生からうかがった。

最晩年『20世紀日本の歴史学』（吉川弘文館、二〇〇三年）の御本がでて、史料編纂所で合評会があり、その席上で生意気にも質問したりした。「太田さんの主張は一応いいでしょう」といわれ、例えば竹越与三郎の評価をめぐって「人間は善くも悪しくも変わるものです」と言われた。それは高橋和己が『人は変われる』（三五館、一九九二年）で述べているようなシニックな意味を込めたアイロニーからではなく、当時、自律神経失調症を患い、「長きトンネル状態」にあったわたくしへの慈愛に満ちた配慮があり逆に励まされた。

「人が変化してゆく」という言葉の裏には、常に講座派の歴史家として一本の王道をつらぬかれてこられた大恩のある永原先生ならではの重たさがある。

心優しかった先生およびご家族の皆さんに満腔の意を捧げる。くり返すが、私はただよろこんでもらうことをよろこびとして生きる生き方をしてきた。それだけに先生を喪うことは残念です。永眠につかれた安らかな先生のことをいつもどこまでも憶いつつ安心立命を祈っている。

（おおた・じゅんぞう）

永原慶二さんのこと

大山喬平
（京都大学名誉教授）

昔、永原さんが「論文を読んで本当に解るのは前十年と後十年くらいだね」と語っていたのを聞いたことがある。ひょっとすると前十五年と後十五年だったかもしれない。それ以上、歳が離れてしまうと、どうしてこういう論文ができるのか、発想のもとから十分の共感をもって読むことがむつかしい、という意味であった。

永原慶二さんと稲垣泰彦さん、そして京都の黒田俊雄さん、この人たちの書くものを読み、史料を前にして、そのつづきを考え続けることが、私たちの最初の日々であった。歴史学研究会や日本史研究会を中心に研究を続けていくというのは、この世界ではまだまだ少数派であった。そんな状況を最近の若い人たちに理解してもらうのは、とうの昔に無理な相談になっている。

永原さんの文章はいつも明晰であった。私の最初の論文は、永原さんの肥後国人吉庄論文のちょっとしたミスを訂正して永原在家論を批判したものであった。浅はかにも永原論文に決定的なダメェジを与えたと私は考えたのだが、著書に再録された論文ではミスだけがあとかたもなく消え、もとの論旨はそのままであった。その処理の手際のよさに、ただただ感服した。

一昨年（二〇〇四）六月、編集中であった河音能平さんの追悼文集『能平のアゴラ』（河音能平追悼文集刊行委員会刊、二〇〇四年）に寄せていただいた文章の肩書きの件で久しぶりに電話をした。そのさい、私は送っていただいたばかりの『年譜・著作目録・私の中世史研究』（私家版）のあとがきにあった永原さんのご病気のことに、ほんの軽い気持ちで言及した。永原さんはいつもと変わらぬさわやかな声で「いつのことかわかりませんから……」といわれ、つづいて「益田の三宅御土居《みやけおどい》も国指定になってよかった。大山さん、これからもよろしく……」とのことであった。ここ数年、益田市の委員会で何度かお会いしていた。受話器を置いてから、私はいま永原さんが重大なことをいったのだということを理解した。永原さんの声はいつもと同じさわやかさであった。秋になって河音さんの追悼文集が出来上がるより先に、永原さんは旅立ってしまわれた。電話のさわやかな声がまだ耳に残る。

（おおやま・きょうへい）

一橋・東学大合同ゼミでの報告

海津一朗
（和歌山大学教授）

一九七七年、東京学芸大学に入学した私は、「あの永原慶二の講演がある」と騒ぐ先輩たちにつれられて民青系の入門講座「六月ゼミ」（於一橋大学）に参加した。これが永原慶二の名を聞いたはじめだったが、講演当日何かの事情で降板されたため、その分、かえって「現代歴史学の指導者」への想いは募った。

学部で研究のテーマを東国中世史に選ぶが、件の先輩らの反対に抗して理論武装する手がかりは、「東国における惣領制の解体過程」「在家の歴史的性格とその進化」など永原論文であった。したがって、指導教官佐藤和彦氏が永原説だった事情とは別個に、永原著作はかなり読み込んだ記憶があり、『歴史学叙説』（東京大学出版会、一九七八年）・『皇国史観』（岩波ブックレット、一九八三年）など含め、広やかな視野から歴史学の現代的意義を問う姿勢に学ぶことができた。また、折から家永第三次訴訟「八二年夏」に、並居る右翼論客をひとり冷静に捌く「歴史家代表」としての姿がテレビに映された。

東京学芸大学大学院に進学し、年一度の一橋大学との歴史学合同研究会で報告できる時がやってきた。「昔は厳しかったが今は大丈夫」といわれていたが、私と小林一岳氏の報告「中世東国の郡秩序と南北朝内乱」に対し、永原先生は露骨につまらないという意思表示の欠伸を連発し、飽きて寝てしまった。懇親会では、「荘園制秩序論ではダメだ」と強調するため、過渡的経営体論など（すでに捨てたと思われた概念）まででてきて正直驚いた。私設二次会帰路、二人自棄酒でボロクソを言った気がするが（だから社会史のない永原説などダメなんだ）、この時の記憶はトラウマとして永く尾を引いた。網野善彦氏「東国・西国論」による永原批判に対し、『戦国史研究』三（永原慶二「後北条氏はなぜ戦国大名の『典型』か」一九八二年）で応じていた時期の一齣である。

いろいろあって中世史研究をやめようと思って文京区の正規職についた時、何かの飲み会の別れしなに呼び止められ、握手を求められた。強い握力に驚いてお顔をみると「木下順二の『本郷』を読むように」と。忘れがたい。

（かいづ・いちろう）

私にとっての「永原さんのよそおい」

川崎千鶴
（正則高等学校講師）

初めて永原さんの姿を見たのは、日本史研究会の大会だった。永原さんは、ダブルのコートを颯爽と着こなして会場に現れた。その姿を見た私は、こんなダンディな学者がいたんだと感激した。日本史研究会大会は今と違い、十一月の第三土曜日と日曜日と決まっていた。京都はまだ暖かい日が多い時期だが、他地区から来る人たちはコートを着用してることが多かった。私が東京に住むようになってからを振り返ると、やはり大会参加には何か羽織る物を持って行った。そんななかでも永原さんの姿は新鮮だったし、今でも眼の奥に焼き付いている。何年後かは忘れたけれど、私には別にもう一つのダンディ永原がある。ツイードの背広（今はブレザーと呼ぶ）姿。ほとんどの人が上下のスーツ姿だったなかで、ツイードを着こなした姿にまた魅せられてしまった。

日本史を専攻したいと願って大学に入ったときには、自分の身近なものにトライしたいと想っていた。でも加賀藩は頭になかった。むしろそれにつぶされた一向一揆が気になっていた。廻りの人々は今さら出来ることなんかないと言って止めた。だが、私は反対されたからかえって突入してしまっただけだった、と今は思う。卒論でまとめたものが『日本史研究』に載ってその抜刷をお送りしたときに、初めて丁寧な評価と激励の葉書を頂いた。あこがれの永原さんの葉書を手にして、同じ中世を選択して本当に良かったと思った。

手術後に病室でお会いした時、永原さんは、「山田洋次監督の髪型にしようと思う」とにこやかに語られた。そのあとで偶然テレビに山田監督が出演していたのを見て、私は話の中身よりも髪型ばかりに目を奪われ、「うん、これなら似合う」と、やはりあくまでもダンディな永原さんとまた会う日を楽しみにしていた。でも……。

永原さんの研究についてはいろいろな方が語ると思うので、ここでは私にとっての出会いと別れの思い出だけを記しておくことにしたいと思う。

（かわさき・ちづる）

私にとっての永原さん

岸田裕之
（龍谷大学教授）

私が初めて論文を発表したのは一九六八年のことであったが、守護大名の支配構造について数本書いたあと、永原さん編の『日本史を学ぶ2　中世』（有斐閣、一九七五年）に「室町幕府体制の構造」の執筆の機会を与えられた。私なりに入念な準備をし、私の研究の将来も展望してほぼ納得できるものに仕上げた。それ以来、出不精の私の性格を見抜いておられたのか、さまざまな形で上京や執筆の機会をつくって私の研究活動を広げたり、また執筆意欲を高めて下さった。

そのなかで特に印象深いことは、大名領国研究では「中世後期の地方経済と都市」（『講座日本歴史4　中世2』東京大学出版会、一九八五年）であり、荘園研究では「室町幕府・守護と荘園」（『講座日本荘園史4』吉川弘文館、一九九九年）

である。前者は、ちょうど守護大名・戦国大名の政治構造研究に区切りをつけ、個別の大名領国を越えて広域的・国際的に展開する流通経済研究に取りかかっていた時期であった。また後者は、大学院に入学して東寺領播磨国矢野荘という個別荘園研究から学び始めながら、大名領国下の荘園村落を総合的に解明するには、大名領国の支配構造が不分明なままでは無理と判断して大名領国研究に入り込んだ私としては、負った課題としてぜひともその成果をふまえて書いておくべき事柄であった。

そうしたことにとどまらず、私が始めた中国地域を中心とする大名領国関係史料の調査によって発見した新出文書を用いた研究成果には、いつもとても深い関心を示していただいた。

私は、『富士山宝永大爆発』（集英社新書、二〇〇二年）をいただいた日には一夜で読み通した。自分が八十歳をむかえた時にこういうものが書き上げられるだろうか、と繰り返し自問し、創造的に学ぶためには、学び続けるというたえざる姿勢こそが大切であること、それを次の世代に示された意義は大きいように思った。

広島には、学術会議、教育関係の講演会、永原会などでお出での機会があった。あの広島市内の旧キャンパスでお目にかかった時のあのお姿が、私にはいまでも一番思い出深い。

（きしだ・ひろし）

永原慶二先生と「過渡的経営体」論

木村茂光
（東京学芸大学教授）

永原先生とお会いし、親しくお話をするようになったのは、私が東京学芸大学へ赴任してからのことである。同僚の佐藤和彦氏と先生が毎年一回行っていた一橋大学・学芸大学合同ゼミの場や、歴史学研究会の大会の懇親会などで幾度となく親しくお話をうかがうことができた。また、先生が監修された『田無市史』の編纂に加えていただき、自治体史編纂に関する先生の考え方をお聞きすることができたことは、本当によい経験であった。

なかでも、毎年交互に会場校を担当して行われた合同ゼミでは、報告者の力量に合わせて発言される先生の学生・院生に対する指導振りを直接拝見でき、とても印象的であった。

合同ゼミでは衝撃的な思い出がある。ご存じの通り、私は学部時代から戸田芳實氏に教えを受けていたので、先生の理論のいくつかとは合わなかった（と思っていた）。それに生来の生意気さから、赴任後最初の合同ゼミの懇親会の場で、「先生の過渡的経営体論はすでに過去のものですよね」という趣旨の発言をしてしまったのである。その時、先生は、若輩の私を諭すように、「過渡的経営体」論の重要性とその意義について丁寧に説明された。その時の具体的な会話は忘れてしまったが、私の軽率な発言が先生の「怒り」を誘発し、折角の懇親会の雰囲気を台無しにしてしまったことを今でも思い出し、本当に失礼なことをしたものだと悔いるばかりである。

お会いした当初からこのような「事件」があったにもかかわらず、先生はその後、『田無市史』の編纂をはじめいろいろな仕事に私をお誘い下さった。また、私が関わっている『歴史評論』の編集にも快くご協力いただき、いくつかの重要な特集に参加していただいた。先生から受けたこれら多くの学恩に報いることは至難の技であるが、精進を重ね、少しでもその達成に向かって努力したいと思っている。

どうぞ安らかにお眠り下さい。合掌。

（きむら・しげみつ）

荘園制研究の原点『日本封建制成立過程の研究』

工藤敬一
（熊本大学名誉教授）

敬愛する永原先生のご逝去からはや一年、背筋のピンとのびたスマートな長身に、にこやかな笑みを浮かべられた温顔が眼に焼きついて離れない。もう五、六年も前だったろうか、大分県立歴史民俗博物館の国東の荘園の調査委員会でご一緒した。翌日別府大学の飯沼賢司さんの案内で、永原先生・海老沢衷さんと好天の秋の一日、都甲荘の故地の調査現場などを見学した後、大分空港に向かわれる先生をお送りしたのが永別となってしまった。

永原先生とのご縁は、一九五四年に私が大学の専門課程に進んだときに始まる。九州の田舎での戦時体験から、「克服すべきは悪しき封建制」との強い観念を持っていた私は、封建遺制の極北は薩摩に見られると考え、その根源を探りたいと思い、門割制度やその前提となる中世農民の存在形態に関心を持った。そこであったのが永原先生の論文「『在家』の歴史的性格と進化について」（竹内理三編『日本封建制成立の研究』吉川弘文館、一九五五年所収）であった。私の卒業論文は、この論文との格闘だった。その関心は、やがて中央都市の権門貴族が、島津荘など遠隔の荘園をどうして支配しえたのか、を考える荘園制研究につながっていった。その段階であったのが一橋大学研究年報『経済学研究』4（一九六〇年）の「荘園制の歴史的位置」という大論文だった。本論文は、これまで軽視されていた荘園制支配における本家の役割を強調し、荘園制収取のメカニズムを解明したまことに斬新な論文だった。まもなくこの論文を巻頭論文とする先生の最初の論文集『日本封建制成立過程の研究』（岩波書店）が刊行された。一九六一年四月だった。

当時京都大学の研修員で日本史研究会に日常的に関わっていた私は、一気に本書の書評を書き、同年十一月の『日本史研究』五七号に掲載された。これは後に吉川弘文館編集部編『日本史の名著―書評に見る日本史学―』（一九九〇年）に採録される光栄に浴した。私は翌年春、熊本大学に赴任したので、この書評は京都時代最後の思い出に残る習作となった。『日本封建制成立過程の研究』は私の荘園制研究の原点なのである。（二〇〇五年七月二九日、くどうけいいち）

永原先生の授業をうけて

久留島典子
（東京大学史料編纂所教授）

永原先生の授業を専門課程の三・四年次に受講することができたのは、私にとって大変幸運なことでした。当時国史学科と呼ばれていた日本史学科では、二年交替で非常勤の先生をお呼びしていましたが、近世史の佐々木潤之介先生に替わって、一九七六年度からは永原先生の授業が始まりました。教養課程で石井進先生のゼミナールを受け、日本史のなかでも中世史に関心を持ち始めていた私は、迷うことなく永原先生の授業に出席し始め、間もなくそれは最も楽しみな授業の一つとなりました。よどみなく流れる論理的かつ平明な言葉によって、日本中世社会の構造がダイナミックに解き明かされていくさまに、正直圧倒され魅了されたのです。

その時の授業ノートを開きますと、自分自身でみても熱心に感じられる小さな字で、克明に先生の話された内容が書き記され、ところどころには、授業で配布された史料のコピーが挟み込まれています。授業は、先生が『日本の中世社会』（岩波書店、一九六八年）で書かれた内容を柱としながらも、適宜具体的な史料の説明を加える形でしたので、時折、先生の端正な文字で書かれた史料コピーが配られたのです。卒業論文を書くために最小限の授業しかとらないのが普通である四年生の時も、永原先生の授業にだけは出席し、中世前期・後期に分かれた二年間の授業は終了しました。このように二年間のみの受講生に過ぎない私ですが、その後も論文の抜き刷りをお送りした時、研究会などでお会いした時など、先生から暖かい励ましのお言葉をいただきました。

永原先生は島根県益田市の益田館保存問題において、遺跡保存の指導にあたられ、歴史を生かしたまち造りの試みを導いていかれましたが、現在、その益田氏の文書を史料編纂所における担当書目として編纂していることは、私にとって永原先生から与えられた大きな課題のように感じられてなりません。

（くるしま・のりこ）

研究と編集と

五味文彦
（放送大学教授）

ここに二つの写真がある。一つは備後国大田庄の上原名の谷田での聴き取りの際のショットで、もう一つは岩波書店の会議室でのものである（本書八二頁参照）。

備前国大田荘の調査（1977年）
中央が永原先生、右に田沼睦氏・筆者

前者は小学館のジュニア版『日本の歴史』で調査に赴いた時、後者は『岩波日本史辞典』（一九九九年刊）の打ち上げの際の撮影である。ともに出版社との関係の写真というところが共通しており、そこに永原先生と私との大きな接点があったようだ。

しかし私にとっての永原先生は、まずは中世村落のあり方を扱われた入来院の論文や大田庄の論文を書かれた大先達としての存在であった。卒業論文で入来院を素材とした私は、先生の論文から多くを学ぶとともに、それを越えることを目指したのである。

それもあってジュニア版『日本の歴史』を書く機会をあたえられ、大田庄に同行させてもらった。さらにこれが機縁になって、国立歴史民俗博物館の大田庄研究チームに入り、永原門下の俊秀との交流が生まれるようになったことを考えると、何かと外に出るのを好まなかった私を引っ張り出そうとしてくれたのではないか、と今になると思い出され、まことに恐縮している次第である。

その後も折りに触れ、親交を持たせていただくなか、記憶に新しいのが『岩波日本史辞典』でのおつきあいである。監修者の先生は中世史部会には常に出席され、助言を惜しまれなかった。当初はいささか煙たくも思ったものだが、この時に本の編集にかける熱意と誠実さを肌で知るにつけ、多くを学ばせていただいた。思えば、私にとって、研究と編集の指針は、先生のあのにこやかな笑顔からそっとあたえられてきたようである。

（ごみ・ふみひこ）

大事な問題

近藤成一
（東京大学史料編纂所教授）

一九七六年に東京大学文学部の三年に進学した時、永原慶二先生が非常勤講師として担当された特殊講義「中世経済史の諸問題」を聴講したのが、先生のお教えをいただくようになった始まりだった。その年の秋から、東大赤門脇の学士会分館で毎月一回木曜日に中世史研究会が開かれるようになったが、先生はほとんど欠かさず毎回出席された。ちょうど東大で講義をされる日にあたり、先生は昼の講義中に思いつかれたことを、夜の研究会で発言されることがしばしばあった。

どなたの何の報告の時のことだったかすっかり忘れたが、本所の荘務権というのは国司の国務権の転じたものだという先生のご発言を鮮明に覚えている。先生が「今日の講義で話したことなので、近藤君たちは聞いているわけだけど……」とわざわざ断ってくださったことが、学部三年の私にはすごく晴れがましかったせいかもしれない。

時が経ち、一九八七年の歴史学研究会大会で私が「中世王権の構造」と題する報告を行った時、先生は討論の時には特に発言されなかったが、懇親会の席でご意見をくださった。「報告は良かったけれども、質問に対する答弁がよくない。もっと官僚的に答弁しなさい」というのが先生の注意だった。討論の中で、私が自説の自家撞着を認めてしまったような場面があったからだった。

しかし先生は、私が天皇制の問題を考えていることを、温かく見守ってくださっていた。一九九〇年に先生が『天皇制・新国家主義と歴史教育』（あゆみ出版）を刊行された時、「この本はほかの人には差し上げていないのだけど、近藤君は大事な問題をやっているから」とおっしゃって、くださった。それから一五年、仕事は遅々として進んでいないけれども、先生、私は「大事な問題」を今も自分の課題として考え続けています。

（こんどう・しげかず）

深い学恩

佐藤和彦
（元帝京大学教授）

四〇年近くにわたって、永原先生から、さまざまなことを学んだ。歴研中世史部会や戦国大名研究会での厳しい御批判、一橋大学と東京学芸大学の院生を中心に三〇年も続いた合同ゼミでの暖かい御指導など、どの場面を取っても懐かしさでいっぱいである。ここでは、三つの事柄に絞って記しておこう。

その一は、東京大学出版会の渡辺勲氏と二人で、小山町の別荘に永原先生を訪問した時のことである。先生は、生い立ちから学生時代のこと、特攻機から受け取った死の直前のモールス記号のこと、史料編纂所の仕事ぶり（とくに、西岡虎之助先生とのユニークな会話）、一橋大学の講義のことなどを二日間にわたって語り続けられた。夜の更けるにつれて熱の入った歴史学と歴史教育をめぐる御意見は、やがて『20世紀日本の歴史学』（吉川弘文館、二〇〇三年）となって結実するが、そのオリジナルをライブで聞くことができたのは幸せであった。

その二は、一九九〇年からほぼ一〇年間続いた『日本歴史大事典』（全四巻、小学館、二〇〇〇〜〇一年刊）の編集をめぐってのことである。永原先生を代表とする編集会議に、桜井好朗氏、棚橋光男氏、鈴木弘文氏、南坊美恵子氏とともに、私も参加させていただいた。それは、東京・金沢・名古屋で随時開かれたが、昼の会議はいつも大幅に延長され深夜まで続行された。「立項」の議論だけでは到底おさまらず、歴史認識の方法から学問思想の自由にいたるまで話題はつきなかった。語らいは、歴史から文学に及んだが、なぜか、藤沢周平の作品が中心になるのが常であった。

その三は、事典の執筆についてである。「日本史学史」は、近現代の分野を今井修氏が執筆し、前近代については私が担当させていただいた。幾度も草稿を書き直し、やっと提出したものの、出来は、かんばしいものではなかった。ついに永原先生から直接の御指導を受けることとなった。今井修氏、鈴木弘文氏、佐川隆彦氏と私が参集した「永原ゼミ」は、実に厳しい勉強会となったが、放課後の楽しさは格別であった。

永原先生から受けた学恩は、とても語りつくせません。先生、長い間にわたり、本当にありがとうございました。

（二〇〇五年八月五日、さとう・かずひこ）

永原慶二氏と鹿

髙橋昌明
（神戸大学教授）

永原氏に身近に接することをえたのは、小学館の『日本歴史大事典』（全四巻、二〇〇〇～二〇〇一年刊）の中世部門の編集委員として、一緒にお仕事をすることになった一〇年ほど前からである。本来の委員であった棚橋光男君が亡くなったので、私が代役として起用されたのであり、氏はこの事典全体の代表委員兼部門代表者であった。

それまでいだいていた印象との径庭に驚いた。もちろん、論文から感じるお人柄と本質的に違っていたわけではなく、いよいよ知的で明晰であられたのだが、人としての奥行き、豊かさ、包容力の大きさなどの面が、一層強く印象に刻まれ、魅力に圧倒された。

編集会議のため、氏が夏を過ごされる蓼科の別荘に、おじゃましたことがあった。「蓼科一の貧乏小屋」という自称であったが、それはもっとも初期に建てられた古風な別荘という意味で、そのベランダで、快適な議論をさせていただいた。「庭の苗木がひきぬかれることが続いたので、抗議・警告の立札をたてたが、よくよく観察していると、鹿が若芽を食べていたんだよ」と楽しそうにお話しされていたのが、とてもおかしかった。

また別の懇親の席では、「君は藤沢周平を読んだことがあるか」と聞かれ、「大好きです」と答えると、「藤沢はいいねえ」と、次々その代表作を数え上げられた。これも意外な感じだった。

一昨年六月、『年譜・著作目録・私の中世史研究』（私家版）という、インタビュー、および珍しい写真を満載した冊子をちょうだいした。一見してお別れの挨拶と知れたので、いそいで、私にとっての永原史学といった短い文章をしたため、読んでいただけることを念じながら、投函した。

人との応接も、余命いくばくもないことを、まったく感じさせないものだったと聞く。さっそうとしたさわやかさは、戦後歴史学の青春時代の息吹を、いまに伝えているのだろう。

（たかはし・まさあき）

感謝とお詫び

田沼　睦
（東京成徳大学非常勤講師）

あの悲しみと驚きの日から一年ほどしか経っていない今も、私にとって先生との思い出は一九七〇〜八〇年代のことになってしまう。このことは、ここ二〇〜三〇年もの長い間、研究から遠ざかっている私のふがいなさを示しており、先生に対するお詫びでもある。その頃先生は、直接のお言葉ではないにせよ、歴史に向い合っていくようさまざまな機会を与えて下さった。いくつかを振り返ってみたい。

一九七〇年代中頃と思うが、先生の文部省科学研究費による研究会であった「戦国期研究会」に参加させていただいた。その一環であった山口での現地調査では、大内・毛利氏関係の遺跡・文献などに初めて接しさせていただき、深い感銘を受けた。伊勢での現地調査も思い出される。また、この会は、佐藤和彦氏など今に至るまで私を支えてくださっている方々との深い交わりの場にもなっていたと思っている。そしてこの会での先生は、戦後歴史学のリーダーであられながら、聞き役になられることも多く、そこにも凄さを感じたと記憶している。

先生の御企画・司会になる学生社版『シンポジウム日本歴史7　中世国家論』のメンバーに加えていただいたのは心底驚きだった。力不足ゆえの断りに「気にせずに……」とおっしゃっていただいた。

こうしたことはまだまだ数多くあるが、それだけでなく、初めて自治体史に関われたのも（栃木県『真岡市史』）、監修者であられた先生の御推薦によってだった。これを契機に茨城県の『真壁町史料』『八千代町史』などにも関わることができた。地域と向かい合いながら、さまざまなことを学べたことを幸せに思っている。

このように先生からは言いつくせない御高配に預り、お導き頂きながら、最初に書いたように研究生活からは程遠い現実である。おそらく先生も「どうしてなのか……」と、お怒りのお気持ちもあったのでは、と想像している。お詫びのしようもないが、先生に対する感謝の気持は心の中で生き続けている。お許し下さい。（たぬま・むつみ）

「まねび」

永村　眞
（日本女子大学教授）

今まで私は、多くの師からの「まねび」を生きる支えとしてきた。とはいえ、真似のできることとできないことがある。早稲田大学大学院経済学研究科の授業で教えをうけた永原先生（「永原さん」とはとうてい言えない）は、やはり

「まねび」難いお一人であった。

もう三十余年も前、大学院に進学した私にとって、史料を素材にして報告をしたはじめての場が永原ゼミであった。そこで報告した東大寺領の初期庄園に関する内容など、取るに足らないものである。ところが報告が終わると、先生は、「貴方の報告はこのような内容ですね」と論理的にまとめられ、「おもしろかった」との一言を付け加えられた。実のところ自分の報告が、先生のまとめに及びもつかぬ内容であることにすぐ気がついたが、決して悪い気はしない。いくどかのレポートのたびに、先生のコメントは私の理解や構想を遙かに越えていた。それらは、先生ご自身が報告されたならば、このような内容になるというものであったのかもしれない。そして、このコメントが先生の教育的指導であったと気がついたのは、ずいぶんと後のことである。報告者に向かって、大きな枠組みのなかで研究テーマをとらえるべきであるという批判を、「貴方の報告は――ということですね」という表現で語られた。この高度な指導に気づかず、甘美な一言のみを喜んだおのれに、今も赤面するばかりである。

ふと我が身を振り返る。学生・院生諸氏から「姑」と呼ばれている私が、彼女たちの報告に口汚く枝葉末節を言い立てることはあっても、大きな構想や可能性を提言することなど絶えてない。先生のコメントが教育技術ではなく、幅広い見識に基づくことは言うまでもない。しかし、この年になっても、またおのれの能力は措いても、自分の出発点となった先生のコメントを、「まねぶ」努力は続けたいと思う。そして先生のご指導に対し改めてお礼申し上げるとともに、心よりご冥福をお祈りしたい。

（ながむら・まこと）

永原さんを追悼する

峰岸純夫
（東京都立大学名誉教授）

「歴研大学」には、先生はなく真理の前にはみな「同朋同行」ということで「さん」呼びで記します。私が歴史研究を志し、高田実・北爪真佐雄・佐藤和彦・三木靖・小山靖憲氏らとともに、歴研中世史部会の活動に参加し始めた一九六〇年代前半から今日まで四〇年余、永原さんには大先輩としてたいへんお世話になりました。

考えてみると「生意気」な後輩だったと思う。研究の出発点は、永原さんの「日本における農奴制の形成過程」（『歴史学研究』一四〇号、一九四九年）で、新田荘が、広大な無人の荒野を開発して荘園を作る武士の舞台ということに感銘と違和感をもち、浅間火山爆発による荒廃と再開発の視点を導入した。

永原さんが、中世後期に女性の地位が向上したと述べると、それに異を唱え、最近では、品川湊で長享二年（一四八八）に沈没した伊勢船の積荷

永原さん(左)と筆者
1965年8月6日，第3回中世史サマーセミナー，日御崎にて

の米は伊勢方面から流入したものと永原さんが述べると、これは関東の御厨年貢で伊勢に向けて出港の風待ちの時に沈んだ船であると主張した。それでも、懇切に対応してくれて人間の大きさを感じてきた。

長期にわたり歴史研究をリードしてきた永原説は、新説に対して柔軟に対応して自説を組み替えていくというもので、これはなかなか出来るものではなく、当時われわれの若手は「中国の指導者周恩来のようだ」などといっていた。亡くなられて、大いなる寂寥さを禁じえない。ここ数年、多くの歴史研究者の先輩・友人を失った。偲ぶ会で友人から、「峰岸さんはどういう葬式をするのか」などと聞かれて、出航の風待ちという感がしている。彼岸で永原さんらに会いたいと思う。

追悼文　重ね重ねて　一里塚

（みねぎし・すみお）

『日本の中世社会』と石井進先生

村井章介
（東京大学教授）

久しぶりに永原慶二著『日本の中世社会』（岩波書店、一九六八年五月刊）を開いてみると、巻末の余白に、「一九六九年一二月一一日に新宿紀伊国屋書店で購入」という下手くそな文字がある。一年余に及んだ騒動で駒場の二年生のままだった私が、本郷の文学部国史学科に進んだのがこの月である。文学部では、着任されて三年目の若々しい石井進先生が教鞭を執られており、講義のテキストとして指定されたのが『日本の中世社会』であった。

駒場では文Ⅱ（経済学部進学コース）に属していたこともあって、日本史の勉強などロクにしておらず、石井先生とももちろん初対面だったし、この書は初めて読んだ（読まされた）本格的な中世史の学術書だったように思う。そんな未熟な脳髄が、いきなり「家父長制的世帯共同体」だの「総体的奴隷制から封建的農奴制に移行する過渡的経営体」だのという言葉にさらされて、はじめはクラクラした記憶しか残っていない。

しかし読み進めるうちに、歴史を論理でとらえるとはこういうことか、科学的な時代区分はこのような論理の裏づけをもっていたのか、など、歴史「学」とは何かがおぼろげに見えてきたように思った。石井先生が、ようやく再開された授業で、初学者むけの教材にこの書を選ばれた理由も、そのあたりにあったのかも知れない。

その後、永原先生の講義を聴く機会はなかったけれども、『講座・前近代の天皇』（全五巻、一九九二〜九五年刊）の編集の過程で、たびたびお会いするようになった。青木書店で開かれたこの会議では、先生の発案で編集委員がじゅんぐりで研究発表をした。私はのちに雑誌『思想』七三二号（一九八五年）に載った「中世日本列島の地域空間と国家」を発表したが、風邪のためひどく体調が悪く、どんなお言葉をいただいたかは残念ながら憶えていない。

ともあれ、私の研究生活の出発点に、恩師石井先生とならんで、『日本の中世社会』があったことは、幸せなめぐりあわせだったと、色あせたページを繰りながら思うのである。

（むらい・しょうすけ）

永原慶二先生と私

義江彰夫
（帝京大学教授）

永原先生から得た学恩は、限りなく大きい。

私は東京大学大学院の修士二年の夏に修士論文のため、鹿児島県入来町へ調査に赴いた。それを思い立ったのは、先生が入来院のフィールド・ワークをもとに書かれた「中世村落の構造と領主制」（『中世の社会と経済』東京大学出版会、一九六二年、のち『日本中世社会構造の研究』岩波書店、一九七三年、に再録）に触発され、再検討して、少しでも批判して見たかったからであった。先生に直接お会いしたのは、私が博士課程に進学し、歴史学研究会の委員になったころである。歴史学研究会大会で発言される先生のお姿に接し、論文で描いていたシャープかつスマートでバランスの良いイメージそのままであることに、大いに驚いた。「学者は読むもので見るものでない」と先人にいわれ、自分の経験でもおおむね、なるほどと思っていたからである。

以来、先生から教えを受けたことは限りないが、私にとって忘れられないのは、一九八〇年代末から始まった『講座前近代の天皇』全五巻（青木書店、一九九二〜九五年刊）の編集作業である。構想の検討から、巻立て・章立て・執筆者の選定にいたるまで、各編集委員が原案を持ち寄って組み立てる方針で臨んだ。しかし、どの案も一長一短で調整が取れずに難航した。編集委員が喧々諤々と意見を交し合っている間、先生は黙って眼を閉じて聞いておられた。

ところが、議論が収拾付かなくなったところで、やおら眼を開かれ、万年筆を取って一枚の紙にさらさらと書き出された。皆呆然としているうちに、各巻名・巻ごとのコメントと各巻の章名・そのコメントとを一気に書き上げられて、我々に示された。そこに提示された案には、委員がそれまで交し合った対立する意見が、見事に総合されて位置付けられている。先生の緻密で総合的な力量を思い知らされた出来事として、今でも昨日のことのように想い出す。

網野善彦氏が開拓した社会史研究に先生が一貫して批判的だったことは、誰しも認めることであろう。しかし、網野氏の研究を最も深く理解していたのも永原先生であったと、私は想う。それは、晩年の大作『20世紀日本の歴史学』（吉川弘文館、二〇〇三年）にも充分窺われる。しかし、それを俟つまでもなく、先生は網野氏の研究が公刊されるたびに、自説との緊張関係を問い直し、その成果を積極的に摂取された。職や荘園公領制にかんする新見解はいうまでもないが、『講座・日本技術の社会史』（日本評論社）の編集委員として執筆された「綿作の展開」（第三巻『紡織』一九八三年）から『新・木綿以前のこと』（中公新書、一九九〇年）を経て、遺著『苧麻《ちょま》・絹《きぬ》・木綿《もめん》の社会史』（吉川弘文館、二〇〇四年）に至る新天地の開拓は、網野氏の成果を最も深く理解した先生にしてはじめてなしえた、と思う。

過日、網野氏の研究の意義を考える「網野史学の成果と課題」（『歴史学研究』七九五号、二〇〇四年）を執筆する機会を得たとき、私はつくづくそう考えずにはいられなくなったのである。

（よしえ・あきお）

編集委員としての永原さん

吉村武彦
（明治大学教授）

現在は列島の古代史を研究対象にしているが、日本史に関心を抱いてから最初に興味を持ったのは明治維新であった。その歴史的前提として、日本の封建制を知る必要があると思い、学部二・三年生のころに『日本封建制成立過程の研究』（岩波書店）を購入した。ノートをとりながら必死に読んだ思い出がある。奥付に「昭和四十年四月三十日第四刷発行」とあり、定価は一〇〇〇円。

ところが、古代史を研究対象に移したので、中世ではなく通史的な企画で一緒に仕事をさせてもらうことになった。早くは『日本史を学ぶ』シリーズ（有斐閣、一九七五年）。次の『講座史的唯物論と現代』三「世界史認識」（青木書店、一九七八年）では研究会が開かれたので、懇意に話せるようになった。そして、『日本経済史を学ぶ』（有斐閣、一九八二年）、『講座日本歴史』（東京大学出版会、一九八四年）と続く。いずれも編集委員と一執筆者の関係であった。

一九七九年三月から、歴史学研究会編『日本史年表』の編集が始まり、事務局長として尽力した。企画の立ち上げ時、岩波書店から強い注文があり、中村平治さんと編集委員会の委員長を引き受けてもらうため、ご自宅へ伺った。五年後に無事刊行できたが、現在は第四版。この仕事関係は、後の『岩波デジタル歴史年表』を入れると、実に二〇〇四年の最晩年まで続くことになった。印象深いのは、『講座・前近代の天皇』（青木書店）の企画である。一九八四年前後から編集委員の研究会が始まり、第一巻は一九九二年。編集作業は難航し、最後は巻数を縮めて刊行。このほか、『石母田正著作集』編集委員会で席を同じくした。

永原さんには、どうしても本来の意味での東大出身の秀才という印象がつきまとう。編集に際しても、合理的にして冷静、沈着に事を運ぶ。また、気配りも忘れない。少なくとも『日本史年表』は、彼の働きがなければ幻の名著に終わっていたかもしれない。永原さんへの人物評価には、石母田さんや井上光貞さんの「永原君はねぇ……」という話がこびりつく。

（よしむら・たけひこ）

2　日本近世・地方史と近現代史研究から

永原先生に研究者の生き方を学ぶ

青木美智男
（専修大学教授）

永原先生は、一九八六年四月から二年間、愛知県知多郡美浜町にある日本福祉大学経済学部で教鞭を執られた。そのころの福祉大学は、名古屋市内から知多半島へ総合移転したばかりでたいへん困難な時期だったので、教員の仲間の多くが勇気づけられた。

しかし先生は、お目にかかると「最近よく眠れないんだよ」とおっしゃられていた。不眠症が進行し、出講がかなり苦痛だったようだ。一晩泊まって帰られるので、知多半島沿岸の波や風の音も睡眠を妨げたらしい。そんな先生が、かがやくような目をされてお話しされることがあった。伊勢海の戦国時代を語るときだった。その先生が史料調査をしようと呼びかけられた。ちょうど学内で地域密着型の研究所を立ち上げようという動きがあったので、私たちはその呼びかけに乗った。車で知多半島沿岸の旧村を回るときの先生は楽しそうだった。古文書がありそうなお宅を訪問し、文書が出てくると内容を丁寧に説明してくれた。その時の先生の真摯な姿にうたれたのだろう、多くの家で文書調査を快諾していただけた。

そのころ永原さんは、『小田原市史』の編纂の仕事を引き受けたことや、綿貫友子さんの「『武蔵国品河湊船帳』をめぐって」(『史艸』三〇、一九八九年)に刺激されたこともあって、戦国期の伊勢海と東国の大名の関係に強い関心を持たれていた。そこで対岸の伊勢大湊などに文書調査はおよんだ。そんな時の永原さんは、日ごろの不眠症の苦痛を忘れたように、熱心にメモをとられ、写真を撮るさいに適切な指示をされていた。そしてその夜の酒の席で、すでに頭の中に次の論文の構想が練りあがり、その内容の一端を披露してくれた。わずかに頬を赤くした先生を眺めながら、すごいなあと感心するとともに、研究者とはこうあらねばならないのかとしみじみ思った。もう一度そんな調査にお供したかったが、叶わない。残念である。

ご冥福をお祈りいたします。

(あおき・みちお)

史実へのこだわり

浅井良夫
（成城大学教授）

私は中村政則大学院ゼミの一期生であり、永原先生の孫弟子である。院生時代に接した先生は、いつも温厚な紳士であり、叱られた記憶はない。

永原先生の厳しい一面に接したのは、大学院終了後に、岩波ジュニア新書の『カレンダー日本史』（一九七九年）の執筆に参加させて頂いた時であった。一年三六六日に起きた出来事を、一つずつ選び、中学生向けに平明な解説を加えるという企画である。先生は、二次文献で済まさず、かならず一次史料に遡るようにと注意された。記憶に残っているのは、一九五一年四月二十四日に国電桜木町駅で車輛が炎上した大惨事の記述である。犠牲者数について、新聞などの典拠を挙げたが、先生はどうしても納得されず、「もっと確実な史料があるはずだ」と仰る。たしかに新聞は進行中の事態の説明にすぎず、どの時点で数えるのか判らない。致し方なく国会図書館に赴き、ようやく当時の国鉄の公式発表にまでたどり着くことができた。

前近代史に疎い私は、長い間、先生の偉大さを実感できずにいたが、一昨年（二〇〇四）六月に届いた『年譜・著作目録・私の中世史研究』（私家版）を通読した時、はじめて心から共鳴できた。「遺書」として書かれた力強い筆致のゆえもあろう。一言一言が心に染み透った。恣意的な歴史解釈を避けるには、通史的な歴史記述が重要だという主張や、歴史家は普遍的概念を追求する努力を放棄すべきでないという考え方は、我々に対する貴重な助言である。

昨今、「根拠がなくても、言ってしまった方が勝ち」といった風潮が幅を利かせるのを見るにつけ、歴史家の実証がどれほどの影響力を持つのかと無力感を覚える。しかし、所詮、権力とは理不尽なものであり、史実に基づかない言説も巧みに利用する。毅然とした態度で権力と互角に渡り合い、理を通らせた永原先生の世代は凄いと思う。歴史教育が、戦後歴史学の遺産を食い潰すことで、かろうじて大幅な後退を免れているように見える現在、我々の世代に残された任務は重い。

（あさい・よしお）

理路整然とした歴史学

朝尾直弘
（京都大学名誉教授）

永原慶二さんと親しく話すようになったのは一九七〇年前後、岩波書店の講座「日本歴史」編集に携わって以降であろう。その後いくつも一緒に仕事をさせていただいた。いつお逢いしても、その温容と品のいい東京弁での理路整然とした話しぶりは変らなかった。

戦後歴史学の第一の特徴は合理主義であったと私は思う。戦時中の非合理的で狂信的な皇国史観の教育を受けた私たち墨塗り世代にとっては、マルクス主義も実証主義もない、理にかなった説明をこそ求めていた。背後には同じ経験を共有する多くの読者がいた。永原さんの理路整然とした学説の数々は、そんな私たちにとって導きの灯であり続けた。

一度だけほめられたことがある。永原さんのご先祖は牢人だったそうで、江戸時代の牢人の社会的地位、帰属について尋ねられた。牢人は、最初はもと仕えた大名家中の籍が抜けなかったが、一七世紀から一八世紀にかけ居住の町中に本籍を移された。江戸や京都でいえば町奉行の管轄下に入ったのである。この旨を答えたところ、胸中何か符合する部分があったらしく、「うん、さすが明快だね」と納得の表情であった。明快こそ永原史学の核心と考える私にとって最高の評価であった。

しかし、人間の欲望は際限のないもので、あまりに明快で理路整然としていると、もうすこしわけのわからない、説明不能の、不条理な問題が残されているのではないか。孔子は「怪力乱神」四種の事柄については語らなかったというが、永原さんも何かそれに類して非合理に対する自己規制があるのではないか。無躾けな質問をする私に「ぼくは経済学部で日本経済史の講座を担当しているんだよ」という答えが返ってきた。

与えられた持場で全力を尽すことこそ人生の大事であるというのか。人間の経済活動は合理的なものだという先達の教えと解すべきか。お前たち歴史学でメシを食っている者こそもっとしっかりやれとの叱咤であるか。含蓄に富んだ回答は、明快を好む学生には呑みこみ難いところがあった。

（あさお・なおひろ）

通史叙述の方法——永原史学に学ぶ——

石井寛治
（東京経済大学教授）

私が永原慶二氏と出会って直接に教えを受けた最初は、一九七〇年に有斐閣から刊行された永原慶二編『日本経済史』の執筆に参加させていただいた時であった。執筆を依頼された時には、私はまだ日本経済史の講義を担当していなかったため、手探りでの執筆であったが、通史なるものがいかにあるべきかを考えさせられた点で大いに勉強になった。この時の経験がもとになって、東京大学経済学部での私の日本経済史の講義は、しだいに古代から現代までを通して学ぶという、歴史研究が細分化し高度化した段階としては、かなり無鉄砲な方法を採用することになった。

私が東京大学経済学部で受けた山口和雄教授による日本経済史講義は、近世から近代に至る通史であったが、自分の講義としては、古代律令制のもつ巨大な影響を考慮しないでは、近代以前はもとより近代史も十分に説明できないと考えたためである。この点は、拙著『日本経済史』（東京大学出版会、一九七六年）を全面改訂した同書第二版（一九九一年）の叙述に示されている。

第二版を執筆したのは、永原慶二『日本経済史』（岩波書店、一九八〇年）が大きな刺激となっており、前近代史については到底同書の水準に及ばないものの、近代史についてはもう少し最近の個別研究を取り込めば、意味のある新しい通史を執筆できるかも知れないと考え、前近代についても自説を恐る恐る展開してみたのであった。それだけに、

『土地制度史学』一三五号（一九九二年）の書評で永原氏が、古代史では東アジア史的視点が強く自覚されているのに中世史では国際関係が軽視されていると鋭く批判されつつも、全体として好意的な評価をして下さったのは、何とか合格点を頂いた生徒の気分で嬉しかった。

個別研究と通史叙述は歴史研究における車の両輪であるが、両者を統合した永原史学の研究スタイルから教えられたことは限りなく大きく、その学恩の深さを改めて嚙み締めているところである。

（いしい・かんじ）

「ユウキテキレンカン」と『苧麻・絹・木綿の社会史』

大門正克
（横浜国立大学教授）

「ユウキテキレンカン」という言葉を聞くと、永原慶二先生を思い出す。「有機的連関」のことである。この言葉を私は、大学入学まもないころの歴史学入門講座ではじめて聞いた。

一〇〇人近くの新入生が集った教室に永原先生は颯爽とあらわれ（当時五〇歳！）、「自分にとって都合の悪い歴史的事項を省いた歴史学はダメであり、歴史学は時代の諸事項の「有機的連関」を説明できなくてはならない」と熱っぽく語った。かつて喜安朗氏は、高橋幸八郎氏の講義で「農民層分解」の言葉を聞くたびにわからなくなり、何やら脳味噌が分解されるように思ったという話しを聞いたことがあるが、私にとっての「有機的連関」もそれに近く、当初、永原先生がくりかえし使う言葉の意味を十分に理解できなかった。だが今では、「有機的連関」は永原先生と結びついて忘れられない言葉になっており、私の大事な歴史学の方法にもなっている。

永原先生の遺著になった『苧麻《ちょま》・絹・木綿の社会史』（吉川弘文館、二〇〇四年）を深い感慨をもって読んだ。苧麻から木綿への転換は女たちの紡織労働時間を減少させ、夫婦労働力の完全燃焼による労働集約的な農家経営を発達させるきっかけになった。木綿と稲作が一体になり、商品経済に対応した近世の農家に、永原先生は「社会展開の深層の力」を認めている。古代から近世に至る長い道のりをたどり、木綿にとりくんだ農家経営の歴史的特質で最後をまとめた記述は見事というほかなく、商品生産に社会発展の原動力を求める永原先生らしさが十二分に発揮されている。

読後の私は、この本のテーマを引き継いで近代以降の農家経営を考察したらどうなるのか、といった関心をふくらませている。『苧麻・絹・木綿の社会史』で示された視点を継承・発展させようとするとき、焦点は家族経営における女たちの労働とくらしの有機的連関をどのように考えるかであるように思う。明治以降、木綿に代わって導入された養蚕は、それまでの衣類生産と異なり、米麦の生産と重なる時期に行われたため、農家の農繁期をひろげて農業労働時間を増加させることになった。養蚕は女たちの労働に多くを依拠した。農家の女たちからみれば、農業労働に加えて養蚕に従事し、夜なべや農閑期に衣類生産をつづけた明治以降は、以前よりも労働過重になったのではないだろうか。家族経営は労働とくらしで成り立つ。木綿から養蚕に至る商品生産は「社会展開の深層の力」になるだけでなく、女たちに過重労働負担をもたらし、くらしに困難も与えたのではないだろうか。出産ひとつを考えてみても、農村の乳児死亡率は一九二〇年代まで容易に下がらなかった。家族労働と商品経済の接点をつきとめるためには、出産や家事の分担などのくらしと労働の有機的連関を検討する必要があるだろう。永原先生から教えていただいた有機的連関について自分なりに考えた先に、私はいずれ『養蚕の社会史』をまとめたいと考えている。

（おおかど・まさかつ）

三井文庫の評議員として

賀川隆行
（大阪大学教授）

二〇〇一年の初夏の頃だと思いますが、永原慶二先生から私の自宅に、「法政大学出版局の件はどうなっているのか」という電話がかかったことがありました。その頃、法政大学出版局から本を出版してもらう話が進んでいて、日本生命財団の出版助成を申請することが条件で、推薦人として永原先生と作道洋太郎先生にお願いしてありました。しかし半年くらい進捗しないでそのままになっていたために、どうなっているんだと思われて自宅まで電話をいただくことになり、たいへん恐縮してしまいました。

永原先生は、二〇年ほど三井文庫の評議員をされていました。三井文庫は、ごく小規模な史料保存機関で、併設する美術館は日本橋に移転しましたが、三井グループとしては社会文化活動の一つとなっています。特定公益増進法人として寄付金に免税措置がとられていて、理事・評議員体制がとられています。三井グループ主要企業の社長や会長と学識経験者から構成されていて、安藤良雄氏が館長となられたときに永原先生は評議員となられています。文部省に報告書を提出する際の署名人を何度も勤められました。永原先生のお父上が三井物産におられたことが三井への親近感をもたれていたのかも知れません。

私は社会学部の出身ですが、大学院では第二ゼミという形で永原ゼミにも出入りするようになりました。そのころは明治期の農村のことを研究していたために、「地方改良運動の史料があるから」と永原先生から御殿場市の調査に誘われました。何度も通って御殿場市内の旧村役場の文書の整理をしたような記憶があります。生家のある小山町の隣町であったため先生の思い入れの深さを感じたものです。私はここに書かせていただくほど深い縁があったわけではございませんが、尊敬することのできる永原先生に接することができたことは、私にとってたいへん幸せであったと思っています。

心より冥福をお祈りします。

（かがわ・たかゆき）

きびしかった三〇代の永原先生

北島万次
（元共立女子大学教授）

永原慶二先生と私の出会いは、一九五七年である。その頃、先生はまだ史料編纂所の助手であった。早稲田大学の卒業論文で征韓論・西南戦争をテーマとした私は、卒業後、東京都立大学の大学院に進学した。そこで北島正元先生の指導をうけることとなった。北島正元先生は「薩摩藩の歴史をきちんと勉強しないと駄目だ」と言われ、「永原さんが薩摩の調査をしているので、一度教えを受けにいった方がいい」と助言された。

史料編纂所に永原先生を訪ねた。その時、私は二二歳、永原先生は三四歳である。門割制度をはじめ、特異な薩摩藩の実態について、懇切丁寧に教えてくださった。そして御自身で採訪された蒲生郷のデータも貸してくださった。

勉強をすすめるにつれ、分からないことがいっぱい出てくる。何度も先生のもとに足を運んだ。ある時、「前回教えた時から今回まで進歩のあとがみられない。前回確認したことをベースにして、ここまで来たという成果をもって質問にくるように」と、きついことを言われた。「一橋大学定年間近の先生は好々爺だ」と若い人たちが言っていたが、三〇代半ばの先生はそうではない。学者として一番張り切っている年代であり、それだけに大変きびしかった。そして知らぬ間に、私自身の研究対象が薩摩の近世から中世の領域に移っていた。

修士論文は薩摩の太閤検地であった。これは先生の御指導によるものである。大学院修了後、私は高校の教師を勤めたが、その間、論文「門体制の構造と領主制」（『歴史学研究』二九四、一九六四年）・「天正期における領主的結集の動向と大名権力」（『歴史学研究』四〇〇、一九七三年）をまとめることができた。それも先生の数々のアドバイスによるものであった。とくに後者の論文からは、秀吉の九州平定から本格的に海外制覇に向かう筋道をさぐることができた。ここに征韓論を出発点とし、壬辰倭乱研究へと進むことができたのである。

（きたじま・まんじ）

永原先生の〝アドバイス〟

西田美昭
（東京大学名誉教授）

永原先生の学恩を数えたら切りがない。歴史研究者としての心構え、そして何よりもその歴史研究者になるための条件・手順を懇切丁寧に、大学院入学当初から教えていただいたのである。横浜国立大学経済学部時代の私は、学生運動と軟式テニスに明け暮れていたので、研究者としての基礎は何も出来ていなかった。先生は、そのことを心配されていたのである。

修士課程の一年目の夏休み直前のことだったと思うが、先生に国立駅前の〝ロージナ〟という店に誘われ、スパゲッティイ・ボンゴレをご馳走になった。初めてのボンゴレの味に感激したのも事実であるが、先生の歴史研究者になるためにクリアーしなければならない条件についての〝アドバイス〟が始まると、もはやボンゴレどころの話ではなくなった。マルクス・エンゲルス・レーニンの史的唯物論について基礎的理解を深めること、近代日本農村史を研究するにしても、古代から近世までの代表的文献はしっかり消化しておくこと、農村史を研究するのであれば、フィールドを決めて農村史料調査を行い、在地の史料もしっかり読解できるようになる必要があることを〝宣告〟されたのである。私はこのとき、歴史研究者にはとてもなれないと落ち込んだ。

しかし、永原先生の〝アドバイス〟は言いっぱなしではなかった。学部の永原ゼミの学生とともに山梨県の英村調査に同行することを許され、膨大な役場資料の整理をする中で、調査の〝基本〟を教えていただいたし、その後も同じ英村の耕作地主である関本家の「小作帳」を先生自ら一部筆写し、史料の読み方、使い方を実地でご教示いただいた。永原先生の厳しい〝アドバイス〟とその後のフォロー・アップで、何とか研究者になれたといっても過言ではない。

先生の学恩に感謝すると同時に、最後に娘や息子も含めて家族ぐるみでお世話になったことも大切な思い出として特記させていただきたい。

（にしだ・よしあき）

地方史と日本福祉大学知多半島総合研究所で

林　英　夫
（立教大学名誉教授）

一九五五年代頃から地方史研究協議会の委員会で永原さんとお目にかかるようになった。お名前は気鋭の論文で知っていた。会合は神田の小宮山書店の屋根裏で開かれ、当時幹事長の杉山博氏をはじめ、児玉幸多・古島敏雄・北島正元らの戦前派の諸先生から、永原さん・木村礎・島田次郎・桜井徳太郎・藤野保・西垣晴次・芳賀登・服部一馬・村井益男の諸氏らが集って、新しい郷土学の方法論・運動論など真剣に討論した。ことに記憶しているのは、討論は諸氏の舌鋒は鋭利ではあったが、爽やかであった。会で編集した「日本産業史大系」（全八巻・東京大学出版会）は、永原さんの発言で企画・刊行された本であるが、その時の編集者が「こういう本は出版会では始めてです」と言われた。意味が分らず聞き直すと「小中高の先生や在野の方の執筆は社になかった」と言われ、野人の私は気づかないことであったからよく記憶している。永原さんは、出版会に在野の風穴を開けたことにもなる。

氏とは日本福祉大学（日福大）知多半島総合研究所で共に客員教授として数年勤め、帰京の車中で氏に「威張れることが一つだけある」とよく言った。それは私が海軍第三期予備学生出身で、氏は私より一期下であった。車中で戦中を語り合う時、私の方が饒舌であった。

日福大では青木美智男さん・山本勝子女史をはじめとして所員の方々が、永原さんの健康に常に気を配って下さった。永原さんの緻密・鋭敏な感性は故障を時として起すことがあり、そのさいの機敏で見事な介護には感動した。「ありがとう」。永原さんに代って伝えておきたい。

（はやし・ひでお）

永原さんにとっての通史

深谷克己
（早稲田大学教授）

永原慶二さんは、私が大学院に進んだ頃は、次のような脈絡で勉強の中に入ってきた。当時は視野に農民闘争史しかなく、林基さんの階級闘争史論から多くのことを学び取ろうとしていた。林さんは近世階級闘争の初期から幕末までの過程を発展として段階化することを試み、初期の逃散を位置づけ、評価した。

これに対して永原さんは、近世の初頭では、農民が農業経営を確立することこそが最も大事なことであり、逃散はそれが阻まれた現れにほかならないと批判した。近世史研究の側でも、「小農自立」が研究の主眼になっていたのだから、この指摘は当然だったのだが、私はもっぱら闘争形態の変化を段階化することしか興味がなく、両方を一体的に認識しようとすることは、まだできなかった。

その後は、機会あるごとに永原さんの論著に触れるようになったが、じつに幅広く、目の前に現れる問題は何であれ避けることなく考え、かつ発言する研究者であることに感服した。しかも永原さんは、それらを多様のまま放置せず、日本史の体系的認識という一点に集約させる志向を持ち続けた。個別の実証、理論的考察は体系的な通史認識のための「実験」と位置づけ、整合的に通史にはまり込まない個別実証は意味がないという、強い考え方を持っていた。

そうした通史の代表的な叙述が、『日本経済史』（岩波全書、一九八〇年）であろうと思う。「農耕の開始」から「日本資本主義と地主制」までの前近代・近現代を、経済構造・社会的分業・所有階級・政治史・国際関係史を一貫した視角として生かし、「多くの史実を、バランスをはかってとりあげつつ、理論的把握の明確な通史」に仕上げようとした本書は、一人による執筆としては余人が真似しえないものである。

中世史家としての永原説の検討も大事だが、永原さんの日本史通史の検討は、後学の大事な課題の一つであろうと思う。

（ふかや・かつみ）

永原先生と織豊期研究会

三鬼清一郎
（名古屋大学名誉教授）

私は永原先生の講義を一度も受けたことはないが、学生時代から研究会などでお目にかかるたびに声をかけて下さり、懇切なアドバイスをいただいて来た。また、私どもが東海地域で結成した織豊期研究会にとって、先生は良き理解者の一人でもあった。

この会は、わずか数人の読書会から出発したのであるが、雑誌を刊行し会員制をとると、すぐに入会して下さった。先生のような方にお入りいただけるとは夢にも思っていなかっただけに、感激したことは勿論である。二〇〇〇年十二月に開かれた第三回総会では講演していただいた。

そのころ先生は、以前に小学館から出版された御著書を補訂され、『戦国時代―一六世紀、日本はどう変わったのか―』（二〇〇〇年）というタイトルで文庫版に収められた。お話しの内容は、その作業中に考えられたことがらで、時代状況を権力・城郭・都市の三つを指標として捉え、具体的な分析に及ぶという密度の濃いものであった。通説の問題点を鋭く指摘し、ご自身の見解を述べられたが、それぞれの長所や今後に継承すべき課題が軸となっており、まさに研究の場における相互批判・自己批判のありかたの手本を示されたような気がした。年末ぎりぎりという時期にもかかわらず、七〇人近い参加者があって盛会だった。

会のあと、学生・院生も加わる二次会に出席して下さった。お疲れにもかかわらず熱弁をふるわれ、こちらも自由に意見を述べさせていただき、強い学問的な刺激をうけた。宿へお送りする道すがら、このような大先生を交通費程度の薄謝でお招きした非礼をお詫びしたのであるが、先生は笑って受け流して下さった。

永原先生から頂いた限りない学恩に報いるには、私ども研究会メンバーが、真摯な態度で研究に励むことしか道は無いであろう。戦中・戦後の困難な時期を誠実に闘いぬいてこられた先学をお見送りすることは寂しい限りである。

謹んでご冥福をお祈り申し上げたい。

（みき・せいいちろう）

信州伊那長岡村長松寺合宿調査回顧

山口啓二
（元東京大学史料編纂所教授）

五月の山の手大空襲で罹災、帰郷していた山口進画伯（著名な版画家、同郷ではないが親しい知人）の援農のため、長岡村（現箕輪町長岡）に赴いたのは、一九四六年七月のことだった。画伯の菩提寺、長松寺を訪れ、保管してあった村文書を見せて貰ったのだが、近世の対外関係専攻の私にとって、村文書を見たのは初めてであった。

研究室に戻って親友の大学院生稲垣泰彦・永原慶二両君に報告すると、長松寺に頼み、合宿調査しようということになった。

出かけたのは十一月の末で、寺では大炬燵に炭火を入れた二〇畳ほどの座敷を提供してくれ、ここに五日ほど寝泊りして、村文書の総めくりを行った。読めない文字や判らない文章に出合うと、額を集めて智恵を出し合い、次第に長岡村の近世が見えてくる楽しさを味わうことができた。稲垣君と私がもっぱら大学ノートにメモをとるだけだったのに、永原君は、あの美しい筆蹟で原稿用紙に文書の写しをとっていた。

寺は朝が早く、読経の声で目を覚ますのだが、寝坊の永原君を稲垣君が蒲団を引っ剝いで起こし、障子を開け放って掃除を始めるのだった。その永原君が、午後になると二人を促して、村文書に出てきた入会山や新田村の踏査に誘い、沢登りで靴を濡らしながら、入会地を無断で切り開いたという新田に辿り着くことができた。

一昨秋（二〇〇三年）、山口画伯の版画展が伊那市文化会館で催された際、久しぶりに長岡を訪れたのだが、あの入会山も新田村も広々とした桜の園に変貌していた。長松寺は、県文化財の山門と金堂は元のままだが、庫裡は新築され、私たちが合宿した座敷はなく、木の香も高い座敷には画伯晩年の大作「涅槃」図の木版画が掲げられていた。当時、私たちがあやした赤ん坊が現住職と聞いて、三人の合宿調査が幻にも思えてくるのだった。

（やまぐち・けいじ）

『日本封建社会論』と私

山口　徹
（神奈川大学名誉教授）

私は満州事変が始まった年に生まれ、勤労動員先の火薬工場で終戦の玉音を聞き、再開された授業で教科書の墨塗をさせられた、自由も平和のあることもまったく知らない人間として、皇国軍国一色に塗りつぶされた世代である。自由と民主主義が声高に叫ばれ、否定さるべき現在を、過去を含めて単純に封建的であると片付けてきた世代である。だから、前近代社会を封建制論で切ることは古臭いと言われても、簡単に引き下がるわけにはいかない。

農地改革、財閥解体が眼前で進み、帰宅の途中で三鷹事件の現場を目撃し、現実を見すえる確かな目を持つことの必要性を感じ、大学に入ってからは、市民とは、自由とは、民主主義はいかにあるべきかを追い求め、西洋経済史、社会思潮の勉強を始め、マルクスとウェーバーの間を右往左往し、思想遍歴をくり返した一人である。

大学卒業後、ようやく日本における封建制から資本制への移行過程を勉強し始めた時に、一橋大学の増田四郎先生から、レポートを書くようにと与えられたのが一九五五年に永原先生が著された『日本封建社会論』（東京大学出版会）であった。本書を通して日本史研究の問題状況、歴史を認識する方法を学んだ。そこで学んだことを踏まえて、史学会の委員をしていた大石慎三郎先生と佐々木潤之介さんから要請された『史学雑誌』の「回顧と展望」で戦後の近世近代史研究の流れの中で一九五八年度の研究を「近世史の方法論」についてと題して執筆し、歴研封建部会で報告した。この報告を契機に一九五九年度の歴研大会「封建社会解体期の雇傭労働」の報告者に加わることになった（『歴史学研究』二三二、一九五九年所収）。以来四十余年、永原先生の直接指導をうけ、歴研の若い仲間と研究を共にすることとなった。

歴研報告のベースともなり、その意味で私の研究の出発点に位置する『日本封建社会論』は今も、先生の学恩とともに忘れることができない一書として書斎に置かれている。

（やまぐち・てつ）

永原慶二さんを偲ぶ

由井正臣
（早稲田大学名誉教授）

一昨年（二〇〇四年）七月二十日の永原さんの「お別れ式」は、たいへん印象深いものであった。とりわけ、最後の献花の時、堂内に響きわたったベートーヴェンの第六の清冽な響きとその意志的な展開は、わたくしには永原さんの生涯を象徴するものとして、その面影と重なりあって、いっそう印象を強めたのであった。

日本史研究の後学とはいえ、日本近代史の狭い領域に研究分野を限ってきたわたくしは、永原さんの学問から知的刺戟をうけても、その学説から学ぶことはきわめて少なかった。しかし永原さんの薫陶をうけて育った近代史家の中村政則、西田美昭、森武麿、西成田豊らの諸氏の研究から多くを学んだ。その意味で、わたくしは永原史学から多分のお裾分けをいただいたわけである。それでも一九七〇年代初頭に永原さんが歴史学研究会の委員長に就任され、わたくしも委員に加えられた頃から約三十余年、いろいろの形で交際がつづいた。

七〇年代初頭の歴研委員長としての永原さんは、大学紛争とその影響をうけて複雑な様相をみせていた学会運営を、その合理的な思考と爽やかな人柄によって、見事にさばいていった。重い課題をめぐって長時間の議論を終えた帰りの電車の中で、当時中央線グループと呼ばれていた北島万次・青木美智男・森武麿・由井らの委員が、「先生一杯飲んでいきませんか」と誘うと、きまって「今日は無理だ、次にしよう」と笑って答えられる。永原さんのこの「次にしよう」はとうとう委員長在任中、繰り返されたと思う。研究の多忙な日々、悪童どもと飲むなどとは思いもかけないことであったのだろう。

それから二五年余すぎて、『岩波日本史辞典』の監修を引き受けられた永原さんは、編集委員の一人にわたくしを加えられた。こうしてわたくしは再び、先生の名司会のもとに編集会議に列席することになった。七〇も半ばをこえた永原さんではあったが、その進行振り、問題点の指摘、的確な意見は、かつての歴研委員長時代とまったく変らないものであった。わたくしはその若わかしさと明晰さに驚嘆した。しかし、この時には書店側の振舞酒などもけっこう楽しまれ、帰途ごいっしょすると、「この頃は時どき独りでも飲むことがあるんですよ」といって笑っておられた。また、しばしば小説のことなどを話題にされ、藤沢周平の『三屋清左衛門残日録』などを、「文章もいいし、老人の心理を実に巧みにつかんでいるね」とか、「一九三〇年代の渋谷周辺を描いた面白い作品ない？」などとわたくしに問われた。わたくしが即座に大岡昇平の『幼年』『少年』をあげると、次に会ったときに、「あれ、とても面白かったよ」と感謝されもした。

こんな私的世界を垣間見せながらも、永原さんの七〇台は比類まれな豊饒の年輪を重ねられたことは、その著作目録を一見すれば明瞭である。三年前、わたくしが定年退職の折に小冊子をお送りした時、先生はお礼のはがきの中で、「七〇台はまだ余力ある楽しい一時期と思います」と書かれていた。そしてその直後に名著『20世紀日本の歴史学』を署名入りで贈ってくださった。いまわたくしは、永原さんの遺著と言葉を道標《みちしるべ》に、楽しい七〇歳代を生きようと心掛けているのである。

（ゆい・まさおみ）

四　さまざまな活動と交流

1979 年，山本安英の会「子午線の祀り」公演にあたっての楽屋訪問
写真中央が石母田正氏，左より松島秀三氏，木下順二氏，永原先生，松島榮一氏．公演に先立ち，「平家物語」の研究会をこの方々で行なっていた．

1　学界活動のなかから

永原先生のこと

伊集院　立
（法政大学教授）

私は永原先生と多少とも親しくお話しする機会を得たのは、一九八五年のシュトゥットガルトでの国際歴史学会議であったかと思う。

先生は銀行の看板［Girobank］を御覧になって「Bankの前になんか書いてあるでしょ、あれはなんですか」と言われた。先生の『年譜・著作目録・私の中世史研究』（私家版）の写真集に、その時の写真を思いがけず見つけ（本書七四頁参照）、その時のことを懐かしく思い出した次第である。

残念ながら私は先生の著作をほとんど拝読したことがない。拝読したといえば、『日本の名著九　慈円・北畠親房』（中央公論社、一九八三年）で、先生の「北畠親房の生涯」を目にしたくらいである。当時、私は水戸に勤めていたので北畠親房の「神皇正統記」を読みかじり、彼が筑波山の麓に関係していたことを知った。

先生が『日経新聞』（一九八三年十月十四日）に「先祖探し永原さん大集合」という文章を載せられていたのを拝見

し、先生も御自身のルーツに関心をお持ちだったかと興味深く思った。先生はそこでは「本家筋が小田原藩に仕えた」と書かれているが、後に『富士山宝永大爆発』（集英社新書、二〇〇二年）で、静岡県小山町は「元禄以来、先祖が住みつづけてきた土地でもある」と一層詳しく書かれていた。しかし、先生の印象は、静岡出身の男性に抱いている私の勝手なイメージとはどうにも重ならなかった。そこで今回先生が手掛けられた『小山町史』（小山町史編纂委員会、一九九〇―九八年）を手がかりに先生のルーツを探ってみようと考えた。

先生の父君、永原正雄氏のお名前はすでに大正十四年版の『日本紳士録』（交詢社、一九二四年）に出て来る。先生は一九二二年大連生まれだが、その住所はすでに青山高樹町で、正雄氏の勤務先は書かれていない。一九三二年（昭和七）の『日本紳士録』に「三井物産社員」と出て来る。他方、『小山町史』第八巻「近現代通史編」には、大胡田《おおごだ》の永原林平という人物が、収入役→助役→村長の道を歩んだ多くの人の最初の例としてあげられている。陽子さんのお話では、先生のご祖父は北郷の村長さんだったとのことだから、この林平氏がご祖父にあたるのかと思った。

林平の名前は『小山町史』第四巻の「近現代史資料編1」にもしばしば出てくる。なかでも北郷村長の財政事務にたいして郡が細かに指示を与えた文書と、北郷村長永原林平の郡に対する村費補助申請の文書は印象深かった（四〇八―四〇九頁）。そこには村にあって村民と地方行政中枢との間で苦闘する林平の姿が見て取れる気がする。『富士山宝永大爆発』で示された被害に苦しむ村民と小田原藩との間にたった村指導者へのまなざしと重なるように思えた。曰く「有能な在村指導者層の広範な存在は一貫して復興の力」「村々の内部に存在する計量的能力・文書作成能力・支配の側との交渉能力」と。私は東部・西部ドイツの農村比較で四苦八苦しているが、異なる宗派間の共同体統合で苦しむドイツの田舎においては先生とは別のまなざしが意味を持つかもしれないと思っている。

（いじゅういん・りつ）

日本学術会議における永原さんの足跡

板　垣　雄　三
（元日本学術会議会員・第一部長）

永原さんが日本学術会議会員だったのは、その第一一期と第一二期とで、一九七八年一月から八五年七月まで、七年半の期間である。一九九四年から二〇〇三年まで（第一六期〜一八期）会員をつとめた私は、その任務を終えたのち、やがてしかるべき時期がきたら永原さんと日本学術会議の将来について語り合いたい、とそんな機会を心待ちにしていた。

ところが、私のこんなひそかな願いはむなしく、永原さんは逝ってしまわれた。かつて日本学術会議のため注ぎこまれたであろう時間と労力の想像される大きさとは不釣合に、遺された材料は、一九八三年から八四年にかけて『歴史学研究』誌に書かれた日本学術会議関係の報告記事と、亡くなる寸前にいただいた『永原慶二　年譜・著作目録・私の中世史研究』（私家版）の中に見られる痕跡と、くらいのものだ。加藤幸三郎さんの苦心の手に成る日本学術会議『日本学術会議五十年史』（一九九九年刊）が、背景を語る公式資料としてはあるが。

永原さんは日本学術会議の危機に立ち会った。問題の第一二期は第一部副部長として。その期は会長・副会長が二回も交代する異常さだった。永原さん自身も八四年一月にはいったん副部長を辞任したが、再任された。会員選出を公選から学協会推薦に切り換える政府主導の制度改革に、自主改革の企てが押し切られたのだった。この事態に対応しての組織再編成が、第一三期以降の日本学術会議の機構・かたちを決めたのである。

行政改革の急進行のもとで、ことに日本学術会議の存廃が総合科学技術会議（議長は内閣総理大臣）において検討されるにいたった第一八期には、私は、そうした外側の動きに自主的な制度改革の設計プランを反映させようとする日本学術会議の活動のただ中にいた。私は、改革されるべき機構の中に、永原さんの「敗戦処理」が残した負の遺産を発見しないわけにいかなかった反面、狭い専門領域意識を超え国際的にも開いた科学者コミュニティの構築をめざしていた永原さんの志と交感しつづけていたのだった。

（いたがき・ゆうぞう）

永原さんの思い出

伊藤定良
（青山学院大学教授）

永原慶二さんと直接話を交わすようになったのは、永原さんが一九七〇年五月に歴史学研究会の委員長となり、私も最初の委員を引き受けてからのことである。そのとき私は二〇代の末、永原さんは四八歳を迎えようとしており、日本史家として確固たる地位を築いておられた。ドイツ史を学び始めていた私には、永原さんは遠い存在だったが、私の記憶に間違いがなければ、東大紛争期に永原さんが講演に見えて、それに私も参加していた。

最初の一年は大学で生協委員だったこともあって、歴研委員会はサボりがちであり、夫婦で委員をやっていたために、青木書店の島田泉さんからは「夫婦で一人前だね」と冷やかされもした。永原さんの委員会さばきはみごとで、私たちとのお酒の席でもその弁舌が乱れることはなかった。歴研活動全体への目配りの点で、委員長としての永原さんを感じさせられることはよくあったが、大会総会の記事一つにしても、原稿に目を通すなど実に細かいところにまで気を遣われていた。委員長の責任を自覚されてのことであろう。

その後、永原さんとはもっぱら蓼科でのお付き合いとなった。小谷汪之、増谷英樹、清水透の皆さんと「蓼科歴研」と称して、毎夏永原さんご夫妻を囲んでバーベキューに舌鼓を打ちながら、高校での山岳部の話、研究仲間や戦後の歴研、今のお仕事や政治など夜遅くまで話は弾んだ。

永原さんが亡くなられる前年の八月、久しぶりにお会いしようと夫婦で山荘を訪れた。そのとき永原さんは、たしか石見益田庄の中世遺構だったと思うが、その航空写真を前にして私たちに熱く語り続けられた。私たちは永原さんの学問への情熱に圧倒され、背中を押されたのであった。『20世紀日本の歴史学』（吉川弘文館、二〇〇三年）を一読したとき、まず網野批判に目を見張らされたが、永原さんの言われることは痛いほど分かった。二一世紀の方向を模索する私たちにとって、永原さんの学問的営みと活動のもっている意味は大きい。

（いとう・さだよし）

仕事と趣味

熊野　聰
（名古屋大学名誉教授）

就職が決まり、赴任するにあたって永原先生から助言をいただいた。中央線で偶然ご一緒したときのことである。

「とにかく仕事をして信頼されることだよ」。意味がわからなかった。用語慣行の問題である。私にとって仕事とは、汗を流す作業であった。大学で仕事をしているのは用務員さんや、百歩譲って事務員さんで、先生方は研究と教育をしているだけ、と思っていた。用務員さんと一緒に草取りかなんかして信頼をえる、ということだろうか、まさかそうではあるまい、と考えながら怪訝な表情をしたのであろう。先生はますます真剣に、おなじことを繰り返された。

何年も経ってから「仕事」は研究成果のことだと気がついた。研究第一ではなく、べつの方面に精を出すタイプ、と私は見られていたらしい。そのべつの方面の意義は認めるけれど、そのためにはまず研究業績をきちんと出さないと相手にされないよ、と心配してくださったのだ。

先生の世代にとって、歴史研究は使命感に裏付けられた仕事であって、遊びではなかった。なかでも先生は生真面目で、それが端正な居住まいと重なっていた。私は大学の学問が趣味でもあるように変わり始めた世代に属する。先生の使命感には共感したが、それを自分の研究課題と結びつけることはできなかった。そのことは長いあいだ、私のコンプレックスとなっていた。私よりあとの世代は、使命感との関連ではコンプレックスをもっていないようである。その結果であろうか、なにが面白くて研究しているのか理解しにくい。

いま日本の研究者にとって学問は、どこかに勤務しているかぎり、趣味であることを許されなくなってきている。この状況は、かつて私が悩んだ使命感と趣味の関係に、さかさまの文脈においてではあるが、「役に立たない学問」の自由の点で、共通する要素を含んでいる。まもなく「勤務」から離れることでもあり、永原先生と再会するまで、その意味についてじっくりと考えてみたい。

（くまの・さとる）

頼りになる先輩でありつづけた永原さん

佐藤伸雄
（前歴史教育者協議会委員長）

永原慶二さんは、歴史教育の分野でも大きな足跡を残された。教科書検定訴訟支援では、中世史家として重厚な証言をされているし、歴史学関係者の会の代表委員もなさっている。『天皇制・新国家主義と歴史教育』（あゆみ出版、一九九〇年）や、岩波ブックレットの『皇国史観』（一九八三年）・『〈自由主義史観〉批判』（二〇〇〇年）は、重要な御発言であった。私は長年、歴史教育者協議会の仕事をしてきたが、永原さんは実に頼りになる先輩だった。和光大学でのシンポジウム「アジアのなかの教科書裁判」（一九九七年十二月）に永原さんと一緒に招かれて報告したことは、私にとって忘れられない思い出である。

永原さんの『年譜・著作目録・私の中世史研究』（私家版）には洩れているが、日本歴史学協会（日歴協）での活動は、忘れてはならない御仕事であった。一九六四～八一年、間はとぶが七期一四年にわたって委員をされ、歴史民俗博物館（一九七一～七三年）・文化財保護（一九七四～七六年）・国際交流（一九七六～七八年）の各特別委員会委員長になられた。この時期、今では「日歴協の五五年体制」といわれるようなかなりはげしい対立があったが、永原さんはいつも冷静で適切な発言をされ、相手方からも常に一目おかれて、信頼されていた。永原さんは日本学術会議会員となり（第一一～一二期、一九七八～八五年）、歴史学研究連絡委員会（歴研連）委員長もつとめられたが、歴研連の人事は日歴協とのからみもあった。この時、「あの一橋の先生にお願いしよう」といったのは、今は亡き論敵のK君だった。学術会議の会員選出も、当時は有権者による選挙で、私は歴史学研究会の委員と一緒に永原さんの選挙対策をつとめ、二度とも過分なねぎらいをいただいた。また元号法制化反対運動のために、永原慶二・松島榮一編『元号問題の本質』（白石書房、一九七九年）が緊急出版されたが、既存のどんな論文をもりこむかから話をはじめ、犬丸義一さんが出版社と交渉し、私が編集実務を担当した。これまた、永原さんとの忘れがたい思い出である。（さとう・のぶお）

永原さんを偲ぶ

柴田三千雄
（東京大学名誉教授）

永原さんとはじめて出会ったのは、たしか戦争が終わって間もない頃だと思う。東京高校出身の歴史関係者の数人が、本郷のＹＭＣＡに集まった時があった。永原さんは国史の大学院生、私は西洋史の学生だった。

その集まりはすぐに消えたが、その後記憶に残っているのは、私が卒業して間もない頃、まだ発足したばかりの土地制度史学会の大会で、永原さんと私が共同報告をするよう、高橋幸八郎先生に言われたことがある。永原さんが日本中世、私がプロイセン近世の領主制の話で、二人で論点をそろえるため何度か打ち合わせをした。私にとっては初めての報告で、私の出来はよくなかったが、永原さんのは理路整然として、大変勉強になった。

その後も専門はちがうが、何かとお会いすることが多かった。豪徳寺のお宅にもお邪魔した。とくに歴史学研究会は、一九五〇年前後に四年、六〇年前後に三年、委員をやったが、どちらの時も永原さんが一緒だった。私が松島榮一委員長と高橋先生のお宅に大会報告の依頼に行ったのもその時で、それが「戦後歴史学」の「古典」ともなった『世界史の基本法則』（岩波書店、一九四九年）である。永原さんも「年譜」（『永原慶二　年譜・著作目録・私の中世史研究』〈私家版〉）に書いているが、私にとってもこの頃がとても思い出深い。書記局には斉藤孝君や網野善彦君がいた。

その後の年月は、私にとってある意味で戦後歴史学との対話の連続だったが、永原さんもその点では、まったく同じだったと思う。貴重な同時代人だった。

（しばた・みちお）

永原さんの歴史学の柔軟性

遅塚忠躬
（元東京大学教授）

永原さんは、私よりも一〇歳ほど年長で、専門領域もまったく違うのだが、ほぼ半世紀にわたってご交誼をいただいた。それは、いわゆる戦後歴史学の盛んな時期に、専門や年齢を超えた研究者の交流が今日よりも遙かに密接だったことに由来している。

一九五七年ごろ、古島敏雄・高橋幸八郎・西嶋定生三先生を中心にした比較土地制度史研究会という勉強会があり、助手になったばかりの私もその末席に参加を許された。多様な分野の先輩たちから多くのことを教えられて、私にとってはたいへん有難い研究会であり、ここではじめて永原さんにもお近づきをいただいたのだった。また、その後まもなく、一九六〇年には、永原さんとヨーロッパを一緒に旅するという楽しい機会にも恵まれた。その年の夏、国際歴史学会がストックホルムで開かれ、日本からの中心的な報告者として永原さんが参加され、私も留学中のパリから日本代表団の手伝いに駆けつけたからである。

こうしたご縁で、私は、永原さんをキャップにしたいくつかの企画に参加させていただき、その学風に接する機会が何度かあった。その一つとして、一九七〇年代末に、永原さんを代表として編集された中学校の歴史教科書に参加したことがある。この教科書（学校図書の出版）は、当時の文部省のお覚えが悪くて間もなく廃刊になったから、知る人は少ないであろうが、その序文で、永原さんは、ライプニッツの言葉を引いて、歴史を学ぶ目的を語っている。ライプニッツによれば、歴史を学ぶ目的は、第一に、歴史上の個性的なものを知って楽しむこと、第二に人生についての有益な規準を得ること、そして第三に歴史の発展の筋道を考えること、であるという（これは、マルク・ブロックの『歴史のための弁明』から採ったもので、松村剛氏の新訳では一七七頁〈岩波書店、二〇〇四年〉）。永原さんは、この言葉を紹介しながら、「過去のさまざまなできごとを知ることは、りくつぬきに楽しい。それは人間だけに許された喜びといってよい」、と述べている。こういう素直な喜びから出発したところに、永原さんの歴史学の柔軟性があったのではなかろうか。

（ちづか・ただみ）

頼もしい兄世代の代表

西川正雄
（東京大学名誉教授）

永原さんとの個人的なお付き合いが始まったのは、永原歴研委員長のもとで私が編集長を務めることになった一九七二年のことである。いらい歴研関係の会合や学術会議・日歴協の委員会などでたびたびお目にかかる機会があったが、いつも端正で背筋がぴんとしており、言われることは論旨明快という印象を受けた。

いっそう親しみを感じたのは、永原さんが一九八一年に、私が長年、事務局を担当していた国際歴史学会議日本国内委員会の委員長になられてからである。翌年、パリで開かれた国際歴史学会議総会についで、一九八五年のシュトゥットガルト国際歴史学会議第一六回大会の際に同行した。次期委員長の弓削達さんご夫妻もご一緒だった。「歴研月報」に書いたことだが、その折、弓削さんはおそろしくせっかちだと私には思えた。ところが弓削さんが永原さんとの小旅行から戻られてから曰く、「永原さんというのは何てせっかちなのか、電車の来る三十分前には駅に行っていないと気が済まないのだから」と。永原さんの方も「弓削さんはせっかちだ」と言っておられたのだから世話はない。

戦後の、今にして思えばイデオロギー過剰の時代に、永原さんが社会構造の解明に力を注がれたのは当然としても、ひそかに敬服していたのは、常に新たな史料を発掘されては研究を広げていかれたことである。しかも、論敵の主張に耳を傾ける寛容さがあった。二〇〇四年六月に、『年譜・著作目録・私の中世史研究』という私家版を頂いたとき、愕然とした。不治の病と悟られ、最後の著作に専念されていると感じたからである。

さらに永原さんは、学術体制問題や教科書問題に関しても積極的に活動されていた。歴史家の社会的責任を果たしていく上で、「戦後史学」の兄世代は頼もしい存在である。その代表格の一人が永原さんだった。

（にしかわ・まさお）

記憶のなかの永原さん

堀　敏　一
（明治大学名誉教授）

永原さんの名をはじめて知ったのは、旧制高校の一年の時であった。三年の永原という人が道元について話すという掲示があったのである。しかし直接面識をえたのは、歴史学研究会の委員になってからである。委員会の合間に永原さんが網野善彦さんをからかって、「みんなが網野君を怖がっているのに、君が『堀さん、堀さん』というから、不思議に思われているよ」と言っていた情景が思いうかぶ。実は永原―堀―網野の順で、東京高等学校の先輩・後輩の間柄なのである。東高といえば、他の蛮カラな高校と違って、スマートで頭が切れる点、永原さんなどは典型的な東高マンだといえるだろう。その一生がそうであったし、最後の『年譜・著作目録・私の中世史研究』（私家版）は、みごとな一生の締め括りだと驚嘆した。

私は永原さんと一緒に、日本歴史学協会の委員に出たことがある。津田秀夫さんがガンガンと反対派をやっつけるのに対し、永原さんが悔々と話し出すと、反対派の人々もみな傾聴した。その明晰な説得力のある話し方もさることながら、私は日頃の永原さんの業績に人々を納得させるものがあったからだと思っている。

私は東洋史なので、世界史的な企画によくご一緒したが、大きい企画に学生社の「中世史講座」があった。編集陣は永原さんが最年長で、例によって永原さんの主導で会議が進んだが、そのあとの雑談で、永原さんが戦中召集され、海軍の航空隊にいて、大分の基地で終戦を迎えたことを知った。そのとき朝鮮から日本軍の飛行機を奪って飛び帰った兵隊がいたとかで、さすがの永原さんも舌を巻いていたが、そのあと中国史の田中正俊、インド史の山崎利男君など、いっせいに戦時中の軍部への批判が飛び出した。そのおり西洋史の遅塚忠躬さんがキョトンとして、「私は日本軍が勝っているものとばかり思っていた」と言われたのは印象的であった。

永原さんらが編集した『歴史家が語る戦後史と私』（吉川弘文館、一九九六年）は、それらと併せ読んで興味深い。「お別れ式」の日に、永原さんが静岡県小山町の出身だと聞いて驚いた。私はほかならぬその小山町の生まれだからである。そのことでお喋りする機会がなかったのを残念に思う。

（ほり・としかず）

歴研村の村長さん

増谷英樹
（獨協大学特任教授）

研究分野がまったく異なる僕が、日本中世史の重鎮である永原さんの学問に接することができ、歴史家としての考え方において影響を受けたのは、まさしく歴史学研究会のおかげだった。三〇年以上前、初めて歴研の委員を仰せつかり、全大会の報告として「人民闘争史研究」の総括をしていたとき、委員長であった永原さんは、報告をまかせられた僕の準備の進み具合が心配でならなかったようで、個人的な準備報告をすることになった。当時の木造の歴研事務所の一室で、古びた会議机の前に座っている永原さんはとても怖くて、若造の僕はとても緊張していた。報告が終わると一転柔和な顔で「基本的にはそれで良いと思います」と一言、しかし加えていくつかの基本的で適切な指摘をいただいた。それ以降、永原さんは僕の指導教官のように思えてきた。

夏には蓼科にある永原さんの山荘をお訪ねしたりしたが、そのうち何人かの友人と近くに山荘をたてることになり、そこはいつか「歴研村」と呼ばれるようになった。村の仲間は何らかの形で歴研と関係を持っていたから。そして永原さんは最初から村長さんだった。村では毎夏恒例のバーベキューが開かれ、ビールを飲みながら議論をしたものだった。永原さんはビールが入るといつも以上に饒舌になられ、ご自分の研究や交友関係、あるいは大学や歴史学会のあり方など、さまざまな話をしてくれた。

とくに思い出すのは、話が網野善彦さんの仕事に及んだときのこと、永原さんの口調は熱を帯び、滔々と網野史学批判を展開された。永原さんが当時『20世紀日本の歴史学』(吉川弘文館、二〇〇三年)を執筆中であったのか記憶は定かではないが、内容は同書と基本的に同じであった。しかし永原さんの口調には、同時に網野さんに対するなみなみならぬ友情が感じ取られ、聞いていた僕には歴史家としてのお二人の関係は理想的なもののように思われた。この本について蓼科でゆっくりとお話を聞く機会がなかったことが残念でならない。

(ますたに・ひでき)

永原さんからの重いメッセージ

油井大三郎
（東京女子大学教授）

永原さんと個人的にお話する機会をえるようになったのは、一九八〇年に私が一橋大学に移籍し、同じ歴史共同研究室に所属してからでした。ただし、専門とする地域も時代も所属する学部も異なっていたため、学問的なお話を伺う機会があまりなく、残念でした。

今回、年譜と著作目録に加えられた「私の中世史研究」を拝読して、永原さんはまさに日本の「戦後歴史学」の中心的な担い手のお一人だったと実感しました。アジア太平洋戦争中の東京帝国大学で「皇国史観」の理不尽さを実体験され、学徒兵として敗戦を迎えられた世代であるだけに、戦後日本の民主化と平和構築を自らの学問研究の原点とされ、マルクス主義を基本理論とした科学的で普遍的な中世史研究を一貫して追求された方だったと思います。

しかし、戦後も半世紀以上が経過し、「戦後歴史学」の「普遍」志向が様々な角度から批判され始めていますが、平和と人権の確立を求めた永原さんの思想的な原点は古くなるどころか、むしろ今日的な切実さを帯びてきていると痛感しています。その意味で、現代史研究を志すものとして永原さんの「遺言」をどう活かしたらよいのか、重い宿題を負わされた思いでいます。

（ゆい・だいざぶろう）

2　大学と自治体史

永原先生と『村上市史』

大場喜代司
（元村上市史専門員）

新潟県村上市が自治体史に着手したのは、昭和六十二年（一九八七）春からで、平成六年（一九九四）まで資料編九巻と民俗編二巻を刊行した。つぎは通史の執筆編集となったが、何分にも監修者がみつからない。市内には数人かの研究者もいるし、県史に携った者もいた。

けれど全体を系統だて纏めることはできない。そこで、数年前に、村上城跡の文化財指定に際して調査にこられた、永原先生を思い出した、というわけである。しかし監修をお願いするには、いささか躊躇いがあった。

執筆者の顔ぶれも揃わず、編集方針もまとまっておらず、その上、資金不足で、行政の理解も薄かった。しかし編集室には足踏みが許されなかった。断わられることを覚悟でお願いしたところ、案に相違、何の条件も示されず、ご承諾の返書が届いた。

最初の打ち合せにお出になったときは、時雨もようの日が続いたときであった。村上の天候はどちらかといえば、穏やかなほうである。しかしそれは県内でのこと、関東とはわけが違う。荒天ともなれば家が揺れるほどの風が吹く。それなのに事務担当職員が、先生の宿泊所に瀬波温泉のしかも海岸近くのホテルを選んだものだ。果たせるかなその夜は、嵐のような風が、窓ガラスに吹きつけ、真黒い波濤が海岸に砕け散り、物凄い海鳴りが耳をついた。関東育ちの先生は寝られるわけがない、翌朝、開口一番、「凄いですね、恐しいね、村上の冬は」。

時間に余裕のあるときは、飲み屋にお誘いした。酒はあまりお強くなかったが、「村上の料理はうまい、吟醸酒は風味がよい」といっておられた。村上祭りの一九台の山車行列には「凄いすごい」の連発であった。通史は、原始・古代・中世、近世、近代、現代の四巻を平成十一年（一九九九）二月まで刊行し、のち年表と絵図編一巻を刊行して編さん事業を終了した。

これからまたご指導を願いたいことがあったのに、ご他界とは、言葉を失った。受けた学恩に感謝の表わしようがない。

（おおば・きよし）

永原さんの思い出

木戸田四郎
（茨城大学名誉教授）

永原さんとの交際が、何時頃から始まったのかさだかでありませんが、永原さんと古島敏雄先生の共著『商品生産と寄生地主制』（東京大学出版会、一九五四年）の、永原さんのご執筆分について質問した際、丁寧なご回答を頂いたことを、鮮明に覚えています。一昨年ご逝去されるまで、永原さんにはお世話になるばかりで、大変恐縮しています。永原さんが主宰された『結城市史』の編纂では、格別お世話になりました。

『結城市史』は、永原さんが初めて手掛けられた自治体史で、当時大変張り切っておられたことを、つい昨日のことのように思い出しています。私が専門委員を勤めた近現代部会には、永原さんの奥様や森武麿・春日豊両氏もご参加になりました。近現代部会では、甲論乙駁の活発な議論が行われたことを、二〇年たった今日でも懐かしく思い出します。

『結城市史』の編纂がご縁で、永原さんにいろいろとご無理をお願いするようになりました。一九八五年五月には、加波山事件（一八八四年九月）百周年を記念して組織された「茨城の近代を考える会」の、第一回総会の記念講演をお願い致し、「歴史研究と歴史教育」と題するご講演を頂きました。

この数年、教科書問題で、市民運動に参加する過程で、私はご講演の意味を深刻に受け止め、ご講演の記録（『茨城近代史研究』創刊号、一九八六年）を読み返したり、永原さんのご著書『「自由主義史観」批判』（岩波ブックレット、二〇〇〇年）や『歴史教科書をどうつくるか』（岩波書店、二〇〇一年）を拝見し、教科書運動の基準にしていますが、運動実践の難しさに当惑し、今こそご指導頂きたかったと、早すぎたご逝去をしみじみ残念に思っています。

ご冥福をお祈り申し上げます。

（きどた・しろう）

「こっけい」な一面の永原さん

金原左門
（中央大学名誉教授）

なにごとにつけても、永原先生はつけこむ余地のない人であった。中世史家としてはもとよりのこと、容姿端麗で立ち振るまいにいたるまで、すべてにわたりこれほど隙のない方は、そうざらにはいらっしゃらない。この点で、永原さんが生前親しかった同じ中世史の鈴木良一さん、稲垣泰彦さんとは一味異なっていた。完璧な人は、どこか隙風の吹き込むゆとりのありすぎる人物と肝胆相照らすものである。

永原さんと面識がないわけではなかったが、氏の晩年の一五年以上は、『小田原市史』編纂で文字どおり苦楽をともにした。もともと『小田原市史』に「時機尚早」論を主張してきたわたしは、旧小田原藩士の血筋を引く永原さんが編集委員長に就任したので、引導を渡され引っぱりこまれるはめになった。

たしか一九八八年（昭和六十三）の春先きだったと思う。ある日の昼、わたしは市史生誕の経緯について「ご進講」すべく、永原さんを小田原市城山のすし屋に誘った。話の内容は別にして、永原さんは「こんな旨いすしを食べたのは記憶にない」とおっしゃった。本題はここから始まる。その時から二、三か月して、たしか奥さんと駿河小山へ出向かれる途中、小田原まで足をのばされ、同席した「蒔よし」に寄ろうとされた。ところが永原さんは間違えて「とろせい」に入ったのである。

この店は「蒔よし」と同じ並びで、だらだら坂を一〇〇メートルばかり登った店構えがよく似たつくりであった。不慣れな人には無理もないが、永原さんは入ったとたん、「金原さんは見えますか」と店の主人にいわれたそうである。向こうはきょとんとしたらしい。わたしは、ここには一回も行っていないからである。永原さんに似つかわしくない「開口一番」といえよう。

『小田原市史』の場で、永原さん「らしからぬ」おもしろい話は、当地名産の干物を勘違いして持っていかれた話など山ほどある。永原さんは、『小田原市史』は大成功であったと語ったことがある。わたしは、時代を通して積み荷が多すぎたと、いまでも思っている。人間というのは、年輪を重ねていくと、だんだん裃を脱いでいくのかも知れない。

二〇〇三年（平成十五）十二月六日、市史閉幕のセレモニーがおこなわれた。その時、永原さんは入院されたばかりであった。氏に代ってわたしが話をした。またしてもピンチ・ヒッターである。当日、出来あがっていた永原さんの小田原の中世都市論のレジュメを会場に配り、わたしは永原さんのテーマを近代にずらしておしゃべりだけした。後日、病状を耳にしたとはいえ、退院された永原さんからは元気なお葉書をいただいた。しかしその半年後、永原先生がよもや世を去られるとは……。

（きんばら・さもん）

宝永噴火古文書研究会のこと

樽林一美
（小山町文化財保護審議会委員長）

『小山町史』の編纂事業が終った一九九八年の完成祝賀会の後、専門委員の希望者が経団連ゲストハウスに宿泊しました。その夜、永原先生に「小山町に古文書の読める人を増やすためにも、町史では一部しか載せられなかった宝永噴火の資料を読む勉強会を作りたい」という相談を受けました。

同年の六月、一五名ほどで最初の会合が開かれ、先生の発案で「宝永噴火古文書研究会」（宝永研）と名付けて発足しました。会は毎月一回、先生が小山を訪れる土曜日の夜に開かれ、先生が町史資料目録から選び出した文書を、順番に担当者が翻刻して読み合わせるという形で進められました。

会での先生は、読んでいる文書のことばかりでなく、会員の素朴で基本的な疑問にも様々な事例を紹介されながら、分かりやすくていねいに教えてくださいました。そういう時の先生は、町史の専門委員会での厳しいお顔とは違い、やさしいお顔で楽しそうに学界での話題や、歴史の裏話的な話も気楽に話されていました。また、この間に会で読んだ資料を多数収録して刊行された『富士山宝永大爆発』（集英社新書、二〇〇二年）をはじめとする御著書や、執筆・監修した文献などもその内容や趣旨などを説明され、そのうちの何冊かは署名入りで頂戴し、会員の宝物となっています。

ほぼ町内史料が読み終わる目途がつき、これまで読んだ文書を本にする具体的な手続きの話を始めた頃、思いがけない先生の御発病、そして突然の訃報と、会員一同愕然とするばかりでした。

現在、宝永研は松元宏先生の助言を受けながら続けており、会員すべてが宝永噴火資料集の発刊は永原先生の御遺志だと考えています。遠くない将来、この本を先生の墓前に捧げることを誓い、先生の小山町に残された大きな足跡に感謝するとともに、心から先生のご冥福をお祈りいたします。

（くればやし・かずみ）

父祖の地の町史編纂

髙梨俊夫
（元小山町史編さん室職員）

ＪＲ御殿場線、駿河小山駅のプラットホームを歩く永原先生の端正な姿が印象深く思い出されます。眼が合うと軽く片手を上げ微笑まれる。出迎えの礼を欠かされたことはありませんでした。

小山町（静岡県）は富士山東麓の小さな町です。永原先生に『小山町史』の編纂を御依頼できましたのは、この町が先生の父祖の地であったからです。先生の祖父も父も北郷村長（現小山町）を務められています。

東京育ちの先生ですが、子供の頃の夏休み等には、北郷村大胡田《おおごだ》の実家で過ごされ、農村の暮らしもしています。地元の大胡田では、「けいちゃん」と呼ばれていたらしい。

『小山町史』の編纂は、二年間の準備を経て、昭和六十一年（一九八六）四月から平成十一年（一九九九）三月までの一三年間に資料編五巻、通史編三巻、民俗編一巻の全九巻を刊行しました。人口二万二千人の町ですが、各巻とも千数百冊を頒布しています。

永原先生は、専門委員長として熱意をもって取組んで下さいました。専門委員には、松元宏先生、池上裕子先生をはじめ永原先生と関わりの深い方々に参加して戴きました。当然、編纂中には困難なことも多々ありましたが、無事に完結できたことは、先生のご尽力の賜物といえます。

大変多忙な先生であったにもかかわらず、全九巻の原稿と校正ゲラのすべてに目を通され、しかも必ず期日前に編纂室に送ってくださいました。

編纂中には、専門委員の先生方と、何回か町内を巡見する機会がありましたが、富士スピードウェイのＶＩＰルームでフォーミュラのレース観戦をした際には、レースの説明を熱心に聞かれ、質問もされるなど、爆音を嫌がるどころかカーレースに興味を持たれた先生の様子には、案内した私たちが驚かされました。

小山町にとりましては、町史全九巻の刊行と収集した史資料は、貴重な財産となりました。永原先生は、この町に多くの先生方との絆と地域史料を学ぶ人材も育てて下さいました。

父祖の地に対する先生のあたたかい想いをこれからも大切にしていかなければと心に誓っています。

（たかなし・としお）

『小山町史』編纂に参加して

高埜利彦
（学習院大学教授）

一九八七年五月、静岡県駿東郡小山町の役場に、私は『小山町史』編纂に参加するため初めて伺った。編纂事業はすでに一年前に本格的に始まっていたが、私は在外研究を一年間行なっていたため遅れての参加となった。その時の委員会で監修者である永原先生にお目にかかったのはしばらくぶりであったように思う。私が大学生の頃、ご出講下さった折に初めて講義を聴かせて頂いたのが一九七〇年頃であったろうか。歯切れの良い明快な論理の展開を、今もって記憶している。

『小山町史』の近世史部会は松尾美恵子さんをはじめとして長野ひろ子さんや大藤修さんなどが一年前から編纂作業に従事していた。私たち近世史の者たちは、研究に入る前にまず地域の区有文書や各家に所蔵されている史料の目録作りとマイクロフィルム化が必要との認識を共通に持っていた。

古代・中世史では、史料の新発見というのは稀であったから、既存の活字史料からまず地域に関する情報を集めることに重点が置かれる。その逆に近世史では、地域に関する活字史料はほとんど刊行されていないことのほうが多く、いかに地域の史料を掘り起こし、目録化と写真撮影による保存体制をはかるかにまず目標が置かれる。そんな事情もあって、自治体史編纂ではまず地域史料の保存管理の上で研究に入るという手順を取ることから「歴史研究者はまずアーキビストであれ」という考え方が導き出されるようになった。

『小山町史』編纂事業は一九九八年三月には、近世史料編・村絵図編に続いて通史編を刊行することができ、私どもの仕事は終了した。この間、史料保存について永原先生にはご理解を頂き、町役場のご理解も得られたが、その上で小山町にアーカイブズ（文書館）設立を実現するまでには至らなかった。これはひとえに私のアーカイブズに関する知識と熱意が不十分であったことに原因している。永原先生に熱意をもって訴え、町立アーカイブズを実現させることができなかったことは今もって残念である。

（たかの・としひこ）

幸福の記憶

田口栄子
（元村上市史編集委員）

永原先生とのご縁は、当時従事していた『村上市史』に拠る。資料編の刊行が終盤というある日、通史の監修者に永原慶二先生をお迎えすることを知らされた。驚きと期待。偶然の妙というべきか。以前、著書の一冊を感銘深く読んで、その名が記憶の底にあった。歴史家永原慶二氏は自分には遠い存在の方であるが、のちに通史と関わり指導を受けるなど、およそ考えの及ばぬことであった。私は一市民として素直に嬉しかった。

確か一九九二年の晩秋であったと思う。昼下がりの編纂室に、背の真っ直ぐなにこにこした風貌の紳士が入ってこられた。永原先生である。私は不意の対面に固くなり、過ぎし日の読書が脳裏を巡るばかり。地に足がつかなかった。

それからの数年、図らずも通史の編さんに参加して、主に女性史を担当させて頂いた。未経験の自分が執筆や編集の壁を乗り越えられたのは、何より先生の講義に導かれてのことにほかならない。編集会議では資料の発掘、検証、歴史性など地方史全般についてご教授された。多くを学ぶことができた。おぼろげながら徐々に歴史の論理性を知るに及び、その講義は、学問的に拓かれる喜びと未知の自己に遭遇する充足の時間となっていった。時に課題の見当すらつけ難い厳しい指摘もあった。そうした折の稚拙な説明や質問にも耳を傾けられ、懇切に公正に接して下さった永原先生。史学の門外漢の自分が卑屈に陥らずに済んだのは、ひとえに先生の寛容ゆえであった。

今、手元の『苧麻《ちょま》・絹・木綿の社会史』を繙き、行間に先生の声を聴く。その声に導かれながら、遺作となったこの研究書に向き合いたいと思う。衣料生産の社会史というテーマは、女性史を広げる一助では、との思いがしきりだ。公民館の木造廊下を真っ直ぐ歩かれた先生。談笑の光景。山海の味覚を語る笑顔。市民講座。健脚ぶりなどすべてが懐かしく近く、そして遠い。

人生の日々に幸福の記憶を下さった永原先生、心よりありがとうございました。合掌

（たぐち・えいこ）

永原先生と「知多研」

福岡猛志
（日本福祉大学教授）

私が勤務している日本福祉大学は、一九八三年に名古屋市内から愛知県知多半島の南部にある美浜町に移転した。

青木美智男氏（現専修大学教授）らとともに、この地で立ちあげたのが「日本福祉大学知多半島総合研究所（略称「知多研」）なのだが、その創立以来「知多研」の屋台骨を支え続けて下さったのが、永原慶二先生である。

永原先生は、この地域に眠る実に豊かな歴史史料の発掘・研究の重要性を強調されつつ、一方では、研究所が本当に地域に定着し発展して行くためには、現状分析を深めることが不可欠であり、さらには歴史的条件をふまえた地域づくりにまで射程をのばして行くことを考えなければならないと力説された。「知多研」は、「歴史・民俗部会」と「地域・産業部会」とから構成されることになった。

時には東京からの距離の遠さを口にされながらも、永原先生は、「知多研」の史料調査や近世海運史研究の指導・助言のみならず、自らも史料採訪の先頭に立たれ、戦国期の海運に関する研究をまとめられたのである。先生のご盛名と人品骨柄のためであろうか、先生と一緒だと、「史料が出てくる」のである。

日本史学界においては、「知多研」の名は「尾州廻船」の研究と結びつけられて語られることが多いが、全国の研究者を結んだ中世知多窯業（常滑焼）のシンポジウムも、私自身が永原先生とともに司会をつとめたこととあわせて、忘れ難い。「知多研」自体や、赤羽一郎、中野晴久氏ら地元の研究者の努力を前提としても、永原先生が居られなければ、あの大事業は不可能だった（永原慶二編『常滑焼と中世社会』小学館、一九九五年にまとめられている）。常滑市（現在その海上に中部国際空港がある）の市民ホールが、芸能人や宗教団体の企画以外で満員となったのは、これがはじめてのことであると、地元の関係者から告げられたのが、昨日のことのように思い出される。

（ふくおか・たけし）

永原さんと『小田原市史』

村上　直
（法政大学名誉教授）

永原慶二さんから筆書《ふでが》きの封書で『年譜・著作目録・私の中世史研究』（私家版）が送られてきた。そのお礼の葉書を出してから、間もなくして訃報に接したときには、しばらくはそのまま信じることができなかった。永原さんに初めてお会いしたのは昭和三〇年代であったが、その後は学会の大会以外で、親しくお会いし話をするようなことはあまりなかった。しかし、昭和六十一年（一九八六）四月に『小田原市史』の編さん事業が始まるとご一緒に市史編さん専門委員として、委員会の討議などを通して研究や編さんの方法について直接お話するようになった。のちには私が近世部会を代表して出席するようになったことから、永原さんの自治体史への取り組み方や、歴史にたいする考え方、信念なども伺う機会もあり、私にとって大きな収穫であった。

『小田原市史』の会議のときは、毎回、二人が小田原駅で待ち合せ、迎えの自動車で往復したが、その間にいろいろと感想などを話し合い楽しかった。編集委員会は、永原さんが議長として進行やまとめを行ったが、その方法や内容は私にとって参考になることが多かった。小田原は戦国大名北条氏の本城であり、近世の譜代藩主の居城が存在した地域でもある。永原さんにとっても特別の思いがあったのではなかろうか。『小山町史』のことなどについてもよく話をされていた。『小田原市史』は史料編・通史編・別編の全一五巻であり、一七年間を経て平成十五年（二〇〇三）十二月に完結したが、永原さんにとっては、最後の自治体史ともなり、結果的には完了を見届けて亡くなられることになったということができる。

永原さんが『富士山宝永大爆発』（集英社新書、二〇〇二年）を執筆されていたとき、幕政の動向についてご自分の考えを話されたことがあった。『御殿場市史』や『小山町史』などを駆使され、具体例を通して優れた見解を伺うことができた。近世史の分野についても、『小田原市史』では、永原さんから学ぶことが多かった。

改めてご冥福をお祈りいたします。

（むらかみ・ただし）

3　出　版

昭和四十年代——歴史ブームの中で——

天野博之
（元小学館編集者）

昭和四十年代に、戦後の第三次日本史ブームが起きた。敗戦から二〇年、その間に得た研究成果を一般読書人に伝えようという動きが、ブームの原因だった。

口火を切ったのは、四十年（一九六五）二月に発行され、一人一巻書き下ろし、時代順発行という新機軸でブームをよんだ『中公版　日本の歴史』である。その後、山田書院、文英堂、講談社、文春、新潮社、世界文化社、学研などが後を追い、さてドン尻に控えしは、我が小学館だった。刊行は四十八年秋である。

新しい趣向といっても、その頃にはもうタネ切れである。児玉幸多、井上光貞、永原先生の三編集委員との編集会議も、停滞気味だった。その時、永原先生が提案されたのが、時代史叙述の巻の間に、「中世武士団」「労働者と農民」など時代の担い手となった社会集団を挾むというアイデアだった。この後全三二巻の企画は一挙に進み、高松塚の壁画発見というニュースにも後押しされて、第一走者に次ぐ成功をおさめたのである。

理論家肌の先生には、私は最初苦手意識があった。その垣根がとれたのは、同じ中国の大連生まれということが分かった時からではなかっただろうか。先生が大連で過ごされたのは赤ん坊の時だけ、私は四歳までと、変なところで威張った記憶もある。以後、先生には随分かわいがっていただいた。五島の取材旅行にお供したこともある。一週間ほどかけて、福江島から島伝いに宇久島まで北上、佐世保に出た。毎日つづいた新鮮な魚にもさすがに飽きられたのか、「ステーキを食べたい」とおっしゃったのが印象的だった。

先生との間には、果たせなかった二つのことがある。一つは『富士山宝永大爆発』（集英社新書、二〇〇二年）を頂戴した後、私は富士山の東麓には土地勘があるので、一度ご案内します、と言ったままになってしまったことである。もう一つは一人で全時代を書き下ろす通史をお願いしていたのが、成就しなかったことである。一人の著者が通史を書くことは、先生亡き後は、もう望むべくもないであろう。

（あまの・ひろゆき）

歴史編集者懇談会一一七回例会

池　一
（有斐閣書籍編集部）

今、私の手許に一枚のレジメがある。永原先生が発症される直前の、二〇〇三年九月二十六日という日付がある。その日、歴史関係の仕事をしている、あるいは興味を抱いている編集者の集まり＝歴史編集者懇談会の例会に、先生をお招きしたのだった。『20世紀日本の歴史学』（吉川弘文館、二〇〇三年）にまつわるお話をお聴きしようという趣旨である。

先生が準備された「小著『20世紀日本の歴史学』の発想にかかわって」と題したレジメは、次のとおりであった。

1　日本近代・現代史学史の時期区分について。一九四五年で区切るか、一九七〇年代以降を「現代」とするか
　――「現代歴史学」のとらえ方
2　「実証主義史学」のとらえ方、それは歴史学の思想と方法上の一流といえるのか
3　歴史認識における「法則」「普遍」の問題――歴史の「意味」を問うためのアプローチ
4　歴史認識における「通時性」と「共時性」の問題――年代記と構造史
5　史学史における歴史教育の問題――歴史学↔歴史教育、相互的な回路の必要
6　史学史の叙述形態の問題――歴史家（人物）中心か、研究・史学思想の動向か

お話の最後に先生は、「現代歴史学」は多面化・多様化しているが、「戦後歴史学」を乗り越えて成立しているわけではない、「戦後歴史学」は発展途上で、多面化・多様化の現状を「止揚」していかなければならないと情熱を込めて語られた。また、歴史認識におけるロマン主義に対する警戒心をもつ必要を何度も力説された。若々しいその語り口をお聴きしているうちに、私は、学生時代、小平の薄暗い講堂で経済史概論の講義を聴講したときのことを思い出していた。

一橋大学教養課程での人気講義といえば、南博先生の心理学概論か、永原先生の経済史概論である。南先生の講義は、映画から小説、はては大衆芸能まで話が飛び、人を飽きさせなかった。永原先生は、きわめて論理的にして明解な語りで、学問とはこういうものかと目を開かせるものであった。その年の最終講義で出た「先生はマルクス主義者か」という(意地の悪そうな)質問に対し、先生は歴史研究における実証とパラダイムの意味について、大学一、二年生にもわかるように話され、史的唯物論というパラダイムが日本中世史研究にとっても有効であることを爽やかに語られた。期せずして学生の間から、割れんばかりの拍手が起こった。……

戻って二〇〇三年。場所を変えてお酒の入った二次会では、口の悪い編集者連中を相手に丁々発止のやりとり、網野善彦先生との交流など、お話は尽きなかった。都営地下鉄神保町駅改札口で、「池君、今日はとても楽しかった」とおっしゃってお帰りになったのだが、それが先生との永の別れである。

(いけ・はじめ)

一編集者の回想

中島義勝
（岩波書店元役員）

二〇〇四年七月はじめ、先生から『年譜・著作目録・私の中世史研究』の寄贈を受けた。この私家版の「あとがき」で、自分の生は、「まだ遠く続いているのでは」との、その余生の見通しが、予想外の展開となったとの記述を拝見した。御見舞への和子夫人の御返信は七月六日。そして、七月九日の逝去。会社現役から退いてすでに十数年、私にとっては、まことに意外のことであった。

近時では、『岩波日本史辞典』（一九九九年）刊行直後の会食に御招きいただいた折、また「藤原彰氏を偲ぶ会」（二〇〇三年）での寸余の歓談、その折々、常に真底、人への感謝の心を自然な形で表現しうる音容が想い浮ぶ。

先生をはじめて存じあげるのは、戦後、「歴史学研究会」の活動が、再建期で、意気盛んな頃であった。当時、研究者連絡の事務役のように、私のごとき二十代の若者の編集者のところにも、しばしば顔をあらわしておられた松島榮一先生から、この方は「歴研」のホープであるとして紹介された。

一九五三年、私は岩波新書の編集にたずさわることになったが、既存の企画表の日本史の人物伝十点の中に、先生の『源頼朝』があった。私は追加の企画として、石母田正先生に『源義経』を申し出たが、「永原君の『頼朝』があればね」と。結局、石母田先生とは、何回か話し合いの結果が『平家物語』となった。

永原先生も『歴史学叙説』（東京大学出版会、一九七八年）の中でもふれられておられるが、一九五六、七年頃、私がかかわった新書『昭和史』が、歴史叙述における人間問題となり、また、歴史認識における方法論の論争となったが、その一つの例として、丸山眞男先生からも、私に刊行直後に読後の懇切な批判があった。その時の話題の中から、近代日本の人物では、まず、明治日本の象徴、『山縣有朋』をとりあげることをすすめられ、岡義武先生に御願いしたが、偶然ながら、一九五八年春には、同時に、『頼朝』『有朋』が刊行された。『平家物語』は、その間、仕上りは早く、二著よりも半年前の刊行の運びとなった。

主題から話がややはずれがちであるが、この『平家物語』の御仕事がほぼ仕上げられた時の熱海の惜櫟荘でのことを想いおこす。一九五七年十月四日、先生と朝食で相向き合っていた折、ソ連が人工衛星スプトニク打ち上げのニュースを聞いたのだが、石母田先生は「今、永原君は『頼朝』を、僕は『平家』を書いているんだな」と感深げにつぶやかれた。歴史の変動と人間の移り変りに、想いを馳せていらっしゃるようだった。

先生は、岩波新書刊行後三年目には、単行本『日本封建制成立過程の研究』をいち早く刊行されているが、その翌年の岩波講座『日本歴史』（一九六二年）、その後の第二次、一九七五年版でも重ねて編集委員をされた。研究者をひろく組織するとき、研究状況の視野が広く、そのつなぎの核となることのできる貴重な存在であった。

私が直接、企画依頼した御本は、岩波全書『日本経済史』（一九八〇年）であるが、依頼後十数年、仕上げは、ふた夏の蓼科生活で一気に仕上げられた。このような通史を纏めうる方は数少い。

私が関係した単行本に、意外に日本中世史研究の著作が多いのも、先生との御縁があった。

戸田芳実、黒田俊雄、大山喬平、安良城盛昭、網野善彦、石井進諸先生の多様な諸著作。

先生との御縁で何よりも忘れ得ないのは、年々、盆と暮に、石母田、佐藤進一両先生と相寄り、心放っての会食で、この会合は、石母田先生の晩年に及んだ。

先生の御本で最後に愛読したのは『富士山宝永大爆発』（集英社新書、二〇〇二年）であった。この御本は「人間と自然」「災害と社会」に踏み入った貴重な歴史啓発書、ましてや私は小学一年までの小田原育ちで、先生との御縁を、噴火砂の「砂走り」を想い出として、御便りに書きしるした。

今、先生の、常に新しい課題に立ち向い、精を出して退くことの無かった持続力に、頭が下るのである。

（なかじま・よしかつ）

永原先生を憶う

山田晃弘
（校倉書房）

先生の凜としたお姿と仏陀のようなほおえみが忘れられません。編集者として私は三〇年におよぶご厚誼をたまわりました。わけても『歴史科学大系』、『大月市史』、日本福祉大学知多半島総合研究所編集『知多半島の歴史と現在』などでの関わり、とりわけ『歴史評論』への論文ご執筆のさいの〝厳しさ〟と〝優しさ〟の語らいの記憶がいまも鮮烈です。

先生はよく歴史学界の先達の方々の話をなさいました。その折の口調は、しみじみとかつさりげなく滋味あふれるものでした。なかでも先生が大切にされた研究者のお一人の中村吉治先生をめぐる思い出の記などは忘れがたいものがあります。一九九八年弊社刊の『中村吉治収集土一揆史料集成　下巻』(校訂　久留島典子)に、先生に解説をおねがいしたのでしたが、その中で「……私にとっての「中村吉治氏」はもっとずっと前から大きな存在だった。『近世初期農政史研究』(一九三八年)は私が大学に入ってから買って丁寧に読んだおそらく最初の専門書であった。とくにその時代の研究にはどんな史料を見なくてはいけないのかという点についてこの書物はじつに多くを教えてくれた」と中村像を本文中で語り、書き出しでは、

私は中村吉治先生より十七歳も年下である。世代がちがうし、大学で直接教えを受けたわけでもないから、とくに深く先生を知っているとはいえない。それなのに校倉書房の山田さんから、巻末の一文を求められた。おそらく上巻には先生とほぼ同世代の鈴木良一さんが書かれたから、下巻にはそれより若い者ということで私のところにお鉢がまわってきたのだろう。たしかに私は、東京大学国史学科卒→史料編纂所→他大学経済学部へ転出＝日本経済史担当ということで、経歴上は先生と同じようなコースを歩んだ。また中世後期〜近世初期にとくに研究関心を寄せている点でもかかわりは深いということができそうである。そんなことで私も自然にこれはお引き受けしなくては、という気持ちになった

とあります。心情あふれる御文章は先生のお人柄をよくあらわしていると思われます。本書の学史上の意義にまでおよぶ内容で、忘れることのできない仕事をさせていただいたものと感謝の念が今も新たです。史学史・研究史・学説史を重視された先生の思い出の一齣として紹介させていただきました。

先生ありがとうございました。

(やまだ・あきひろ)

名著『歴史学叙説』のこと

渡　邊　勲
（元東京大学出版会）

畏友・山田晃弘さん（校倉書房）が私に言う、「ナベくんの仕事の中では、永原さんの『歴史学叙説』が最高だな」と。しかも機会あるごとに何度も、まるで私を諭すかのように。そのたびに私は、彼の訥々とした語りに、心地よさと嬉しさを感じながら一方で、何とはなしのかすかな「違和感」をぬぐい得ないでいた。

私が、編集者として先生を存じ上げることになったのは『日本史研究入門』Ⅲ（井上光貞先生との共編著、一九六九年刊）の時だったから、以来三六年の長きに亘って、先生との年齢差は二二もあるのだが、ご厚誼を賜ってきた。私にとって先生は、単なる著者というより「師」であり、時には慈父のごとき存在であった。その先生が唐突に逝かれてから一年、そして二年が経とうとしている。悲しさは薄らいだが寂しさはなお募り、深まる。

『歴史学叙説』は一九七八年刊行だから、二七年も前の作品である。この本を、編集者としては確かに、原稿で読み、ゲラにしてからは何度も読んだことは間違いないが、本になってからはそれっきり、担当したそれなりに数多くの本の一冊として、私の書棚の奥にしまい込まれていた。この小文を草するにあたり、私は読み直した。我ながらかなり頑張ってきちんと読んだ。すると、山田さんの「最高だな」の意味が分かった、「違和感」も消えた。多分、一読者としてこの本に向き合うことが出来たからだろう。

永原先生が歴史研究者・教育者として国家権力の「教育」支配に対峙し、何を語り、いかに闘ったか、この本が教えてくれる。グランド・セオリーなき歴史学などと言われている研究状況をいかにして打ち破っていくか、この本が貴重な示唆を与えてくれる。雄編『20世紀日本の歴史学』（吉川弘文館、二〇〇三年）の前提となる史学史的考察の基礎は、この本の中にある。

名著『歴史学叙説』は、「九条」のように「今が旬」なのだと、私は確信した。

（わたなべ・いさお）

Ⅳ　年譜・著作目録

1970年代ころの永原先生（撮影年次不明）

Ⅳのうち、「一　年譜」は、私家版『永原慶二　年譜・著作目録・私の中世史研究』に載せられたものです。「二　著作目録」は、大学院ゼミナールの教え子である川島茂裕さんに作成していただいたものです。

年譜

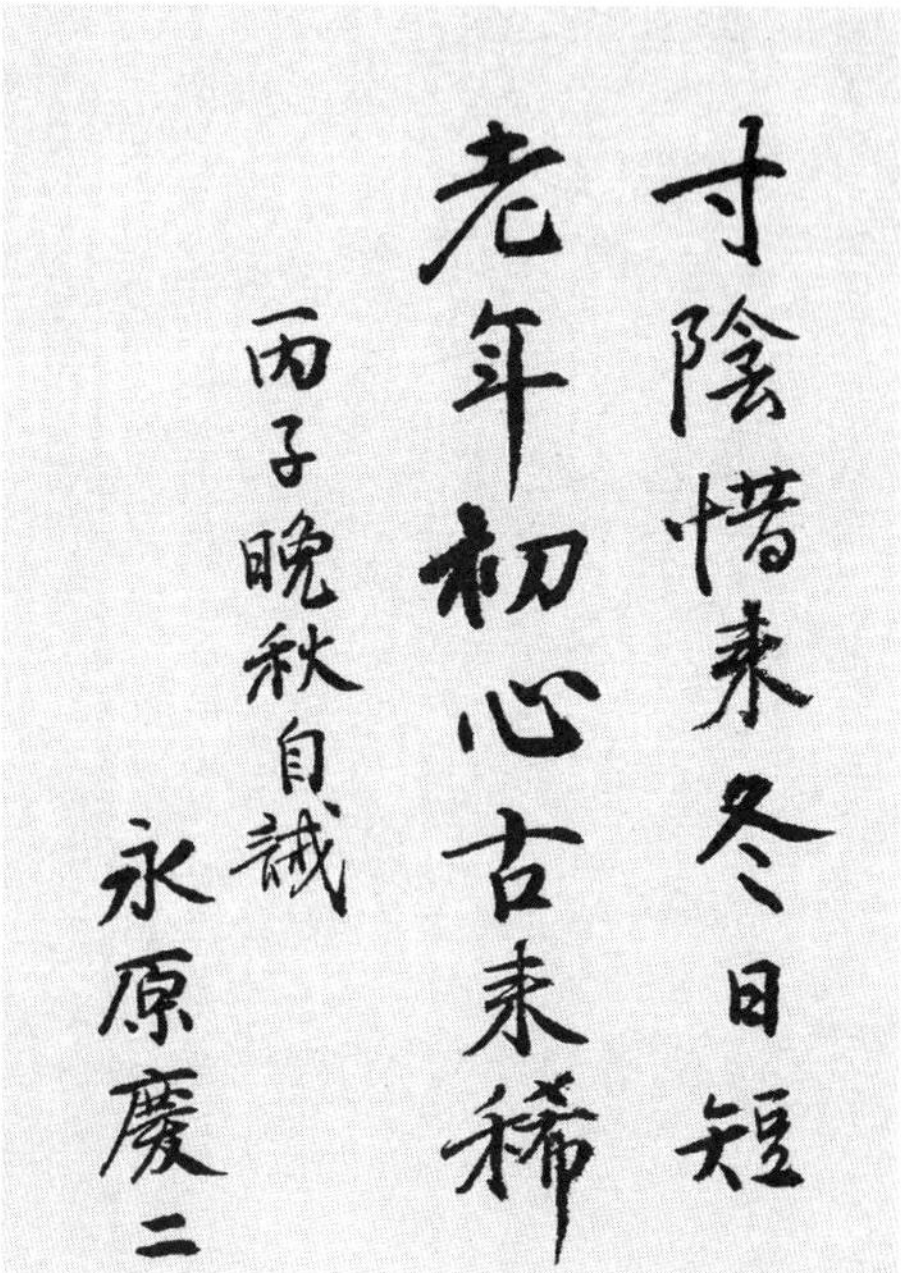

寸陰惜来冬日短
老年初心古来稀
丙子晩秋自誡
永原慶二

ご逝去後，机の中より発見された自戒の書

（1996 年）

一九二二年（大正十一）　〇歳

七月十二日、大連市（中国）に生まれる。保存されている「臍の緒」包紙の記載によると午前五時ごろ誕生。

父永原正雄（一八八六年〈明治十九〉生まれ、静岡県出身。三井物産株式会社員）。

母藤子（一八九六年〈明治二十九〉生まれ、東京府出身。旧姓高橋）。

兄正澄（一九一七年〈大正六〉生まれ）。のち妹百合子（一九二五年〈大正十四〉生まれ）。

十月、父の東京本社への転勤により、東京市赤坂区青山高樹町十二番地十四号に移り、一九四五年（昭和二十）五月二十三日空襲による焼失まで暮す。そこは母の実家。ただし祖父（母方）はすでに死去、祖母は麻布の母の姉の家にいた。

一九二八年（昭和三）　六歳（年齢はその年の誕生日＝七月十二日に達する数字、以下同じ）

四月、青山南町幼稚園入園。

一九二九年（昭和四）　七歳

四月、赤坂区立青南尋常小学校入学。担任は一年から六年まで、大津四郎先生。

一九三五年（昭和十）　十三歳

四月、東京高等学校（当時国立七年制高校）尋常科入学。場所は京王線幡ヶ谷駅から北へ徒歩一〇分、今の中野区南台にあった。空襲で焼失。戦後東京大学海洋研究所、東京大学教育学部付属中学などがおかれている。

一九三九年（昭和十四）　十七歳

四月、東京高等学校文科乙類（ドイツ語を第一語学とするクラス）に進む。一〜二年生の時は寮（大成寮）で過した。ドイツ語は小柳篤二・亀尾英四郎・北通文・富山芳正先生など。

一九四二年（昭和十七）　二十歳

三月、東京高等学校卒業。東高時代は山岳部の部活動に熱中した。
四月、東京帝国大学文学部国史学科入学。入学定員は三〇名、入学志望者は三二名いたが、全員試験なしで入学許可となる。教授は平泉澄・中村孝也・板沢武雄、助教授は坂本太郎、講師相田二郎先生。
十月、戦時中の学業短縮制により二年生となる。

一九四三年（昭和十八）　二十一歳

十月、三年生となるも、文科系学生の徴兵猶予制停止により十二月一斉に徴兵入隊が決定。
十二月十日、海軍の大竹海兵団（広島県）に入団。

一九四四年（昭和十九）　二十二歳

二月、「海軍予備学生」となり、武山海兵団（神奈川県）に移る。

七月、久里浜通信学校に移る。

十二月、海軍少尉となる。

一九四五年（昭和二十）　二十三歳

一〜三月、「普通科学生」（久里浜通信学校）となる。

四〜六月、「特修学生」（久里浜通信学校）となる。

七月一日、鹿屋（鹿児島県）航空基地の第五航空艦隊一七一航空隊（偵察機「彩雲」）へ赴任。

七月十二日、艦隊司令部は大分、一七一航空隊は大分県戸次（へつぎ）基地に移駐。これに従う。

八月十五日、敗戦。

八月二十一日、一七一航空隊解散。八月二十四日、帰郷。父母の東京宅焼失後の移転先は父の生家静岡県駿東郡北郷村大胡田一〇四三。

十月、東京帝国大学大学院（文学部国史学科）入学。

これに先立ち、一九四四年（昭和十九）九月三十日（兵役中）国史学科「仮卒業」となる。その後いつのまにか「仮卒」といわず、普通の卒業扱いとなる。東京高校の友人吉谷泉君の本郷西片町の家に下宿させてもらう。

一九四六年（昭和二十一）　二十四歳

大学院在籍とはいえ、無宿・無職・インフレに苦しむ。外務省の外交文書編集室アルバイト、日大予科講師などで糊口をしのぐ。

一九四七年（昭和二十二）　二十五歳

九月十五日、東京大学史料編纂所員に採用される。「業務嘱託（常勤）」という身分。

一九四八年（昭和二十三）　二十六歳

十一月五日、井上和子（一九二六年十二月五日生、井上正祥〈東京府出身、住友海上火災株式会社員〉・わか〈東京府出身、旧姓石村〉の長女、都立第三高等女学校を経て東京女子大学歴史科卒、農林省農業総合研究所勤務）と結婚。川崎庸之氏に保証人となっていただく。小石川の後楽園涵徳亭にて結婚報告会。新宿区西落合の焼け残った画家の家の一室を借り新世帯をひらく。

一九四九年（昭和二十四）　二十七歳

六月、文部事務官となる。『大日本史料』第三編の編纂業務に従う。

一九五〇年（昭和二十五）　二十八歳

四月、世田谷区世田谷に、豪徳寺の寺地八〇坪を借り、新築して移り住む。

一九五六〜五七年（昭和三十一〜三十二）　三十四〜三十五歳

八月九日〜翌年四月八日、肺結核にかかり療養。ストレプトマイシンなどの新薬により完治した。

一九五八年（昭和三十三）　三十六歳

二月一日、一橋大学助教授（経済学部）となる。日本経済史講座を担当する。

一九六〇年（昭和三十五）　三十八歳

第二十五回国際東洋学者会議（モスクワ）および第十一回国際歴史学会議（ストックホルム）に出席。国際歴史学会議では「日本における古代から中世への移行」を報告する。そのあと経済史研究のため、ヨーロッパ諸国に出張。

一九六二年（昭和三十七）　四十歳

三月、経済学博士の学位を受領（『日本封建制成立過程の研究』）。

一九六三年（昭和三十八）　四十一歳

二月一日、一橋大学教授（経済学部）に昇任。

一九六七年（昭和四十二）　四十五歳

四月、杉並区久我山に、地元農家より土地七五坪を購入し、新築移転する。

一九六七〜七〇年（昭和四十二〜四十五）　四十五〜四十八歳

大学紛争をはさみ、一橋大学評議員、経済学部長、前期部長事務取扱などをつとめる。

一九七〇年（昭和四十五）　四十八歳

五月、歴史学研究会委員長となり、一九七三年（昭和四十八）までつとめる。

一九七八年（昭和五十三）　五十六歳

一月、日本学術会議会員（第一部）となり、第十一〜十二期（一九八五年七月）をつとめる。

七月十五日、文化財保護審議会専門委員（第三調査会史迹部会）となり、一九九三年（平成五）までつとめる。

一九八一年（昭和五十六）　五十九歳

四月、日本中世史に関する用語・概念の英訳問題の会議に出席のため、アメリカ合衆国に出張。The Cambridge History of Japan vol 3. 1990（6.7 章永原執筆）刊行準備。

一九八三年（昭和五十八）　六十一歳

十月、比較家族史研究会会長となり（同研究会は一九八六年九月に比較家族史学会と名称変更）、八九年（平成一）秋までつとめる。

一九八五年（昭和六十）　六十三歳

八〜九月、ドイツのシュツットガルトにおける第十六回国際歴史学会議に出席。「日本前近代の浄穢観念と身分差別」を報告する。

一九八六年（昭和六十一）　六十四歳

三月末日、停年により一橋大学教授を退官する。四月、同大学名誉教授称号を受領。
四月、日本福祉大学教授（経済学部）となる。

一九八八年（昭和六十三）　六十六歳

三月、日本福祉大学教授を辞任、客員教授となる。
四月、和光大学教授（人文学部）となる。

一九九三年（平成五）　七十一歳

三月、和光大学を停年退職。名誉教授の称号を受領。その後、学校法人和光学園の評議員、理事をつとめる。

一九九八年（平成十）　七十六歳

三月、日本福祉大学客員教授を辞す。

二〇〇四年（平成十六）

七月九日、没（享年八十一）。

〔追記1〕　本務以外でとくに長期にわたり非常勤講師をつとめた大学。

早稲田大学経済学研究科

東京大学文学部・同社会科学研究所

東京女子大学史学科

右をふくめ集中講義を合せると二〇の大学に講師として出講した。

〔追記2〕　諸学会・諸機関の委員など、また海外出張などは省略した。

〔追記3〕　一九六五年以降、家永三郎氏の「教科書検定訴訟を支援する歴史学関係者の会」に加わり、のち代表委員の一人。同時に七〇～八〇年代、丸木政臣氏らと共同で小・中・高校の日本史教科書の編集を行う。

二 著作目録

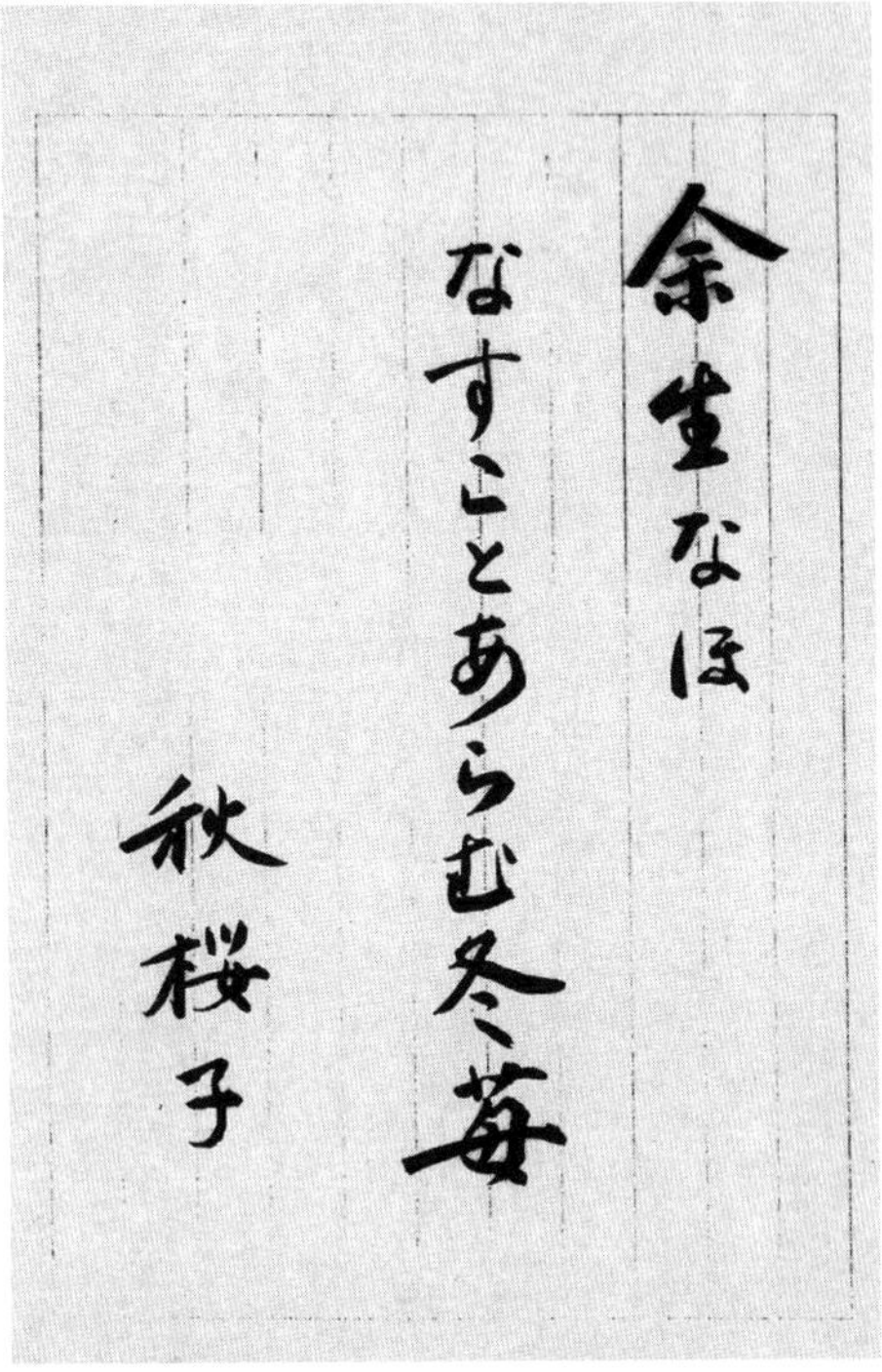

永原先生が書かれた水原秋桜子の句
（本書381頁参照）

池上裕子
池　享
作成　蔵持重裕
川島茂裕
紺野由美子

〈凡例〉

（一）この目録稿は、永原慶二先生が著された文章などを年次ごとに掲げた。

（二）これらを【著書】【共著・共編】【論文】【書評】【学界研究動向】【時評】【人と学問】【辞典項目執筆】【座談会・鼎談・対談・インタビュー】【その他】に、それぞれ分類した。

（三）この当初は、永原先生が、一九八六年三月に一橋大学を定年退官されるに際して、蔵持と川島が共同して作成し、その後、二〇〇五年八月に、池上・池・川島・紺野が補訂した。補訂に際しては、永原和子氏のご協力をいただいた。

（四）作成にあたっては、できるだけ原本を参着したが、参照できなかった著作もある。漏れ、誤りもあると思う。下記宛にご教示ください。

川島連絡先　amisawak@mopera.ne.jp

《一九四六年》

【書評】

・石母田正『中世的世界の形成』(『帝国大学新聞』十月二十三日付)

《一九四八年》

【書評】

・西岡虎之助『民衆生活史研究』(『東京大学新聞』十一月四日付)

・北山茂夫『奈良朝の政治と民衆』(『書評』三―一一、十一月)

《一九四九年》

【論文】

・日本における農奴制の形成過程(『歴史学研究』一四〇、七月)

【書評】

・古島敏雄氏の三つの近業(『歴史学研究』一三七、一月)

・松本新八郎『中世末葉に於ける社会的変動』(『歴史学研究』一三八、三月)

・鈴木良一『下剋上の社会』(『図書新聞』十月十一日付)

【学界研究動向】

・中世史研究の展望(『日本史研究入門』東京大学協同組合出版部)

・参考書について（『日本社会の史的究明』岩波書店）

《一九五〇年》

【論文】

・織豊政権の理解をめぐって（『歴史学研究』一四六、七月）

・日本における封建国家の形態（『国家権力の諸段階』岩波書店）

・封建時代前期の民衆生活（『新日本史講座』中央公論社）

【書評】

・石母田正『古代末期の政治過程および政治形態』（『東京大学学生新聞』六月二十九日付）

・和歌森太郎『中世協同体の研究』（『図書新聞』九月十三日付）

・笠原一男『日本における農民戦争』（『社会経済史学』一六―四、十一月）

《一九五一年》

【論文】

・守護領国制の展開（一）（『社会経済史学』一七―二、二月）

・中世・総論（『歴史学の成果と課題』Ⅱ、岩波書店）

・中世の世界観（『日本歴史講座』三・中世編、河出書房）

【書評】

・藤田五郎・羽鳥卓也『近世封建社会の構造』（『日本読書新聞』六〇八）

《一九五二年》

【共著・共編】

・『地方史研究必携』（岩波全書、岩波書店）

【論文】

・東国における惣領制の解体過程（『史学雑誌』六一―三、三月）

・中世的政治形態の展開と天皇の権威（『歴史学研究』一五九、九月）

・中世研究の展望（『日本史研究入門』増補版、東京大学出版会）

【学界研究動向】

・史学会大会に思う（『東京大学学生新聞』十一月二十日付）

《一九五三年》

【論文】

・荘園解体期における農民層の分解と農民闘争の形態（『歴史評論』四四・四五、四月・五月）

・北条政子（『日本歴史の女性』御茶の水書房）

・封建の部総括報告（『世界史におけるアジア』岩波書店）

《一九五四年》

【共著・共編】

・『商品生産と寄生地主制』（東京大学出版会）

【論文】

・太閤検地と初期本百姓の性格（『歴史学研究』一七四、二月）

・村に学ぶ（『TUP通信』十月）

・歴史における変革（『横浜国大新聞』十月二十日）

・日本封建制論（『日本史研究入門』東京大学出版会）

【座談会・鼎談・対談・インタビュー】

・最近における町村史編纂をめぐって（『地方史研究』一三、六月）

《一九五五年》

【著書】

・『日本封建社会論』（東大学術叢書、東京大学出版会）

【共著・共編】

・後進＝自給的農業地帯における村方地主制の展開（『史学雑誌』六四―一・二、一月・二月）

【論文】

・日本における農奴制（『エコノミア』六―三・四、十月）

・日本における封建制形成の歴史的前提（『社会科学研究』六―四、十月）
・「在家」の歴史的性格とその進化（『日本封建制成立の研究』吉川弘文館）
・中世―階級闘争の解明を主として（『講座歴史』二、大月書店）
【書評】
・入交好修編『清良記』・宮本又次編『農村構造の史的分析』（『図書新聞』四月二日付）
・柴田実編『庄園村落の研究』（『日本読書新聞』七九〇）
【学界研究動向】
・五五年度歴研大会を迎えて（『東京大学学生新聞』五月九日付）

《一九五六年》
【共著・共編】
・『絵で見る日本の歴史』三（国民図書刊行会）
【論文】
・村の発達（『日本考古学講座』七・歴史時代、中・近世、河出書房）
・南北朝の内乱（『学習の友』三八、十二月）
・南北朝の内乱（『日本歴史講座』三、東京大学出版会）
【書評】
・松本新八郎『中世社会の研究』（『図書新聞』二月二十五日付）

・歴史学研究会・日本史研究会編『日本歴史講座』（『東京新聞』九月十二日付）
・松好貞夫『村の記録』（『日本読書新聞』九月二十四日付）
・西岡虎之助『荘園史の研究』（『図書新聞』十一月十七日付）

【学界研究動向】

・日本に奴隷制社会はあったのか（『新読書』一月一日付）

《一九五七年》

【論文】

・歴史叙述における二つの問題（『新建築』）
・相州武士の起こり（『神奈川県の歴史』二、神奈川県立図書館）
・維盛（『国文学　解釈と鑑賞』二五六）

【書評】

・西岡虎之助・服部之総編『日本歴史地図』（『日本読書新聞』一月二日付）
・『物語郷土の歴史』の完結にあたって（『日本読書新聞』四月十五日付）
・魚澄惣五郎『大名領国と城下町』（『日本読書新聞』五月六日付）
・中村吉治『日本の村落共同体』（『図書新聞』六月十五日付）
・東大農村史料調査会編『新田地主の研究』（『図書新聞』八月二十四日付）
・社会経済史学会編『封建領主制の確立』（『日本読書新聞』九月十二日付）

・林屋辰三郎『日本史研究の課題』（『日本読書新聞』九月十六日付）
・和歌森太郎『日本史研究法』（『日本読書新聞』十二月九日付）
・西川善介『林野所有の形成と村の構造』（『図書新聞』十二月十四日付）
【学界研究動向】
・転換期に立つ歴史学界（『日本読書新聞』五月二十七日付）
・歴史学界の動向（『思想』三九五、七月）

《一九五八年》
【著書】
・『源頼朝』（岩波新書、岩波書店）
【共著・共編】
・『地租改正の研究』下（東京大学出版会）
【論文】
・公家領荘園における領主権の構造（『一橋論叢』四〇―六、十月）
・地租改正と農民的土地所有（『地租改正の研究』下、東京大学出版会）
【書評】
・宮川満『太閤検地の基礎構造』（『東京大学新聞』三月五日付）
・『横浜市史』出版にあたって（『日本読書新聞』六月十五日付）

・日本史研究会史料研究部会編『中世社会の基本構造』（『図書新聞』七月二十六日付）
・青園謙三郎『風変わりな郷土史』（『福井新聞』十一月）
・塩沢君夫『古代専制国家の構造』（『週刊読書人』十二月十五日付）
・西岡虎之助他『郷土史研究講座』（『日本読書新聞』九四七）

【学界研究動向】

・最近の歴史学の動向（『東京大学新聞』十月十五日付）
・著者の感想（『週刊読書人』十一月三日付）
・収穫動向（『週刊読書人』十二月二十二日付）

【その他】

・読書と研究（『一橋小平学報』九月）

《一九五九年》

【論文】

・人物史の方法をめぐる二、三の問題（『歴史評論』一〇三、三月）
・北畠親房（『日本人物史大系』二・中世編、朝倉書房）

【書評】

・服部謙太郎『封建社会成立史論』（『社会経済史学』二五―二・三、四月）
・宮川満『太閤検地論』第一部（『図書新聞』七月四日付）

・宮川満『太閤検地論』第一部（『歴史学研究』二三四、十月）

【学界研究動向】

・転機に立つ歴史学研究会（『週刊読書人』三月二十三日付）

・『歴史学研究』と今後の課題（『歴史学研究』二三〇、四月）

【時評】

・現代と歴史学の課題（『東京大学新聞』六月四・五日付）

《一九六〇年》

【論文】

・荘園制の歴史的位置（『経済学研究』四、三月）

・「平家」時代の武士の生活（『古典日本文学全集・付録』七、四月）

・中世の知識人（『古典日本文学全集・付録』九、六月）

・日本における農奴制形成史の若干の論点（『歴史学研究』二四二、六月）

・中世地方史の研究について（『地方史研究』一〇―三、六月）

・日本封建制成立史の課題（『一橋論叢』四四―四、十月）

【書評】

・杉本尚雄『中世の神社と社領』（『史学雑誌』六九―七、七月）

・石母田正・佐藤進一編『中世の法と国家』・阿部猛『日本荘園成立史の研究』（『日本読書新聞』十月五日付）

【学界研究動向】

・一九六〇年度歴史学研究会大会記（『文学』二八―八、八月）

【その他】

・世界の農村を歩いて（『一橋新聞』十一月十日付）

・ベルリンの印象（『小平寮誌』十二月二十一日付）

《一九六一年》

【著書】

・『日本封建制成立過程の研究』（岩波書店）

【共著・共編】

・『歴史学論集』（大学セミナー双書、河出書房新社）

【論文】

・中世地方史の研究（『地方史研究』一一―三、六月）

・中世の主人公は東海から起こった（『中日新聞』十月二十七日付）

・源平時代の女性たち（『古典日本文学全集・付録』二七、十二月）

・中世における階級闘争（『歴史学論集』河出書房新社）

・太平記の時代背景（『古典日本文学全集・太平記』一九、筑摩書房）

【書評】

・『篠村史』（『日本読書新聞』四月二十七日付）
・堀田善衛『海鳴りの底から』（『一橋新聞』十二月十一日付）
【学界研究動向】
・社会発展史をめぐる日本史学とソビエット史学との断層（『思想』四四〇、二月）
【その他】
・私の研究遍歴（『図書』一三九、四月）
・読書遍歴（『図書』一四一、六月）

《一九六二年》
【共著・共編】
・『中世の社会と経済』（東京大学出版会）
・『岩波講座日本歴史』（全二三巻、岩波書店、～六四年）
【論文】
・島原の乱・権力・民衆（『一橋新聞』一月十五日付）
・隠者のくらし（『古典日本文学全集・付録』一月）
・皇室の相続と財産（『古典日本文学全集・付録』五月）
・荘園制解体過程における南北朝内乱期の位置（『経済学研究』六、三月）
・荘園制支配と中世村落（『一橋論叢』四七―三、三月）

・南北朝〜室町期の再評価のための二、三の論点（『日本史研究』六〇、五月）
・封建社会をどう扱うか（『教室の窓・中学社会』三八、七月）
・中世村落の構造と領主制（『中世の社会と経済』東京大学出版会）
・南北朝・室町・戦国・織豊（『日本史研究入門』Ⅱ、東京大学出版会）

【書評】
・高橋磌一『古文書入門』（『週刊読書人』四月二日付）
・仁井田陞『中国法制史研究』（『図書新聞』十月十三日付）

【学界研究動向】
・歴史学の国際交流について（『歴史学研究』二六三、二月）
・歴史学研究会の歩みと課題（『週刊読書人』六月四日付）
・日本史・収穫動向（『週刊読書人』十二月十七日付）

《一九六三年》

【論文】
・南北朝の内乱（『岩波講座日本歴史』六・中世二、岩波書店）
・時代区分論（『岩波講座日本歴史』二二・別巻一、岩波書店）
・封建社会をどう扱うか（『日本史教育研究』一四、十月）
・南北朝内乱期の政治思想（『人文科学研究』五）

【書評】
・日本史研究会『講座日本文化史』(『図書新聞』四月二十七日付)
・永積安明『中世文学の成立』(『図書』六月)
・寸感(『新潟市誌』によせて)(『郷土』七月)
・『平安遺文』と荘園史の研究(『寧楽遺文・平安遺文月報』八、十月)
・井上清『日本の歴史』上(『東京新聞』十月九日付)
・旗手勲『日本における大農場の生成と展開』(『図書新聞』十一月三十日付)
【学界研究動向】
・『日本歴史叢書』発刊によせて(『日本読書新聞』十一月二十日付)
・一九六三年回顧・日本史(『週刊読書人』十二月十六日付)
【時評】
・入試から個性を奪うもの(『一橋新聞』三月十五日付)
・認証官問題と大学の自治(『週刊読書人』七月一日付)

《一九六四年》
【論文】
・日本国家史の一問題(『思想』四七五、一月)
・中世東国の新田と検注(『金沢文庫研究』九九(一〇―三)、五月)

・一九一〇年代における地主制の転換について（『経済研究』一五―三、八月）
・日本古代国家の変容（『古代史講座』一〇、学生社）

【時評】

・歴史学と現在と（『読書』十月二十六日付）

《一九六五年》

【著書】

・『下剋上の時代』（『日本の歴史』一〇、中央公論社）

【共著・共編】

・『日本経済史大系』二・中世（東京大学出版会）
・『日本の歴史』（中央公論社、～六七年）

【論文】

・北畠親房の書状（『日本古典文学大系・月報』二月）
・社会科歴史の歴史観について（『教室の窓・中学社会』七一、四月）
・前期封建制社会と幕藩制社会（『日本史教育研究』二三、十二月）
・戦後における日本封建制研究の思想的背景（『歴史評論』一八四、十二月）
・中世経済史総論（『日本経済史大系』二・中世、東京大学出版会）
・荘園領主経済の構造（『日本経済史大系』二・中世、東京大学出版会）

【書評】
・松本新八郎『中世社会の研究』（『歴史評論』一二三、三月）
・村井康彦『古代国家解体過程の研究』（『埼玉新聞』五月三十一日付）
・阿部善雄『駈け入り農民史』（『読書』十月二十五日付）
【学界研究動向】
・日本歴史学協会の当面する問題（『歴史学研究』二九六、一月）
・一九六五年回顧・日本史（『週刊読書人』十二月二十七日付）
【時評】
・できるだけ早く大きく行動を（『歴史評論』一七九、七月）
・歴史教科書執筆者の提言（『中央公論』八〇―一二、十一月）

《一九六六年》
【共著・共編】
・鎌倉と京都（『人物・日本の歴史』四、読売新聞社）
【論文】
・日本経済史論・古代中世（『経済史学入門』広文社）
・義満と秀吉（『群像』）
【書評】

・井上光貞編『日本史入門』（『週刊読書人』五月十六日付）
・『日本家族制度と小作制度』と私（『有賀喜左衛門著作集・月報』一、六月）
・阿部猛『律令国家解体過程の研究』（『図書新聞』八月六日付）
・網野善彦『中世荘園の様相』（『社会経済史学』三二―四、十二月）

【学界・研究動向】

・一九六六年回顧・日本史（『週刊読書人』六五六、十二月）

【時評】

・建国記念日公聴会傍聴記（『中央公論』八一―一二、十一月）

【座談会・鼎談・対談・インタビュー】

・永原慶二氏を囲んで中世史の諸問題をうかがう（『東書高校通信・日本史』二四・二五・二六）

【その他】

・くそうず（『朝日新聞』五月十日付）

《一九六七年》

【著書】

・『大名領国制』（『体系日本歴史』三、日本評論社）

【共著・共編】

・『体系日本歴史』（全六巻、日本評論社、～七一年）

・『図録鎌倉から戦国』(『日本の歴史』別巻二、中央公論社)

【論文】

・新日本史の人間像・源頼朝(『東京新聞』五月二十一日付)

・鎌倉武士の面影(『太陽』六九)

・鎌倉時代の好間荘(『日本歴史叢書・月報』十一月)

・荘園制における職の性格(『日本社会経済史研究』古代・中世編、吉川弘文館)

・日本封建法の特質(『前近代アジアの法と社会』仁井田陞博士追悼論文集一、勁草書房)

【書評】

・島田次郎編『日本中世村落史の研究』(『史学雑誌』七六―六、六月)

・戸田芳実『日本領主制成立史の研究』(『日本史研究』九三、九月)

【その他】

・歴史書と高校生(『学校図書館』一九九、五月)

《一九六八年》

【著書】

・『日本の中世社会』(日本歴史叢書、岩波書店)

【論文】

・中世農民的土地所有の性格(『一橋論叢』五九―三、三月)

・歴史学と歴史教育（『歴史学研究』三四〇、九月）
・村落共同体からの流出民と荘園制支配（『近代化の経済的基礎』岩波書店）
【学界研究動向】
・一九六八年回顧・日本史（『週刊読書人』十二月二十三日付）
【座談会・鼎談・対談・インタビュー】
・「日本の歴史」（十三）〝南北朝時代〟について（『日本歴史』二三七、二月）
【その他】
・社会現実に対しみずみずしい感覚を（『一橋新聞』三月三日付）

《一九六九年》
【共著・共編】
・『日本史研究入門』Ⅲ（東京大学出版会）
【論文】
・平家物語の歴史意識（『一橋論叢』六一―二、二月）
・総説（『日本史研究入門』Ⅲ、東京大学出版会）
・茂木氏給人帳考（『荘園制と武家社会』吉川弘文館）
・領主制支配における二つの道（当時未発表）
【書評】

・松本新八郎『中世社会の研究』（『歴史評論』二二三、三月）
・脇田晴子『日本中世商業発達史の研究』（『図書新聞』九月七日付）

《一九七〇年》

【共著・共編】

・『日本経済史』（有斐閣双書、有斐閣）
・『解題日本史』（学生社）

【論文】

・歴史教育の自由のために（『歴史学研究』三六五、十月）
・嘉吉徳政一揆の性格について（『一橋論叢』六四―五、十一月）
・国家的集中と「近代化」（『現代と思想』二、十二月）
・日本経済史の課題と方法（『日本経済史』有斐閣）
・古代社会の転換と封建化（『日本経済史』有斐閣）
・前期封建社会の経済構造（『日本経済史』有斐閣）
・中世郷土史研究法（『郷土史研究講座』三、朝倉書店）
・郷土社会の中世的形成（『郷土史研究講座』三、朝倉書店）

【書評】

・安良城盛昭『歴史学における理論と実証』第一部（『史学雑誌』七九―三、三月）

・星埜惇『社会構成体移行論序説』（『社会経済史学』三五―五・六、三月）
・高橋磌一『歴史教育と歴史意識』（『歴史学研究』三六〇、五月）
・J・W・ホール著・尾鍋輝彦訳『日本の歴史』上・下（『朝日ジャーナル』十月二十五日付）

【人と学問】
・西岡虎之助の人と学問（『社会経済史学』三六―二、七月）

【辞典項目執筆】
・『農業経済経営事典』（日本評論社）

《一九七一年》

【共著・共編】
・『日本の名著』九・慈円・北畠親房（中央公論社）
・『シンポジウム日本歴史』（全二三巻、学生社、～七四年）

【論文】
・時代区分論（『講座日本史』九、東京大学出版会）
・日本中世社会論（『現代歴史学の課題』上、青木書店）
・室町幕府＝守護領国制下の土地制度（『経済学研究』一五、三月）
・富裕な乞食（『古代の日本・月報』九）
・荘園制について（『東書高校通信・日本史』七六、四月）

・経済史の課題と方法（『経済』八五、五月）
・中世の歴史感覚と政治思想（『日本の名著』九、中央公論社）
【書評】
・石母田正『日本の古代国家』（『朝日新聞』五月三日付）
・新里恵二『沖縄史を考える』・沖縄歴史研究会編『近代沖縄の歴史と民衆』（『歴史学研究』三七七、十月）
【学界研究動向】
・一九七一年度大会を迎えるにあたって（『歴史学研究』三七二、五月）
・一九七二年度大会報告について（『歴史学研究』別冊特集、十月）
【時評】
・教科書裁判と歴史学（『東京大学新聞』二月八日付）
【人と学問】
・西岡虎之助の人と学問（『西岡先生追想録』）
【座談会・鼎談・対談・インタビュー】
・源頼朝（『日本史探訪』二、角川書店）

《一九七二年》
【共著・共編】
・『日本地主制の構成と段階』（東京大学出版会）

【論文】
・土地所有権の史的展開（『地方史研究』一二一—二、四月）
・日本封建国家論の二、三の論点（『歴史評論』二六二、五月）
・加地子について（『鎌倉遺文・月報』三、八月）
・戦国大名における「公儀」観念の形成（『日本思想大系・月報』二七、十月）
・法雲寺荘主寮年貢目録について（『茨城県史研究』二二）
・何のために歴史を学ぶか（『遡行』二）
・「頤神軒存奭算用状」についての覚書（『山形大学山崎吉雄教授還暦記念論文集』（山崎教授還暦記念論文集編纂委員会）
【時評】
・歴史民俗博物館に関する「日歴協」の要望書について（『歴史学研究』三八七、八月）
【座談会・鼎抜・対談・インタビュー】
・現代歴史学の課題（『遡行』二）
・日野富子（『日本史探訪』三、角川書店）
【その他】
・歴史を見る目（『朝日新聞』六月十二日付）

《一九七三年》
【著書】

・『日本中世社会構造の研究』（岩波書店）

【共著・共編】

・『日本の歴史』（全三二巻、小学館、〜七七年）

・『中世史ハンドブック』（近藤出版社）

【論文】

・貫高制の前提（『神奈川県史だより』資料編二、古代・中世（二）、三月）

・日本封建国家について（『歴史学研究月報』別冊、三月）

・中世後期の村落共同体（『日本古代・中世史の地方的展開』吉川弘文館）

・歴史学の課題と方法（『現代の科学論』Ⅱ、勁草書房）

・通史叙述の役割（『毎日新聞』八月二十七日付）

・日本における農奴制の形成過程（『歴史科学大系』四、校倉書房）

・歴史学と階級闘争の理論（『歴史科学大系』二二、校倉書房）

・室町幕府＝守護領国制下の土地制度（『土地制度史』一、山川出版社）

【書評】

・鈴木良一『応仁の乱』（『サンケイ新聞』十一月五日付）

【時評】

・入試制度改革の問題点（『日本の科学者』八—一、一月）

【辞典項目執筆】

・領主制・大名領国制・過渡的経営体・在家・中小名主職所有者・名共同体（『中世史ハンドブック』近藤出版社）

【その他】

・復刻版について（『歴史学研究戦前復刻版・月報』一、十月）

《一九七四年》

【共著・共編】

・『講座マルクス主義研究入門』四・歴史学（青木書店）

・『シンポジウム日本歴史』七・中世国家論（学生社）

【論文】

・中世末期の下人と主家の経営（『古島敏雄著作集・月報』一、九月）

・マルクス主義歴史学について（『講座マルクス主義研究入門』四・歴史学、青木書店）

・国府台合戦（『市川市史』二・古代・中世・近世、吉川弘文館）

・日本中世（『経済学の動向』上、東洋経済新報社）

・荘園＝国衙領制の土地所有関係（ワシントン大学中世史セミナーのペーパー、当時未発表）

【学界研究動向】

・荘園の理解に大幅な修正（日本史への架橋④）（『東京新聞』八月二十九日付）

・支配構造、秩序意識の役割（日本史への架橋⑤）（『東京新聞』八月三十日付）

・漂泊的集団の貧しい人々（日本史への架橋⑥）（『東京新聞』八月三十一日付）

・構造的・動的な面を一体的に（日本史への架橋⑦）（『東京新聞』九月一日付）

【座談会・鼎談・対談・インタビュー】

・『シンポジウム日本歴史』七・中世国家論（学生社）

・『シンポジウム日本歴史』八・南北朝の内乱（学生社）

・『シンポジウム日本歴史』九・土一揆（学生社）

《一九七五年》

【著書】

・『戦国の動乱』（『日本の歴史』一四、小学館）

【共著・共編】

・『日本史研究入門』Ⅳ（東京大学出版会）

・『日本史を学ぶ』二・中世（有斐閣選書、有斐閣）

・『精講日本史』（学生社）

・『岩波講座日本歴史』（全二六巻、岩波書店、〜七七年）

【論文】

・荘園遺構の保存問題によせて（『月刊文化財』一三七、二月）

・歴史学の方法と民衆像（『歴史地理教育』二四八、三月）

・大名領国制の史的位置（『歴史評論』三〇〇、四月）

・現代における歴史学の有効性（『遡行』三、五月）
・歴史認識における法則性と主体性（『現代と思想』二一、九月）
・歴史意識と歴史の視点（『思想』六一五、九月）
・阿蘇社領湯浦郷の「村」について（『地方史研究』一三七（二五―五）、十月）
・衆中談合と下剋上（『前衛』三八九、十二月）
・中世封建制支配と天皇（『歴史教育研究』五八）
・総説（『日本史研究入門』Ⅳ、東京大学出版会）
・中世都市と市場構造（『日本史を学ぶ』二・中世、有斐閣）
・中世から近世へ（『日本史を学ぶ』二・中世、有斐閣）
・荘園遺構の保存問題によせて（『地域概念の変遷』雄山閣）

【座談会・鼎談・対談・インタビュー】
・『太平記』の世界（『歴史の視点』上、日本放送出版協会）

【その他】
・大学でいかに学ぶか（『緑の旗』一二四・一二五、三月二十日・四月十日付）
・有意義な学生生活を・歴史学（『学生新聞』四月九日付）
・一橋生の現状についての感想（『一橋学友』六月一日付）

《一九七六年》

【共著・共編】

・『戦国期の権力と社会』(東京大学出版会)

・『コンサイス人名辞典』日本編(三省堂)

・『日本の歴史家』(日本評論社)

・『全訳吾妻鏡』(全六巻、新人物往来社、〜七九年)

【論文】

・歴史学の方法と民衆像(『教科書裁判と歴史学・歴史教育』教科書検定訴訟を支援する全国連絡会)

・大名領国制下の農民支配(『戦国期の権力と社会』東京大学出版会)

・原勝郎(『日本の歴史家』日本評論社)

・内田銀蔵(『日本の歴史家』日本評論社)

・大名領国制の構造(『岩波講座日本歴史』八・中世四、岩波書店)

・国一揆の史的性格(『歴史公論』三月)

・封建社会の成立と展開(『社会経済史学の課題と展開』有斐閣)

・歴史意織の形成と教科書記述(『歴史学研究』四三三、六月)

・二つの歴史教育(『小学校社会科指導シリーズ』四)

・中世的政治形態の展開と天皇の権威(『天皇制論集』二、三一書房)

【書評】

・社会科学の疾風怒濤時代(『福武直著作集・月報』四、一月)

・『堀江英一著作集』二（『赤旗』四月十九日付）
・『歴史科学への道』上（『赤旗』八月二日付）

【時評】
・戦前と戦後の天皇の区別を無視（『祖国と学問のために』十一月三日付）

【座談会・鼎談・対談・インタビュー】
・日本封建制と天皇（『歴史評論』三一四、六月）
・唯物史観と楠木正成・足利尊氏（『文化評論』一八三、七月）

【その他】
・大学・学問・ゼミナール（『学生新聞』十一月二十四日付）

《一九七七年》

【著書】
・『中世成立期の社会と思想』（吉川弘文館）
・『中世内乱期の社会と民衆』（吉川弘文館）

【共著・共編】
・『結城市史』（全六巻、結城市、〜八三年）

【論文】
・戦後日本史学の展開と諸潮流（『岩波講座日本歴史』二四・別巻一、岩波書店）

・歴史認識・叙述における人間の問題（『唯物論』七、二月）
・鎌倉公方の立場（『月刊歴史手帖』五―二、二月）
・日本封建制の「アジア的」特質（『一橋論叢』七七―四、四月）
・歴史をめぐる事実と評価（『中学校指導シリーズ・社会』）

【書評】

・『大系日本国家史』（『週刊読書人』三月七日付）
・中村哲『奴隷制・農奴制の理論』（『歴史評論』三三〇、十月）

【時評】

・無軌道な検定にメス（『東京大学新聞』五月九日付）
・国立大学共通第一次試験をめぐる問題点（『歴史学研究』四四九、十月）

【座談会・鼎談・対談・インタビュー】

・長篠合戦―信長と鉄砲（『新日本史探訪』一、角川書店）

【その他】

・教養課程で何を学ぶか（『緑の旗』四月二十日付）

《一九七八年》

【著書】

・『歴史学叙説』（東京大学出版会）

【共著・共編】

・『戦国時代』（吉川弘文館）

・『講座・史的唯物論と現代』三・世界史認識（青木書店）

・『ジュニア日本の歴史』三・武士の実力（小学館）

・『荘園』若い世代と語る日本の歴史・一二（日本評論社）

【論文】

・歴史学の社会的責任（『歴史評論』三三七、五月）

・戦国時代の貫高制について（『信濃』三〇―一〇、十月）

・荘園制成立期の諸問題（『名瀬地区高等学校社会科教育研究会会誌』一九七八年度）

・封建社会のアジア的特質（『講座・史的唯物論と現代』三・世界史認識、青木書店）

・大名領国制下の貫高制（『戦国時代』吉川弘文館）

・戦国時代の社会と秩序観（『ぎょうせい』十月三十日付）

・歴史から何を学ばせるか（『学図・教科研究・社会』中学校編）

・戦国時代の社会と秩序（『教養講座シリーズ』三二、十月）

・武蔵国戸守郷とその周辺（『栃木県史・月報』史料・中世三）

・中世社会の展開と被差別身分制（『部落史の研究』前近代篇、部落問題研究所）

【書評】

・成瀬治『世界史の意識と理論』（『史学雑誌』八七―六、六月）

【時評】
・中・高校歴史教育における戦後史切り捨ての危険（『歴史学研究』四六一、十月）
・大学入試を考える（『日本の科学者』一三―一一、十一月）
【座談会・鼎談・対談・インタビュー】
・荘園の実態をもとめて（『歴史公論』五月）
・荘園とは何ですか（『歴史公論』五月）

《一九七九年》
【共著・共編】
・『元号問題の本質』（白石書店）
・『カレンダー日本史』（岩波ジュニア新書、岩波書店）
【論文】
・元号問題を考える視点（『歴史地理教育』二八八、二月）
・前近代の天皇（『歴史学研究』四六七、四月）
・生徒に歴史をどう実感させるか（『学図・教材研究・社会』二―一、四月）
・歴史叙述と人物造形（『三省堂ぶっくれっと』八月）
・*The Medieval Origin of the Eta-Hinin*（『*Journal of Japanese Studies*』*vol.15-no.2*）
・「日吉社室町殿御社参記」のこと（『新修大津市史・月報』二）

・変革期の歴史と人間（『子午線の祀り』山本安英の会）

【書評】

・網野善彦『無縁・公界・楽』（『史学雑誌』八八―六、六月）

【学界研究動向】

・コメント・日本中世共同体試論（『史潮』四、一月）

【時評】

・一九七九年度歴史学研究会大会報告批判・中世史部会（『歴史学研究』四七五、十二月）

・元号法制化と国民教育（『東京大学新聞』二月五日付）

・一四年目の教科書裁判（『東京大学新聞』十一月十九日付）

【座談会・鼎談・対談・インタビュー】

・元号法制化（『毎日新聞』二月二日付）

・南北朝期の歴史的意味をめぐって（『歴史公論』九月）

・歴史学と方法（『学生新聞』十一月二十一日・十一月二十八日・十二月五日・十二月十二日・十二月十九日付）

【辞典項目執筆】

・『経済学辞典』第二版（岩波書店）

《一九八〇年》

【著書】

・『日本経済史』（岩波全書、岩波書店）
・『日本中世の社会と国家』（NHK大学講座テキスト、日本放送出版協会）

【共著・共編】

・『日本近代史要説』（東京大学出版会）
・『結城市史』四・古代中世通史編（結城市）
・『日本の思想』上（新日本選書、新日本出版社）
・『高等学校日本史』（学校図書）

【論文】

・衆中談合と下剋上（『日本の思想』上、新日本出版社）
・日本古代・中世史概観（『日本近代史要説』東京大学出版会）
・人物中心歴史学習について（『学図・教科研究・社会』小学校編、二・三月）
・中社・歴史の編修上の特色（『学図・教科研究・社会』小・中学校編、四月）
・歴史学から歴史教育へ（『歴史地理教育』三一二、十月）

【時評】

・日本学術会議報告（『歴史学研究』四八三、八月）

【座談会・鼎談・対談・インタビュー】

・東西交流の舞台・中世の瀬戸内（『山陽新聞』一月一日付）
・先生いいたい放題（『祖国と学問のために』一月二日・一月九日付）

・時代区分の理論的諸問題（『歴史評論』三六五・三六六・三六七、九月・十月・十一月）

【辞典項目執筆】

・前近代の経済発展（『経済学大辞典』Ⅲ、東洋経済新報社）

《一九八一年》

【論文】

・天皇と将軍（『ＵＰ』九九、一月）
・日本中世社会論・国家論をめぐって（『駒沢大学・史学論集』一一、三月）
・中世地域史研究の視角と方法（『関宿町の歴史』一、三月）
・中世における「秩序」と民衆（『民衆史研究』二〇、五月）
・東国と西国（『シンポジウム中世の瀬戸内』上、山陽新聞社）
・南北朝の内乱（『学習の友』三八）

【時評】

・危機に立つ歴史教育（『歴史学研究』四九四、七月）

【座談会・鼎談・対談・インタビュー】

・著者訪問（『学生新聞』二月四日付）
・巧妙きわまる〝介入〟のテクニック（『朝日ジャーナル』七月十日付）
・内藤湖南の「応仁の乱について」をめぐって（『歴史公論』十一月）

・教科書攻撃に反撃する（『経済』二一一、十一月）

【その他】

・歴史に民衆を考える（『学生新聞』四月十五日付）

・新入寮生のための専門別ガイダンス・歴史学（『緑の旗』三〇五、四月二十日付）

《一九八二年》

【著書】

・『日本中世の社会と国家』（新NHK市民大学叢書、日本放送出版協会）

【共著・共編】

・『日本経済史を学ぶ』上・古代中世（有斐閣選書、有斐閣）

・『日本経済史を学ぶ』下・近世（有斐閣選書、有斐閣）

・『中世史講座』（全一一巻、学生社、〜九六年）

・『最近の歴史学の動向に関する総合的調査研究』（昭和五十五・五十六年度文部省科学研究費補助金総合研究（A）研究報告）

【論文】

・歴史教育について（『高等学校日本史教育ノート』四月）

・中世の商業・貿易と都市（『日本経済史を学ぶ』上・古代中世（有斐閣）

・日本史における「中世」（『中世史講座』一、学生社）

・日本中世観の展開（『中世史講座』一、学生社）
・中世の都市（『中世史講座』三、学生社）
・朝鮮軍役と太閤検地（『日記・記録による日本歴史叢書・月報』五、四月）
・戦国の主従（『歴史と人物』六月）
・「最高裁判決」と歴史教育（『歴史地理教育』三三七、六月）
・教科書裁判と今日の教科書問題（『歴史学研究』五〇八、九月）
・戦国時代の村と市（『月刊歴史教育』四―九、九月）
・教科書制度改革の前提（『国民教育』五八、一〇月）
・女性史における南北朝・室町期（『日本女性史』二、東京大学出版会）

【書評】
・『広島県史』古代中世資料編Ⅴ（『広島県史研究』七、三月）
・『神奈川県史』通史編一・原始古代中世（『神奈川県史研究』七月）

【学界研究動向】
・日本古代・中世史（『最近の歴史学の動向に関する総合的調査研究』昭和五十五・五十六年度文部省科学研究費補助金総合研究（A）研究報告）
・日本経済史（『経済学の動向』二、東洋経済新報社）
・ベトナムの歴史学界（『歴史学研究』五〇三、四月）

【時評】

・「教科書問題」とは何か（『出版ニュース』五月上旬）
・教科書検定制度の改革を（『高教組時報』五〇、九月）
・教科書検定制度の改革を（『書斎の窓』三一七、九月）

【人と学問】

・故稲垣泰彦氏の仕事（『赤旗』五月十一日付）

【座談会・鼎談・対談・インタビュー】

・中世社会と荘園制（『文化評論』二五二・二五三、四月・五月）
・守護・守護大名・戦国大名（『歴史公論』八月）
・守護領国制をめぐって（『歴史公論』八月）

【その他】

・社会科学を学びだすS君へ（『一橋小平学報』八五、四月）
・心の健康（『月刊健康』五月）

《一九八三年》

【著書】

・『皇国史観』（岩波ブックレット、岩波書店）

【共著・共編】

・『講座日本技術の社会史』（全八巻・補巻二巻、日本評論社、〜八六年）

・『真岡市史』（全八巻、真岡市、～八八年）
・『戦国大名の研究』（戦国大名論集一、吉川弘文館）

【論文】

・解説（『戦国大名の研究』吉川弘文館）
・大名領国制の史的位置（『戦国大名の研究』吉川弘文館）
・東国における惣領制の解体過程（『東国大名の研究』戦国大名論集三、吉川弘文館）
・序説（『講座日本技術の社会史』一、農業・農産加工、日本評論社）
・綿作の展開（『講座日本技術の社会史』三、紡織、日本評論社）
・「自治体史」編纂の課題（『茨城県史研究』五〇、三月）
・歴史学と歴史教育（『教科書検定の思想』あゆみ出版）

【書評】

・下村效『戦国・織豊期の社会と文化』（『國学院雑誌』八四―二、二月）

【時評】

・教科書問題寸感（『国民教育』五八、十月）
・日本学術会議の改革問題（『歴史学研究』五一二、一月）
・日本学術会議の改革問題と会員選挙（『歴史学研究』五二〇、九月）

【人と学問】

・解説（『豊田武著作集』八・日本の封建制、吉川弘文館）

・杉山博氏の人と学問（『戦国の兵士と農民』角川書店）

【座談会・鼎談・対談・インタビュー】

・後醍醐天皇と内乱をどうみるか（『歴史と人物』八月）
・教科書検定と学術会議「改革」問題（『'83・語りつぐ戦争体験』九、小学館ルートの会）

《一九八四年》

【共著・共編】

・『日本歴史大系』（全五巻・別巻一巻、山川出版社、～九〇年）
・『講座日本歴史』三・中世一（東京大学出版会）

【論文】

・真岡地方における荘園と武士（『真岡市史案内』三、三月）
・教科書検定と日本国憲法（『ジュリスト』八一二、五月）
・戦国時代の社会と秩序観（『現在教養講座』一四、ぎょうせい）
・*Refection on Recent Trends in Japanese Historiography*（『*Journal of Japanese Studies*』*vol.10-no.1*）

【書評】

・網野善彦『日本中世の非農業民と天皇』（『読売新聞』四月九日付）
・網野善彦『日本中世の非農業民と天皇』（『史学雑誌』九三―一二、十二月）

【時評】

・法と社会通念の谷間（『ジュリスト』八〇九、三月）
・日本学術会議法の「改正」と今後の問題（『歴史学研究』五二七、四月）
・日本学術会議会員推薦制手続き決まる（『歴史学研究』五三三、一〇月）

【人と学問】

・解説（『高橋磌一著作集』一・洋学論、あゆみ出版）
・解題（稲垣泰彦『日本中世の社会と民衆』三省堂）

【座談会・鼎談・対談・インタビュー】

・求められる教育の地方分権性（『東京学芸大学新聞』四月十日付）
・現代人のための日本歴史（『文化評論』二五二・二五三、四月・五月）
・武家政権と政治的存在としての天皇（『歴史公論』十月）
・蓄財の女王日野富子（『歴史への招待』三一、日本放送出版協会）

《一九八五年》

【共著・共編】

・『日本歴史大系』二・中世（山川出版社）
・『講座日本歴史』四・中世二（東京大学出版会）
・『たのしい社会』（あゆみ出版）

【論文】

・中世総説（『日本歴史大系』二・中世、山川出版社）
・中世社会と家（『日本歴史大系』二・中世、山川出版社）
・中世女性史の研究（『日本歴史大系』二・中世、山川出版社）
・知行制と軍事力（『日本歴史大系』二・中世、山川出版社）
・重層的知行制（『日本歴史大系』二・中世、山川出版社）
・農民支配（『日本歴史大系』二・中世、山川出版社）
・領国経済の編成（『日本歴史大系』二・中世、山川出版社）
・木綿の導入とその意義（『日本歴史大系』二・中世、山川出版社）
・領国法（『日本歴史大系』二・中世、山川出版社）
・現代における「皇国史観」（『国民文化』三〇四、三月）
・「下剋上スル成出者」の条件（『歴史と旅』九月）
・「中世」の領主制と国家（『中世史講座』四、学生社）
・序説　封建社会論（『中世史講座』五、学生社）
・中世の社会構成と封建制（『講座日本歴史』四・中世二、東京大学出版会）
・日本史における地域の自律と連帯（『山城国一揆』東京大学出版会）
・*The Lord-Vassal System and Pablic Authority*（*Kogi*） *-The Case of the Sengoku Daimyou*（『*ACTA ASIATICA*』*49*）

【時評】

・偏差値の弊害（『日本学術会議月報』二六―三、三月）

【学界研究動向】

・荘園遺構の記録保存（『図書』四三〇、六月）

【人と学問】

・鈴木良一さんのこと（『戦国史研究』一〇、八月）
・石母田正氏を悼む（『朝日新聞』一月二十日付）

【その他】

・しごとの周辺（『朝日新聞』八月十九日・二十日・二十一日・二十二日・二十三日・二十四日・二十六日・二十七日・二十八日・二十九日・三十日・三十一日付）

《一九八六年》

【共著・共編】

・『大系日本の歴史』（全一五巻、小学館、～八九年）
・『中世・近世の国家と社会』（東京大学出版会）

【論文】

・日本中世の国家と天皇（『房総史学』二六、三月）
・日本前近代社会の展開と天皇（『日本史研究』二八三、三月）
・日本前近代の浄穢観念と身分差別（『歴史学研究』五五五、六月）

・『新編日本史』と皇国史観（『教科書問題市民の声』六一・六二、九月・一〇月）
・教科書には事実を率直に認めそれを教える態度が尊重されなくてはならない（『進ゼミエコール』十一月）
・歴史学の社会的責任（『歴史科学入門』三省堂）
・古代から中世へ―東国と西国―（『河野氏の台頭と源平争覇』歴史シンポジウム・九、愛媛県文化振興財団）
・検定の非学問性を露呈（『文化評論』三〇五、八月）

【座談会・鼎談・対談・インタビュー】
・ナツメロ（旧人類的）とアッケラカン（新人類的）の独善をどう超える（ＡＪライブ・シンポジウム）（『Asahi Journal』二八―三三、八月八日付）

【その他】
・想い出と思い残すこと（『一橋小平学報』九二、一月）

《一九八七年》

【共著・共編】
・『図説静岡県の歴史』（図説日本の歴史・二二、河出書房新社）
・『大系日本の歴史』（全一五巻、小学館、～八九年）
・『日本の歴史ジュニア版』新版（全四巻、読売新聞社）

【論文】
・明治の茨城農村（『茨城県史料・付録』一九、三月）

・駿遠豆の戦国時代の社会（『静岡県史研究』三、三月）
・茂木氏給人帳考（『日本古文書学論集』九・中世五、吉川弘文館）
・天下人（『日本の社会史』三・権威と支配、岩波書店）
・伊予河野氏の大名領国（『河野氏と伊予の中世』歴史シンポジウム・一二、愛媛県文化振興財団）
・日本中世の村落共同体（『中世史講座』二・中世の農村、学生社）
・戦後教育改革と社会科教科書（『復刻あたらしい憲法のはなし』永絵夢出版局）

【座談会・鼎談・対談・インタビュー】
・日本封建制と天皇（『歴史科学大系』一八・天皇制の歴史・下、校倉書房）
・教科書検定、八七の内幕（『Asahi Journal』二九―三二、七月二十四日付）

【時評】
・「配慮」というごまかし（『黙ってはいられない』二、新日本出版社）

【その他】
・経済史をえらんだ動機（『経済』二七七、五月）

《一九八八年》

【著書】
・『内乱と民衆の世紀』（『大系日本の歴史』六、小学館）

【共著・共編】

・『日本中世史研究の軌跡』（東京大学出版会）
・『歴史を学校でどう教えるか』（岩波ブックレット、岩波書店）
・*Shaping the Process of Unification : Technological Progress in Sixteen-and Seventeenth-Century Japan*（『*Journal of Japanese Studies*』*vol.14-no.1*）

【論文】

・日本史をどう学ぶか（『マンスリーアプローチ受験講座　難関日本史・世界史』三、二月）
・現代歴史学の思想（『日本福祉大学社会科学研究所・研究所報』四五、三月）
・知多の産業遺跡（『月刊文化財』三〇〇、九月）
・中世〜近世移行期の技術・生産力の発展（『国史学論集』今井林太郎先生喜寿記念論文集刊行会）
・国家主義への傾斜（『生活教育』四七八、九月）

【書評】

・佐伯有清『柳田国男と古代史』（『Asahi Journal』三〇―三八、九月十六日付）

【時評】

・社会科解体は何を意味するか（『日本文学』三七―三、三月）

【人と学問】

・解説（『石母田正著作集』五、岩波書店）

【座談会・鼎談・対談・インタビュー】

・現代史と「君が代」「日の丸」（『文化評論』三三四、十二月）

【その他】
・歴史と私（『月刊歴史手帖』一六―一、一月）

《一九八九年》

【著書】
・『新・木綿以前の事』（中公新書、中央公論社）

【共著・共編】
・『講座日本荘園史』（全一〇巻、吉川弘文館、〜〇四年）
・『小田原市史』（全一五巻、小田原市、〜〇三年）
・『戦国期職人の系譜』（杉山博士追悼論集、角川書店）

【論文】
・歴史の中の天皇（『天皇問題を考える』和光学園教職員組合）
・歴史的存在としての天皇および天皇制（『季刊思想と科学』七二、四月）
・南北朝内乱は王権の歴史にどのような転換をもたらしたか（『日本歴史と天皇』大月書店）

【書評】
・津田左右吉の天皇観・日本史像（『津田左右吉全集・月報』別巻三、三月）
・岩田みゆき「相模原製糸業調査報告」に寄せて（『神奈川大学評論』五、二月）

【その他】

・知多の歴史を探る愉しみ（『NFU』四二、三月）

《一九九〇年》

【著書】

・『天皇制・新国家主義と歴史教育』（あゆみ出版）

【共著・共編】

・『日本の歴史ジュニア版』増補版（全四巻、読売新聞社）

・『小山町史』（全九巻、小山町、～九八年）

・『古文書の語る日本史』四・南北朝室町（筑摩書房）

・『ピクトリアル足利尊氏』一・鎌倉幕府の滅亡（学習研究社）

【論文】

・近世初期赤屋村の耕地形態について（『国立歴史民俗博物館研究報告』二八、三月）

・新出・熊野本宮文書に寄せて（『エスキス九〇』和光大学人文学部紀要・別冊）

・小田原北条氏の兵糧米調達（『おだわら』四、七月）

・教科書検定の思想と「国」の歴史認識（『歴史評論』四八七、十一月）

・土一揆（『古文書の語る日本史』四、筑摩書房）

・太平記の世界（『ピクトリアル足利尊氏』一・鎌倉幕府の滅亡、学習研究社）

【書評】

・峰岸純夫『中世の東国』（『歴史学研究』六〇六、五月）

・「中世の太子町」を読む（『太子町史・月報』四）

【その他】

・世界史年表に期待する（『世界史年表ニュース』一、七月）

《一九九一年》

【著書】

・『日本中世の社会と国家』増補改訂版（青木書店）

【共著・共編】

・『田無市史』（全四巻、田無市、〜九五年）

・『ピクトリアル足利尊氏』二・南北朝の内乱（学習研究社）

【論文】

・後醍醐天皇と足利尊氏（『小田原有信会会報』三三）

・熊野と伊勢大湊（『ピクトリアル足利尊氏』二・南北朝の内乱、学習研究社）

・熊野・伊勢商人と中世の東国（『日本中世政治社会の研究』続群書類従完成会）

【座談会・鼎談・対談・インタビュー】

・南北朝内乱の底深さが大きな魅力（『NHK番組情報』六月）

・「太平記」の世界（『歴史評論』四九七、九月）

《一九九二年》

【著書】

・『室町戦国の社会』（吉川弘文館）

【共著・共編】

・『講座前近代の天皇』（全五巻、青木書店、〜九五年）

・『家と家父長制』（シリーズ比較家族一、早稲田大学出版部）

【論文】

・伊勢・紀伊商人と中世の下総（千葉県立大利根博物館主催の講演筆記録）

・伊勢・紀伊の海賊商人と戦国大名（『知多半島の歴史と現在』四）

・太平記と直義（『季刊ぐんしょ』一五、一月）

・歴史の中の地名と家名（『れきし（NHK学園日本史講座）』三五、七月）

【書評】

・尊氏と中国・九州（『南北朝遺文　中国四国編　月報』四、四月）

【学界研究動向】

・地方史研究協議会の初心（『地方史研究』四二―二、四月）

《一九九三年》

【共著・共編】
・『中世の発見』（吉川弘文館）
・『大名領国を歩く』（吉川弘文館）
【論文】
・アジアの中の日本文化（『アジアのなかの日本史』六・文化と技術、東京大学出版会）
・伊勢商人と永楽銭基準通貨圏（『知多半島の歴史と現在』五）
・生活史の中の麻と木綿（『三面川を語る集い報告書』三、十月）
・戦国時代の天皇（『荒木繁・池田廣司・武田孝・永原慶二　四先生退任記念講演集』）
・応仁・戦国期の天皇（『講座前近代の天皇』二・天皇権力の構造と展開・その二、青木書店）

《一九九四年》
【論文】
・中世・近世の農業と村のくらし（『ぱいでぃあ和光二一』和光大学）
・中世東国の商業と貨幣流通（『武田氏研究』一三、五月）
・戦国期の都市小田原（『戦国史研究』二八、八月）
・心の奥底に生きつづける戦争体験に（『生活教育』四六―八（五四九）、八月）
・日野富子の時代（『応仁の乱』歴史群像シリーズ・三七、学習研究社）
【人と学問】

・黒田俊雄氏の中世身分論（『歴史評論』五二八、四月）

《一九九五年》

【共著・共編】

・『常滑焼と中世社会』（小学館）

【論文】

・戦国期伊勢・三河湾地域の物資流通構造（『知多半島の歴史と現在』六）

・上杉謙信の経済政策（『新潟県立文書館研究紀要』二、三月）

・上杉領国経済と蔵田五郎左衛門（『歴史と民俗』一二、九月）

・戦国期の都市と物流（『史海』四二）

《一九九六年》

【著書】

・『中世動乱期に生きる』（新日本出版社）

【共著・共編】

・『歴史家が語る戦後史と私』（吉川弘文館）

【論文】

・太平記の時代と九州地方（『尚古館　講座・講演集』尚古集成館）

・「通史」の役割（『歴史評論』五五四、六月）
・肥後高瀬絞りとその周辺（『歴史玉名』二七、十二月）
・戦国織豊期日本海海運の構造（『知多半島の歴史と現在』七）
・歴史研究への原体験（『歴史家が語る戦後史と私』吉川弘文館）
・中世農民の屋敷地（比較家族史学会監修、長谷川善計・江守五夫・肥前栄一編『家・屋敷地と霊・呪術』

【書評】
・学問の力、心の力、丸木正臣著『わが教育の原点』ほか（『日本海新聞』八月二十六日付）

【人と学問】
・木村礎さんのこと（『木村礎著作集』第一巻月報一、名著出版、三月）
・古島敏雄氏を偲ぶ（『社会経済史学』六二―一、五月）

【座談会・鼎談・対談・インタビュー】
・戦後五〇年史料の公開と保存（『日本歴史』五七七、六月）

《一九九七年》

【著書】
・『戦国期の政治経済構造』（岩波書店）

【論文】
・国民の自国史像と歴史学・歴史教育（『歴史科学』一四八、三月）

【書評】
・勝俣鎮夫編『中世人の生活世界』(『日本歴史』五八六、三月)
【時評】
・歴史はだれのものか(『週刊金曜日』五―九、三月七日付)
・従軍慰安婦問題に思う(『ほんりゅう』一五九、六月)

《一九九八年》

【著書】
・『荘園』(日本歴史叢書、吉川弘文館)
【論文】
・室町戦国期の益田氏(『益田市関連遺跡群発掘調査報告書』益田市教育委員会)
【学界研究動向】
・知多研歴史・民俗部会の十年(『知多半島の歴史と現在』九、五月)
【時評】
・家永教科書訴訟の三二年(『歴史学研究』七〇六、一月)
【その他】
・はじめに(『歴史の法廷』大月書店)

《一九九九年》

【共著・共編】

・『岩波日本史辞典』（岩波書店）

【論文】

・石見益田の「歴史を生かした町づくり」（『日本歴史』六〇八、一月）

・昆布（『本郷』一九、一月）

・養蚕と絹（『本郷』二〇、三月）

・荏胡麻油と民家の夜（『本郷』二一、五月）

・苧麻（『本郷』二二、七月）

・農民のくらしと貨幣（『本郷』二三、九月）

・米と銭と金（『本郷』二四、十一月）

【座談会・鼎談・対談・インタビュー】

・歴史に向き合う（『図書』六〇六、十月）

《二〇〇〇年》

【著書】

・『〈自由主義史観〉批判』（岩波ブックレット、岩波書店）

【共著・共編】

・『日本歴史大事典』（全四巻、小学館、〜〇一年）

【論文】

・今市　中世「船着場」―益田の中世遺構続報―（『日本歴史』六二〇、一月）
・『烟田氏史料』を読む（『七瀬（鉾田町史研究）』一〇、二月）
・室町・戦国の社会と城（国立歴史民俗博物館編『天下統一と城』読売新聞社、十月）
・益田市中世遺跡群の中の「今市船着場」（『中世今市船着場跡文化財報告書』益田市教育委員会）

【座談会・鼎談・対談・インタビュー】

・二〇世紀の歴史学を振り返る（『本郷』二五、一月）
・南北朝という時代の魅力（『本の窓』二三―四（一九四）、五月）

《二〇〇一年》

【著書】

・『歴史教科書をどうつくるか』（岩波書店）
・『日本封建社会論』新装版（東京大学出版会）

【論文】

・戦国時代の世田谷城と世田谷新宿（『せたかい』五三、六月）
・戦国時代―権力・城・都市のあり方から考える―（『織豊期研究』三、十一月）

《二〇〇二年》

【著書】

・『富士山宝永大爆発』（集英社新書、集英社）

【論文】

・三宅御土居の史的展開（『中国七尾線街路整備に係る埋蔵文化財発掘調査報告書―三宅御土居跡―』益田市教育委員会）

【書評】

・『戦国遺文　武田氏編』への期待（『戦国遺文　武田氏編　月報』一、四月）

・川端新『荘園制度成立史の研究』（『日本史研究』四七七、五月）

・浦長瀬隆『中近世日本貨幣流通史』（『歴史と経済』四五―一（一七七）、十月）

【時評】

・放射五号線計画と玉川上水の危機（『地方史研究』五二―二（二九六）、四月）

【座談会・鼎談・対談・インタビュー】

・富士山宝永大爆発―災害と復興の社会史―（『学士会会報』八三七、四月）

・『日本資本主義発達史講座』と今日的課題（『経済』八五、十月）

・小田原合戦（『有鄰』四二〇、十一月）

・日本中世史と歴史学・歴史教育（『歴史評論』六三二、十二月）

・社会構成体と社会主義（『戦後歴史学を検証する』青木書店）

《二〇〇三年》

【著書】

・『20世紀日本の歴史学』（吉川弘文館）

【共著・共編】

・『家永三郎の残したもの引き継ぐもの』（日本評論社）

【論文】

・東大国史学科戦前学生の卒業論文―『20世紀日本の歴史学』余録（『本郷』四七、九月）

・荘園制下の桑・糸・絹・綿（『講座日本荘園史』三、吉川弘文館）

・荘園制下の桑・糸・絹・綿（平成十五年度山梨郷土研究会新年総会記念講演記録、『甲斐路』一〇四、八月）

【座談会・鼎談・対談・インタビュー】

・日本中世史と歴史学・歴史教育（『歴史評論』六三三・六三四、一月・二月）

【人と学問】

・〝変って動ぜず〟（『家永三郎の残したもの引き継ぐもの』日本評論社）

・鈴木正四さんのこと（『歴史に生きる鈴木正四』鈴木綾子、十一月）

《二〇〇四年》

【著書】

・『苧麻・絹・木綿の社会史』（吉川弘文館）

・『永原慶二　年譜・著作目録・私の中世史研究』（私家版）

【論文】

・三宅御土居の史的展開（『三宅御土居跡発掘調査報告書』益田市教育委員会）
・『20世紀日本の歴史学』についての若干の弁疏（『歴史評論』六四六、二月）
・中世から見た近世（『朝尾直弘著作集』第八巻月報八、岩波書店、七月）

【学界研究動向】

・歴博二〇年のもたらしたもの（『国立歴史民俗博物館開館二〇周年記念行事記録集』大学共同利用機関法人人間文化研究機構国立歴史民俗博物館）

【人と学問】

・一人の大切な友を失った思いは深い（『サンダル履きの人生―内田貞夫先生追悼集―』五月）
・復員後、先生のお世話で東大史料編纂所へ（『庶民の歴史家・松島榮一』下町人間総合研究所、五月）
・一貫して貫かれた先生の国民思想の研究と成果（『庶民の歴史家・松島榮一』下町人間総合研究所、五月）
・思い出（『能平のアゴラ』河音能平追悼文集刊行会、十月）

【座談会・鼎談・対談・インタビュー】

・備後の国にあった大田荘の話（『日本史教育研究』一四九、九月）

V

ご家族より

山荘の庭で焚き火をされるのを好まれた.

Ⅴでは、ご家族の永原和子さんと長女の裕子さんに、文章を寄せていただきました。

いま、思うこと

永原和子

慶二が逝ってから二年近い時が流れました。ほんの束の間のようでもあり、とても長く多事だったとも思える時間でした。時間が経ち、少しは整理して思い出を書けるかと筆をとりましたが、さまざまなことが一度によみがえり何を語ればよいか戸惑うありさまです。取りとめもないことで責めを果たさせていただきます。

二〇〇三年十一月、私たちはこれまで聞いたこともない病名を告げられました。それは家の近くの木々が紅葉し、夕日に輝く晩秋の日でした。国立歴史民俗博物館での創立二〇周年記念講演の終わるのを待って受けた検査の結果でした。まったく晴天の霹靂でしたが反面、これから起こるであろうことの予測もつかず実感が湧きませんでした。しかし、その瞬間に彼は頭の中のスイッチを切り替えてしまったようでした。ゴールの日までをいかに生きるかという一点に。

入院・手術はかなり厳しいものでしたが、幸い内科的な問題がなかったため、ほどなく平常の生活に戻ることが出来ました。坊主頭に合わせたキャップを作るのが私の最大の仕事となりました。市販のものはどれも具合が悪く、試行錯誤を重ねながらいくつも作りました。包丁で指を切ったり火傷をしたりそそっかしい私と違って、切り傷などしたことのない人にとってそれはかなりつらいことだったと思います。でも彼は今までと少しも変わらず、明るく前向きでいてくれたことが私にとって何よりの救いでした。どうしてあのように平静だったのか。私を悲しませないために明るく振舞っていただけか。あれからの日日、私が考え続けたことでした。そして今はやはりあれはほんものだったと思えるようになりました。

若い頃は、誰もがそうであるように、彼も職場のこと研究のことに悩むことも少なくありませんでした。やがて教職と研究、それに学会活動、大学紛争など多忙な生活が訪れ、そのなかで、理性的に大筋を見て行動することを学び、こだわりや情緒的になることを極力切り捨て、後ろを振り向かないようになっていきました。家庭の中で問題があったときも意識的にそうした姿勢をとって対処し解決してくれました。時には単純人間、単細胞などと評したこともありました。しかし、そうした努力がいつしか強靱さ、明快さ、平静さといった資質となって彼を支えていたことを改めて知らされました。

退院後の春からは中断していた著書の仕事を再開し、また「葬式のときに配るように」といいながら『年譜』作りを楽しそうに続けていました。四月にはかねて行きたいと語っていた鳥海山行きを決行しました。白い花の咲く梨畑の彼方、残雪の鳥海山が秀麗な姿で迎えてくれました。そこは親しかった佐々木銀弥さんのふるさとでもあり、佐々木夫人が「元気になったらぜひ行くように」とすすめてくださっていました。五月には富士山麓の父の郷里を、六月には毎年夏を楽しんだ蓼科の山荘を、それぞれ娘や孫を伴って訪れることができました。好きだった山々です。もちろん本人も私たちもこれが最後と思いながら。こうして次々に目標を作り、それを目指すことを生きる力としていたのでしょう。しかし七月十二日の誕生日まで生きるという最後の目標は三日を残して達成できませんでした。

和光大学を辞めたのちの約一〇年、彼は藤沢周平の『三屋清左衛門残日録』に共感し、「自分からは求めないけれど役に立つことがあればやる」をモットーに自治体史や史跡・文化財保存、講演と地方にでかける機会も多く、いろいろな方に出会うのを楽しんでいました。先日も机の中から一枚の紙片を発見しました。「余生なほなすことあらん冬苺」水原秋桜子の作、書き留めた気持ちがわかるような句です（本書三一九頁参照）。またある対談のなかで「（少しばかりお酒も覚え）七〇代にこんな楽しい生活があるとは思わなかった」と言うようなことを語っています。年に二度の私との旅行ではスケジュールを立てることからガイドまでをつとめてくれました。ゴルフはもとより囲碁・将棋にも縁がなく、山荘の草花を慈しみ、小さな池に鯉を飼うくらいが趣味の彼にとって、研究を続けられること、知らない土地に行くことは趣味以上の楽しみで、十分満足だったのです。

思えば、物資も乏しくささやかな暮らしから出発して半世紀あまり、お互いに「よく我慢したなぁ」「こちらこそ」と言い合いながら年月が経ちました。戦後六〇年の記憶が語られるこのごろ、自分たちの生きた時代を重ね合わさずにはいられません。それもあっけなく終わりました。こうして思い出を手繰りながら最後に思うことは彼の生涯はほんとうに幸せな生涯だったということです。亡くなったのち、多くの方が思い出を語ったり書いたりしてくださいました。そしてこのたびは追悼文集が企画され、多方面の方々がご寄稿くださり、心からありがたく思っております。優れた先輩・友人・ゼミの皆さん・志を同じくする仲間に囲まれ、自分の好きな研究を最後まで続けることが出来た幸せを感謝し、その死を受け容れようと思います。

（ながはら・かずこ）

父の思い出

永原裕子（長女）

父は家では自分のことになると明治時代の父親のような人でした。家事はほとんどなにもやらず、食事などの時間、食材、ことごとく自分の好きなようにしてほしい人でした。しかし、自分以外の家族に対してはその人権を尊重し、それぞれの選択を尊重し、さらにそれを援助する、という姿勢を貫いていました。このことは、一つには、理念としては戦後の時代にふさわしい考えをもちつつ、体の芯には戦前に培ったものが生涯抜けずにいたということの現れですし、もう一つには、男の子が欲しかった（理由は知りませんが、これも戦前の体質のひとつなのかもしれません）にもかかわらず、二人の子供、三人の孫のすべてが女であって、母も含め、周りには女しかおらず、それぞれの人の人権を尊重せざるを得なかった、ということにもよっていたのでしょう。

そんな父でしたので、私の人生の選択についても基本的にすべて私の思う通りを認めてくれました。しかし、子供のころは、細かいことに指示されるとそれを素直に聞くことのできなかった私は、いちいち反発をしていました。家族の中にあってなぜかひどく歴史の苦手な私は、テレビをみていたり、新聞記事であったり、なにかにつけ父が私に向けてくる歴史に関する質問に答えられず、ついにそれが嵩じて、自然科学を自分の人生の対象に選びました。今でも忘れられないのは、私の大学受験の際のこと、吉野作造の民本主義というのが問題に出て、その直前に「これは大切だから勉強しておかねばならない」と父にいわれていたのになにも勉強せず、答案用紙を前に、言うことを聞いておくべきだったと反省することしきりでした。おかげでその大学には入れず、社会や国語の試験のない大学にゆくことになりました。

進学した大学の学科では初めての女子学生で、さらに大学院に進学したときも、当時はほとんど女性のいない分野でしたが、そのような人生を選択することにまったく抵抗をもたずに過ごしてこられたのは、それまでの育てられ方のおかげだと感謝しています。今でも自然科学系の大学院に進学するというと家族の反対にあってできない、という声をしばしば聞きますが、三〇年も前に、反対どころか応援してくれたのは、父の哲学であったのだと思います。

私の子供が小さいときは、母が私のところに子守りにきてくれたため、父は一人放り出されたり、あるいは保育園の送り迎えをやったりと、自分の子供にはやらなかったようなことをずいぶんやってくれました。時代の変化と、自分の子供ではなく、私の子供であるということの違いの両方の理由によっていたのでしょう。

私が父からもっとも強く受け継いでいるものは、山や、雪や、緑や、野の花や、風の音を愛する気持ちだと思っています。父が亡くなってから、春夏秋に蓼科にゆくたび、父がなにを好きであったのか、私自身の気持ちとして理解できるようになりました。いろいろ苦労もあったのでしょうが、自分のやりたいことをやり、好きな蓼科で長い時間を過ごし、自らの哲学を通し、よい人生であったと思います。

（ながはら・ひろこ）

あとがき

永原慶二さんが、二〇〇四年七月九日に八一歳で亡くなられてから、二年が経ちました。

亡くなられた直後に催された「お別れ式」には五〇〇名近くが集まり、多くの方が思い出を語りました。永原さんご自身も、生前に『永原慶二　年譜・著作目録・私の中世史研究』(私家版)をまとめられ、親しい方々に頒布されました。

その後、これらをそのままにせず、さらに多くの方々に追悼の文章を寄せていただき、あらためて一冊の本にまとめて、永原さんの多彩な生涯や優れた業績を偲ぶ縁《よすが》にしようと考えた有志が集まり、二〇〇五年一月に「永原慶二追悼文集刊行会」を発足させました。「会」は、さっそく各方面に追悼文の執筆をお願いするとともに、ご逝去一周年にあたる二〇〇五年七月九日に、業績を振り返るシンポジウム「永原慶二氏の歴史学をどう受け継ぐか」を開催し、その内容も文集に掲載することとしました。また出版は、最後の著作となった『苧麻《ちょま》・絹・木綿の社会史』を刊行した吉川弘文館に、編集実務も含めて引き受けていただくことになりました。同時に、まとまった部数の購入を確保するために、刊行基金への醵金をお願いすることとしました。

これらの取り組みに多くの方が応えて下さり、明治大学リバティホールで開かれたシンポジウムは、二〇〇名あまりの方々が会場を埋める盛会となりました。追悼文は、七〇人を越える方々から玉稿をお寄せいただきました。また、醵金は四〇〇口を越えております。

本書の内容について、簡単に説明させていただきます。

Ⅰ「研究と思い出」は、『永原慶二　年譜・著作目録・私の中世史研究』をもとに編集されています。「一　私の中世史研究」は、「私の歴史研究」シリーズの一つとして、『歴史評論』の六三二号（二〇〇二年十二月）から六三四号（二〇〇三年二月）まで三回にわたり、「日本中世史と歴史学・歴史教育」というタイトルで掲載されたものをもとに、『年譜・著作目録・私の中世史研究』作成時に、永原さん自身が修正の手を加えたものです。「二　懐かしい先輩・同僚・教え子たち—私のアルバムから—」は写真集ですが、内容の選択・キャプション執筆は、永原さんご自身で行っています。また、付「私の八・一五前後」は、永原さんが母校の青南小学校入学七〇年・喜寿記念誌『私たちの八月十五日』（青南昭十会編）に寄稿した文章です。なお、この文章に出てくる同級生のうち、井出洋さんは、戦後、日本共産党の国際部門で活躍された方です。また土屋夏実さんは、歌人土屋文明氏の御子息で医師になられた方です。

Ⅱ「永原慶二氏の歴史学」は、前述のシンポジウムでの報告を原稿化したものです。

Ⅲ「永原慶二先生の思い出」のうち、「一　お別れ式から」は、二〇〇四年七月二十日に如水会館で行われた「永原慶二さん　お別れ式」での挨拶「永原さんの思い出」を原稿化していただいたものです。「二」以降では、勤務先だった一橋大学の同僚、学部・大学院ゼミナールの教え子、学会活動などで知り合った方々から寄せられた追悼文を、大まかに区分けして掲載しました。それぞれ五十音順に配列しましたが、教え子だけは年次順とさせていただきました。

Ⅳ「年譜・著作目録」のうち、「一　年譜」は、『永原慶二　年譜・著作目録・私の中世史研究』に載せられた、永原さんご自身が執筆したものです。「二　著作目録」は、大学院ゼミナールの教え子である川島茂裕さんを中心として作成したものです。

また、ご家族の永原和子さんと裕子さんにも、文章を寄せていただきました。

こうしてようやく刊行の運びとなりました。ここに至るまでには、執筆・醵金などでご家族をはじめ、多くの方々のご協力をいただきました。永原さんのご逝去二周年にあたり、本書を捧げてご冥福を祈るとともに、あらためて皆様に心からお礼を申し上げます。

二〇〇六年七月

「永原慶二追悼文集」刊行会

青木美智男（専修大学教授）
池　享（一橋大学教授）
池　一（有斐閣書籍編集部）
池上裕子（成蹊大学教授）
今松英悦（毎日新聞論説委員）
小谷汪之（東京都立大学名誉教授）
佐藤伸雄（前歴史教育者協議会委員長）
中村政則（一橋大学名誉教授）
西成田豊（一橋大学教授）
保立道久（東京大学史料編纂所長）
森武麿（一橋大学教授）

（文責　池　享）

永原慶二の歴史学

二〇〇六年（平成十八）七月二十日　第一刷発行

編　者　永原慶二追悼文集刊行会

発行者　前田求恭

発行所　株式会社吉川弘文館
郵便番号一一三—〇〇三三
東京都文京区本郷七丁目二番八号
電話〇三—三八一三—九一五一（代）
振替口座〇〇一〇〇—五—二四四番
http://www.yoshikawa-k.co.jp/

印刷＝株式会社 精興社
製本＝株式会社 ブックアート
装幀＝下川雅敏

ISBN4-642-07959-9

永原慶二著

20世紀日本の歴史学

四六判・四〇〇頁／三三六〇円

日本の歴史学は何を問い、何をとらえ、自国と世界の歴史認識にどのような役割を果たしてきたのか。六〇余年の学問体験をふまえた著者からの、歴史学を志す若者たち、歴史学・歴史教育に携わる人々、歴史愛好者へのメッセージ。

苧麻《ちょま》・絹・木綿の社会史

四六判・三八四頁／三三六〇円

前近代の日本人の三大衣料原料であった苧麻・絹・木綿。その生産はどのように行われ、民衆の暮らしとどう関わったのか。三本の糸を手繰りながら、これまで見えなかった民衆の生活史・社会史像を織り出した畢生の書。

荘園（日本歴史叢書）

四六判・三六〇頁・口絵一丁／三一五〇円

中世社会を知る基本は荘園制にある。にもかかわらず研究の細分化のため、個人で荘園史像を描くことは不可能とされてきた。本書はそれを乗り越えて中世史研究の泰斗がその全史を大胆かつ平易に描いた荘園史の決定版。

室町戦国の社会 商業・貨幣・交通（歴史文化セレクション）

四六判・三三六頁／二四一五円

日本の社会は室町期に激変した。現代文化の多くが起源をもつこの時代に、民衆が歴史の舞台に現れ、村落・町・市場・交通路で躍動し始めた。政治の分権と文化・経済の地方への展開をみせた中世社会を多面的に描く。（解説＝池　享）

歴史家が語る 戦後史と私

四六判・二九二頁／二三一〇円

歴史家は、激動の戦後をいかに生き、さまざまな体験を通して同時代をどう認識し、自らの学問に反映してきたか、それぞれの学問の原点を語る。第一線の歴史家64氏が、率直なエッセイで綴る戦後史学史への証言集。（中村政則共編）

（価格は５％税込）

吉川弘文館